● 한국어능력시험

TOPIK II
쓰기 유형 MASTER

Writing　写作

시대에듀

INFORMATION

시험 안내 贴士

TOPIK은 누구에게, 왜 필요한가요?

한국어를 모국어로 하지 않는 재외동포 및 외국인으로서

1 한국어 학습자 및 국내 대학 유학 희망자

2 국내외 한국 기업체 및 공공기관 취업 희망자

3 외국 학교에 재학 중이거나 졸업한 재외국민

학업
- 정부 초청 외국인 장학생 프로그램 진학 및 학사 관리
- 외국인 및 재외동포의 국내 대학 또는 대학원 입학 및 졸업 요건
- 국외 대학의 한국어 관련 학과 학점 및 졸업 요건

취업
- 국내외 기업체 및 공공기관 취업
- 외국인의 한국어교원 자격 심사 (국립국어원) 지원 서류

이민
- 영주권, 취업 등 체류비자 획득
- 사회통합프로그램 이수 인정 (TOPIK 취득 등급에 따라 해당 단계에 배정)

◆ **주요 국가 및 지역별 응시자 현황** (2024년 PBT 기준 / 단위: 명)

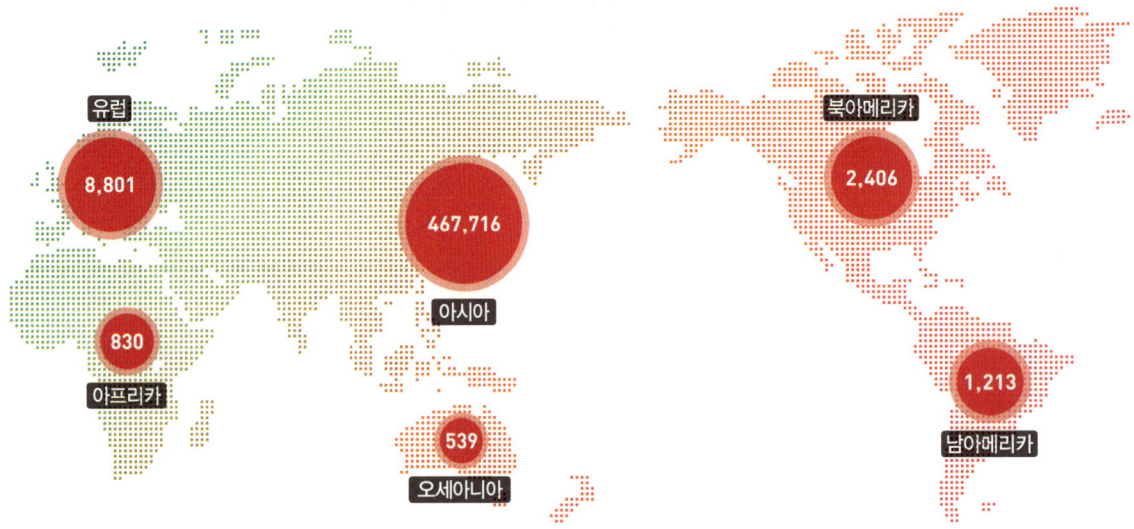

한국	중국	베트남	일본	우즈베키스탄	대만
202,916	71,333	62,985	42,349	37,045	11,533

몽골	태국	러시아	인도네시아	미얀마	카자흐스탄
9,998	7,304	3,799	3,411	3,171	2,073

인도	키르기즈공화국	미국	말레이시아	기타	합계
1,983	1,552	1,466	1,438	17,149	481,505

한국어능력시험 TOPIK II

TOPIK, 어떻게 진행되나요?

◆ **준비물**
  ❶ 필수: 수험표, 신분증(규정된 신분증 이외의 의료보험증, 주민등록등본, 각종 자격증과 학생증은 인정하지 않음. 세부 사항은 시행처 홈페이지 확인)
  ❷ 선택: 수정테이프(그 외의 필기구는 시험 당일 배부되는 컴퓨터용 검은색 사인펜만 사용 가능), 아날로그 손목시계 (휴대폰, 스마트 워치 등 모든 전자기기는 사용 불가)

◆ **일정**

※ 일정은 시행 국가 및 시험 당일 고사장 사정에 따라 아래 내용과 다를 수 있습니다.

TOPIK I - 오전 09:20까지 반드시 입실 완료

시간	영역	고사장 진행 상황
09:20~09:50(30분)	–	답안지 작성 안내, 본인 확인, 휴대폰 및 전자기기 제출
09:50~10:00(10분)	–	문제지 배부, 듣기 시험 방송
10:00~10:40(40분)	듣기	–
10:40~11:40(60분)	읽기	–

TOPIK II - 오후 12:20까지 반드시 입실 완료

시간	영역		고사장 진행 상황
12:20~12:50(30분)	–		답안지 작성 안내, 1차 본인 확인, 휴대폰 및 전자기기 제출
12:50~13:00(10분)	–		문제지 배부, 듣기 시험 방송
13:00~14:00(60분)	1교시	듣기	(듣기 시험 정상 종료 시) 듣기 답안지 회수
14:00~14:50(50분)	1교시	쓰기	–
14:50~15:10(20분)	–		쉬는 시간(고사장 건물 밖으로는 나갈 수 없음)
15:10~15:20(10분)	–		답안지 작성 안내, 2차 본인 확인
15:20~16:30(70분)	2교시	읽기	–

◆ **주의 사항**
  ❶ 입실 시간이 지나면 고사장 건물 안으로 절대 들어갈 수 없습니다.
  ❷ 시험 중, 책상 위에는 신분증 외에 어떠한 물품도 놓을 수 없습니다. 반입 금지 물품(휴대폰, 이어폰, 전자사전, 스마트 워치, MP3 등 모든 전자기기)을 소지한 경우 반드시 감독관에게 제출해야 합니다.
  ❸ 듣기 평가 시 문제를 들으며 마킹을 해야 하고, 듣기 평가 종료 후 별도의 마킹 시간은 없습니다. 특히 TOPIK II 1교시 듣기 평가 시에는 듣기만, 쓰기 평가 시에는 쓰기만 풀어야 합니다. 이를 어길 경우 부정행위로 처리됩니다.

INFORMATION

시험 안내

TOPIK, 어떻게 평가하나요?

등급 결정			평가 기준
TOPIK I (200점 만점)	1급	80점 이상	• '자기 소개하기, 물건 사기, 음식 주문하기' 등 생존에 필요한 기초적인 언어 기능을 수행할 수 있으며 '자기 자신, 가족, 취미, 날씨' 등 매우 사적이고 친숙한 화제에 관련된 내용을 이해하고 표현할 수 있다. • 약 800개의 기초 어휘와 기본 문법에 대한 이해를 바탕으로 간단한 문장을 생성할 수 있다. • 간단한 생활문과 실용문을 이해하고, 구성할 수 있다.
	2급	140점 이상	• '전화하기, 부탁하기' 등의 일상생활에 필요한 기능과 '우체국, 은행' 등의 공공시설 이용에 필요한 기능을 수행할 수 있다. • 약 1,500~2,000개의 어휘를 이용하여 사적이고 친숙한 화제에 관해 문단 단위로 이해하고 사용할 수 있다. • 공식적 상황과 비공식적 상황에서의 언어를 구분해 사용할 수 있다.
TOPIK II (300점 만점)	3급	120점 이상	• 일상생활을 영위하는 데 별 어려움을 느끼지 않으며, 다양한 공공시설의 이용과 사회적 관계 유지에 필요한 기초적 언어 기능을 수행할 수 있다. • 친숙하고 구체적인 소재는 물론, 자신에게 익숙한 사회적 소재를 문단 단위로 표현하거나 이해할 수 있다. • 문어와 구어의 기본적인 특성을 구분해서 이해하고 사용할 수 있다.
	4급	150점 이상	• 공공시설 이용과 사회적 관계 유지에 필요한 언어 기능을 수행할 수 있으며, 일반적인 업무 수행에 필요한 기능을 어느 정도 수행할 수 있다. • '뉴스, 신문 기사' 중 비교적 평이한 내용을 이해할 수 있다. 일반적인 사회적·추상적 소재를 비교적 정확하고 유창하게 이해하고, 사용할 수 있다. • 자주 사용되는 관용적 표현과 대표적인 한국 문화에 대한 이해를 바탕으로 사회적·문화적인 내용을 이해하고 사용할 수 있다.
	5급	190점 이상	• 전문 분야에서의 연구나 업무 수행에 필요한 언어 기능을 어느 정도 수행할 수 있다. • '정치, 경제, 사회, 문화' 전반에 걸쳐 친숙하지 않은 소재에 관해서도 이해하고 사용할 수 있다. • 공식적·비공식적 맥락과 구어적·문어적 맥락에 따라 언어를 적절히 구분해 사용할 수 있다.
	6급	230점 이상	• 전문 분야에서의 연구나 업무 수행에 필요한 언어 기능을 비교적 정확하고 유창하게 수행할 수 있다. • '정치, 경제, 사회, 문화' 전반에 걸쳐 친숙하지 않은 주제에 관해서도 이해하고 사용할 수 있다. • 원어민 화자의 수준에는 이르지 못하나 기능 수행이나 의미 표현에는 어려움을 겪지 않는다.

INFORMATION

IBT 안내 贴士

✦ 시험 구성

❶ IBT는 시험 중간에 쉬는 시간이 없습니다.
❷ 시험 시작 40분 전까지 수험표에 적힌 고사장에 도착해서 지정된 컴퓨터에 로그인을 해야 합니다.

구분	TOPIK I		TOPIK II		
영역	듣기	읽기	듣기	읽기	쓰기
문항 수	26문항	26문항	30문항	30문항	3문항
시간	30분	40분	35분	40분	50분

✦ 시험 등급

구분	TOPIK I		TOPIK II			
등급	1급	2급	3급	4급	5급	6급
점수	121~235점	236~400점	191~290점	291~360점	361~430점	431~600점
총점	400점		600점			

✦ 문항 구성

❶ 선택형(radio button): 4개의 선택지 중 1개의 답을 선택
❷ 단어 삽입형(word insertion): 지문의 빈칸에 끼워 넣을 알맞은 단어를 선택
❸ 문장 삽입형(sentence insertion): 지문에 제시문이 들어갈 알맞은 위치를 선택
❹ 끌어 놓기형(drag and drop): 제시된 문장을 마우스로 이동하여 순서대로 배열
❺ 문장 완성형(short answer): 빈칸에 알맞은 답을 입력하여 문장을 완성
❻ 서술형(essay writing): 주어진 주제와 분량에 맞게 서술형 답안을 입력

✦ 주의 사항

❶ 듣기: 화면에 '대기 시간'과 '풀이 시간'이 나옵니다. 풀이 시간이 종료되면 다음 문제로 화면이 자동 변경됩니다. 화면이 바뀌면 지나간 문제는 다시 풀 수 없으며, 반드시 풀이 시간 내에 답을 선택해야 합니다.

❷ 읽기: 이전 문제, 다음 문제로 이동하면서 문제를 다시 풀 수 있습니다. 시험이 끝나기 10분 전, 5분 전 알림이 제공됩니다. 시험 시간이 다 되면 표시해 두었던 모든 답이 자동으로 제출됩니다.

❸ 쓰기: PBT와 달리 원고지 쓰기가 아닌, 일반 줄글 쓰기로 문제가 나옵니다. 한글 자판의 위치를 익히고 타자 연습을 해 두어야 합니다.

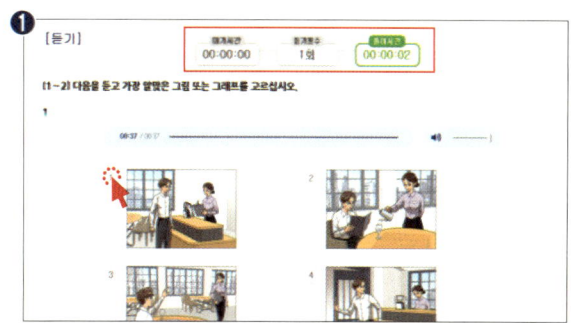

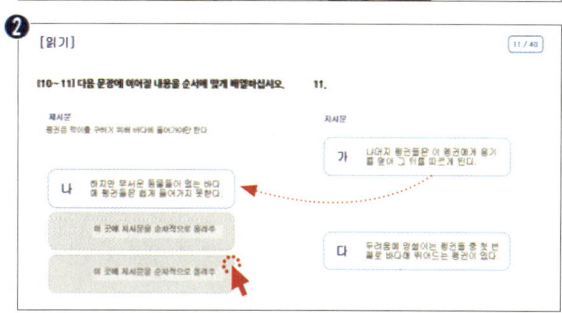

※ 시행처 홈페이지의 'IBT 체험하기'를 통해 컴퓨터 기반 시험이 어떻게 진행되는지 시험 전, 미리 확인해 보시기 바랍니다.

ANALYSIS

기출 분석 情報

✦ 빈칸에 알맞은 말 쓰기

유형 분석	[51번] 실용문(문자, 이메일, 공고문 등) [52번] 짧은 설명문 ▶ 빈칸 채우기: 과거에는 접속사 다음에 완성된 하나의 문장을 써 내는 경우가 많았습니다. 최근에는 빈칸의 앞뒤에 주어나 목적어 등의 길잡이 말이 있고 이에 맞추어 문장을 완성하는 문제가 많아졌습니다.
답안 작성 요령	▶ 내용: 앞뒤 문장들을 살펴보고 자연스럽게 이어지는 내용을 떠올립니다. 이때, 불필요한 내용을 추가하거나 원래의 의미를 해치지 않도록 주의합니다. 특히, 빈칸 앞뒤에 있는 말을 답안에 중복해서 쓰지 않도록 합니다. ▶ 형식: 다른 문장 성분들과 어울리는 문법을 사용해야 합니다. 문장의 끝은 문제에 맞추어 '-ㅂ니다'나 '-요' 등 중 하나로 통일합니다.

★ 문제를 푸는 시간과 난이도에 비하여 배점이 높은 편이에요. 빈칸 앞뒤의 말을 활용해서 답을 쓸 수도 있으니 절대 포기하지 마세요!

✦ 자료를 설명하는 글 쓰기

유형 분석	[53번] 설문조사, 현황, 통계 등 시각자료 ▶ 제시된 정보 쓰기(200~300자): 과거에는 줄글 형식의 제시문이 많았습니다. 최근에는 도표나 그래프를 보고 정보를 스스로 분석해야 하는 문제가 많아졌습니다.
답안 작성 요령	▶ 내용: 제시된 정보를 정확히 분석해야 합니다. 주어진 자료를 잘못 해석하거나 불필요한 개인의 의견이 들어가면 좋은 점수를 받을 수 없습니다. ▶ 형식: '반면, 그러나' 등의 접속사나 '첫째, 둘째, 셋째' 등의 순서를 나타내는 어휘를 사용하면 좋습니다. 문장은 끝을 '-ㅂ니다'나 '-요' 대신 '-ㄴ다'로 끝맺고, 중급 이상의 어휘와 문법을 쓰도록 합니다.

★ 다양한 도표나 도식을 보고 정보를 비교·분석하는 연습을 해 두세요. 또 최근에는 그래프 두 개를 비교하고, 그것과 관련된 원인이나 전망을 표로 제시하는 형태가 많습니다. 두 그래프의 차이점을 말로 어떻게 풀어내면 좋을지 생각해 보세요!

✦ 주제에 대해 글 쓰기

유형 분석	[54번] 줄글과 요구 과제 ▶ 자신의 의견 쓰기(600~700자): 사회적 분위기를 반영하는 문제입니다. 최근 이슈에 대한 생각을 묻는 문제가 많습니다.
답안 작성 요령	▶ 내용: 주어진 과제를 모두 적어야 합니다. 먼저 문제에서 요구하는 과제가 무엇인지 정확히 확인하도록 합시다. ▶ 형식: 글의 내용은 '처음-가운데-끝'의 단락별로 나누어 써야 합니다. 글을 쓰기 전 먼저 쓸 내용을 간단히 개요로 정리하면 써야 하는 내용을 빠뜨리지 않고 체계적인 글을 쓸 수 있습니다.

★ 평소 뉴스나 신문을 보면서 각종 사회 문제에 대한 자신의 생각을 정리해 두세요. 같거나 비슷한 주제가 문제로 나왔을 때 도움이 될 거예요!

FEATURE

이 책의 특징 特点

쓰기에 필요한
모든 유형과 필수 표현을 단 한 권에 모았다!

Q 문제 유형에 맞춰서 공부하고 싶어요.
A '유형 분석 · 기본 연습 · 실전 연습 · 모의고사 · 기출문제'로 체계적인 공부를 할 수 있어요.

Q 한국어 문법에 딱 맞는 글을 쓰고 싶어요.
A 문항별 · 유형별 '작문 표현 사전'을 보면 문법 공부도 할 수 있어요.

Q 시험에 자주 나오는 한국의 사회 문제가 무엇인지 알고 싶어요.
A '주제 이해하기'로 배경지식을 쌓고 나의 입장을 정리할 수 있어요.

Q 문제를 내고 채점을 하는 선생님이 무엇을 중요하게 생각하는지 알고 싶어요.
A '채점 기준 체크리스트'와 나의 답안을 비교해 보면 더 좋은 답을 쓸 수 있을 거예요.

선생님들을 위한 교재

- 쓰기 영역을 유형별로 쉽고 체계적으로 가르칠 수 있는 방법을 보여 드립니다.
- 자주 사용하는 표현으로 구성된 작문 필수 표현을 제공합니다.
- 자주 나오는 쓰기 주제에 대한 배경지식을 제공하여 학생들의 흥미를 유발할 수 있습니다.
- 채점 기준 체크리스트와 중고급 답안 비교 등을 통해 채점자의 시선으로 학생들의 답안을 확인할 수 있습니다.

학습자들을 위한 교재

- 문제 풀이 방법을 단계별로 자세히 설명해 드립니다.
- 작문 필수 표현을 익혀 두면 원하는 표현을 그때그때 공식처럼 적용해서 쓸 수 있습니다.
- 풍부한 배경지식을 바탕으로 주제에 대한 자신의 생각을 미리 정리할 수 있습니다.
- 채점 기준 체크리스트, 원고지 모범 답안, 중고급 답안 비교 등을 통해 자신의 실력을 스스로 점검할 수 있습니다.

STRUCTURES

이 책의 구성 构成

문제 편

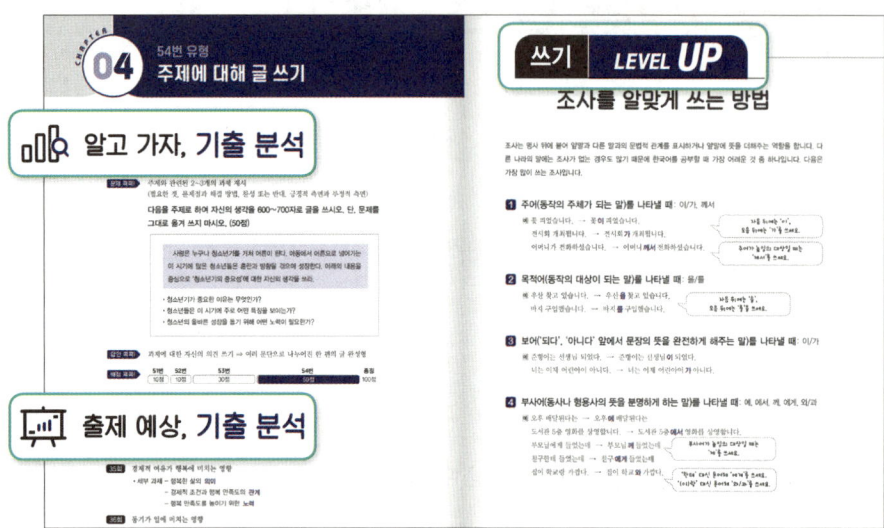

기출 CHECK UP
기출 분석의 중요성은 알지만, 어떻게 분석해야 할지 모르는 학습자를 위해 기출의 핵심만 콕콕 짚어 드립니다.

쓰기 LEVEL UP
쓰기 기초 이론과 연습 문제입니다. 문제의 유형과 수준에 따라 정리했으니 문제를 풀기 전 꼼꼼히 살펴보세요.

기본 연습
유형별 대표 문제로 풀이 비법을 공부할 수 있습니다. 기본 연습의 답안 작성 방법을 단계별로 따라가다 보면 어느새 만점 답안이 완성될 거예요.

실전 연습
다양한 실전 문제를 풀면서 실력을 쌓을 수 있습니다. '어휘와 표현' 중 모르는 말이 없는지도 확인해 보세요.

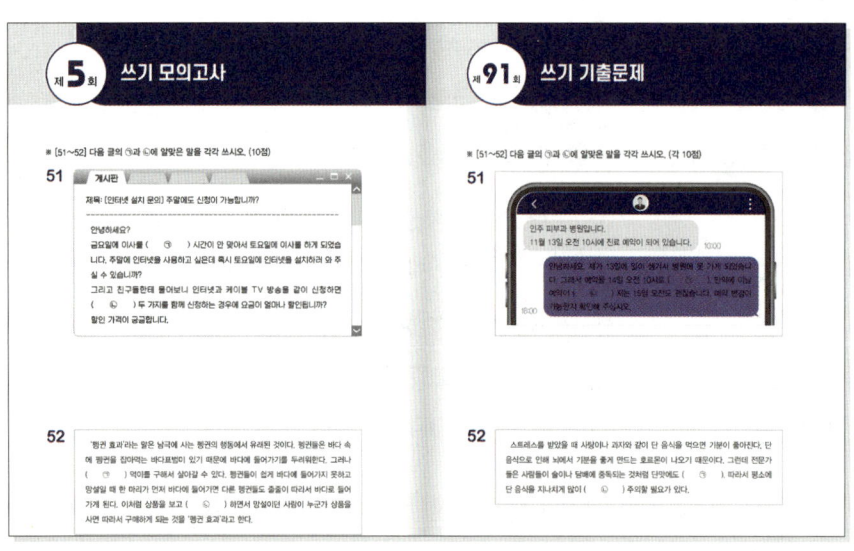

모의고사&기출문제
TOPIKⅡ 쓰기 영역 실전 모의고사와 실제 기출문제입니다. 총 8회분의 문제를 풀면서 시험의 경향을 파악하고 실전 감각을 키울 수 있을 거예요.

한국어능력시험 TOPIK II

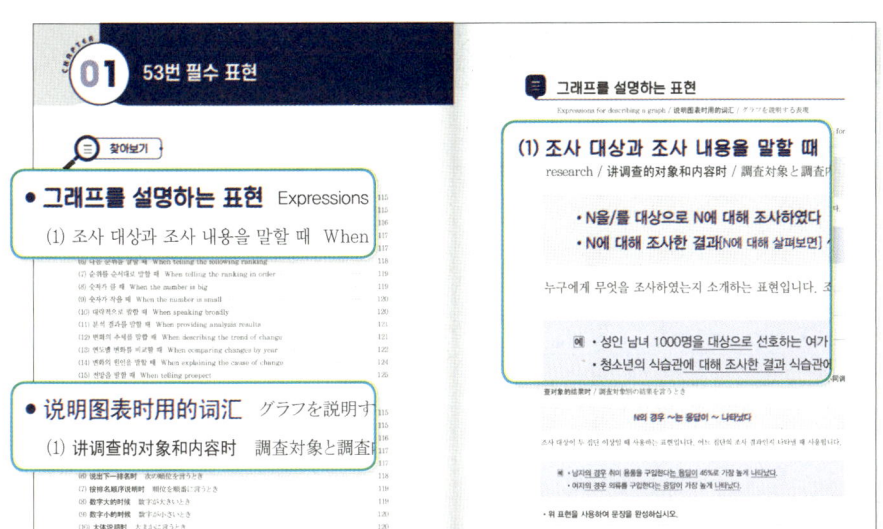

작문 표현 사전

작문 필수 표현과 예문을 사전식으로 정리하였습니다. 쓰고 싶은 표현을 직접 찾아서 쓰면서 다양한 형태로 답안을 작성해 보세요.

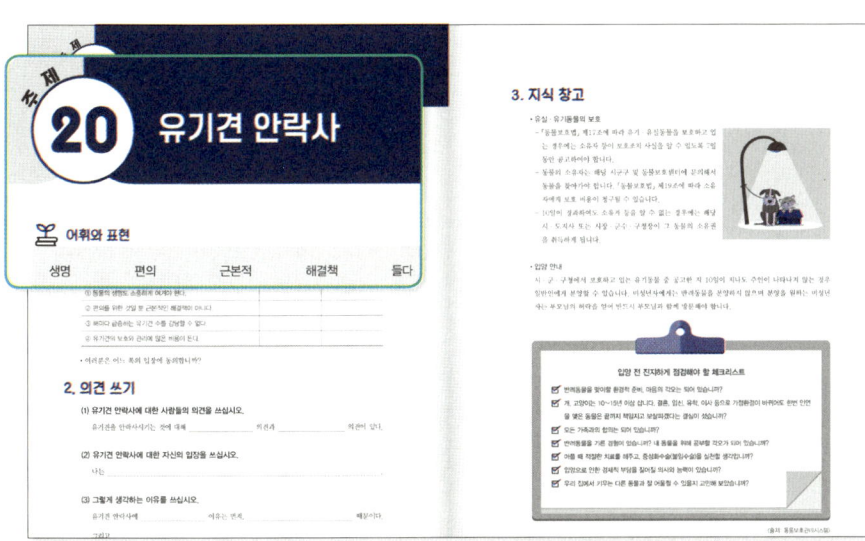

주제 이해하기

53, 54번 문제의 답안을 주어진 시간 내에 다 작성하려면 주제를 깊이 이해하고 있어야 합니다. 자주 나오는 주제에 대한 배경지식을 쌓고 자신의 의견을 정리해 두세요.

정답 및 해설 편

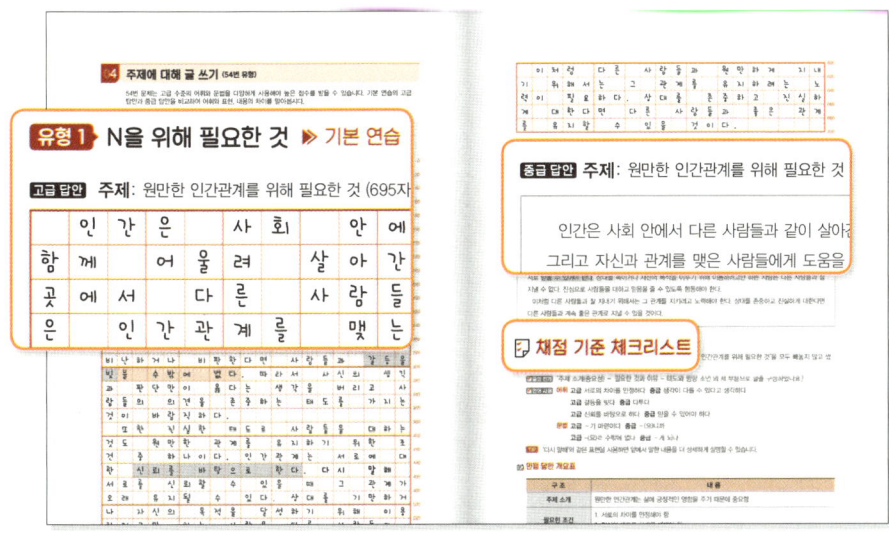

원고지 모범 답안

원고지 모범 답안을 보면서 헷갈리는 띄어쓰기, 문장 부호 등을 확인해 보세요. 특히 54번은 고급 답안과 중급 답안의 어휘와 문법을 비교하며 공부하면 좋아요.

채점 기준 체크리스트

채점 기준을 근거로 한 체크리스트를 수록하였습니다. 채점 기준에 따라 자신이 쓴 답안을 확인해 보세요.

CONTENTS

이 책의 목차 录目

문제 편

PART 1 TOPIK II 쓰기 분석

1. 문제와 채점 기준 소개 · **2**
2. 원고지 사용법 · **6**

PART 2 유형 분석과 연습

1. 51번 – 빈칸에 알맞은 말 쓰기 1 · **10**
   - [유형 1] 실용문 · **13**
2. 52번 – 빈칸에 알맞은 말 쓰기 2 · **22**
   - [유형 1] 설명문 · **27**
3. 53번 – 자료를 설명하는 글 쓰기 · **36**
   - [유형 1] 조사 결과 비교 · **40**
   - [유형 2] 두 가지 조사 · **46**
   - [유형 3] 변화의 원인 설명 · **52**
4. 54번 – 주제에 대해 글 쓰기 · **62**
   - [유형 1] N을 위해 필요한 것 · **72**
   - [유형 2] N의 문제점과 해결 방법 · **82**
   - [유형 3] N에 대한 찬성과 반대 · **92**
   - [유형 4] N의 긍정적 측면과 부정적 측면 · · · · · · · · · · · · · · · **102**

PART 3 작문 표현 사전

1. 53번 필수 표현
   - 찾아보기 · **114**
   - 그래프를 표현하는 방법 · **115**
2. 54번 필수 표현
   - 찾아보기 · **126**
   - 처음에 쓰는 표현 · **128**
   - 중간에 쓰는 표현 · **134**
   - 끝에 쓰는 표현 · **147**

PART 4 주제 이해하기

1. 사형 제도 · **154**
2. 장애인 · **156**
3. 노키즈존 · **158**
4. 직업 · **160**
5. 성형 수술 · **162**

6. 토론	164
7. 초등학생의 휴대폰 사용	166
8. 선의의 거짓말	168
9. CCTV 설치	170
10. 대학	172
11. 연예인의 사생활 보호	174
12. 저출산	176
13. 인간 복제	178
14. 의사소통	180
15. 대가족	182
16. 지도자	184
17. 인공 지능	186
18. 인터넷 실명제	188
19. 경쟁	190
20. 유기견 안락사	192

PART 5 실전 모의고사

OMR 답안지	197
제1회 쓰기 모의고사	210
제2회 쓰기 모의고사	212
제3회 쓰기 모의고사	214
제4회 쓰기 모의고사	216
제5회 쓰기 모의고사	218

PART 6 실제 기출문제

OMR 답안지	223
제91회 쓰기 기출문제	230
제83회 쓰기 기출문제	232
제64회 쓰기 기출문제	234

정답 및 해설 편

2. 유형 분석과 연습	2
3. 작문 표현 사전	59
4. 주제 이해하기	61
5. 실전 모의고사	65
6. 실제 기출문제	85

PLANNER

학습 계획 计划

하나씩 연습하는 3주 완성 기본형

1주차	1일	2일	3일	4일	5일	6일	7일
	1. TOPIK Ⅱ 쓰기 분석	2. 유형 분석과 연습 51번, 52번			2. 유형 분석과 연습 53번		

2주차	8일	9일	10일	11일	12일	13일	14일
		2. 유형 분석과 연습 54번				3. 작문 표현 사전 53번 필수 표현	

3주차	15일	16일	17일	18일	19일	20일	21일
	3. 작문 표현 사전 54번 필수 표현		4. 주제 이해하기		5. 실전 모의고사 6. 실제 기출문제		

표현과 주제도 함께 공부하는 3주 완성 복합형

1주차	1일	2일	3일	4일	5일	6일	7일
	1. TOPIK Ⅱ 쓰기 분석	2. 유형 분석과 연습 51번, 52번			2. 유형 분석과 연습 53번 / 3. 작문 표현 사전 53번 필수 표현		

2주차	8일	9일	10일	11일	12일	13일	14일
	2. 유형 분석과 연습 53번 / 3. 작문 표현 사전 53번 필수 표현			2. 유형 분석과 연습 54번 / 3. 작문 표현 사전 54번 필수 표현			

3주차	15일	16일	17일	18일	19일	20일	21일
	2. 유형 분석과 연습 54번 / 4. 주제 이해하기			5. 실전 모의고사 6. 실제 기출문제			

PART 01

TOPIK II 쓰기 분석

CHAPTER 01 문제와 채점 기준 소개

TOPIK II 쓰기는 51번부터 54번까지 네 문항이 출제됩니다. 51번과 52번은 빈칸을 채워 문장을 완성하는 유형, 53번은 제시된 자료를 보고 설명하는 유형, 54번은 제시된 주제에 대한 자신의 의견을 쓰는 유형입니다. 시험 시간은 총 50분이므로 51번과 52번은 3~5분, 53번은 10~15분, 54번은 25분~30분 이내에 답안을 작성하는 것이 좋습니다.

51

다음 글의 ㉠과 ㉡에 알맞은 말을 각각 쓰시오. (10점)

---

e-mail

이은주 교수님께

안녕하십니까? 한국학과 2학년 혼다 미호입니다.
상담 시간 때문에 연락드렸습니다. 정말 죄송하지만 (㉠)?
제가 급하게 고향에 가게 되어서 상담을 받기가 어려울 것 같습니다.
상담이 가능하신 (㉡) 그 시간에 꼭 찾아뵙겠습니다.

혼다 미호 드림

※ 13~14쪽에서 다시 학습하실 수 있습니다.

☑ 문제 분석

번호	유형	분량	수준	종류
51번	빈칸에 알맞은 말 쓰기	두 문장 완성	3급	실용문

51번은 빈칸에 맞는 표현을 넣어 문장을 완성하는 유형입니다. 메일, 문자 메시지, 게시판, 안내문 등과 같은 실용문이 출제되며, 수준은 한국어 중급에 해당하는 3급 정도입니다.
이 문제를 풀 때는 먼저 글의 종류와 목적을 확인하는 것이 좋습니다. 빈칸 앞뒤에 있는 문장을 통해 상황을 파악하고 중급 수준의 문법을 사용해서 답안을 작성해야 합니다.

☑ 채점 기준

	채점 근거	평가 내용	점수
㉠	내용 요소	의미에 맞는 내용으로 썼는가?	5점
	형식 요소(격식체 사용)	정확한 문법을 사용했는가?	
㉡	내용 요소	의미에 맞는 내용으로 썼는가?	5점
	형식 요소(격식체 사용)	정확한 문법을 사용했는가?	

다음 글의 ㉠과 ㉡에 알맞은 말을 각각 쓰시오. (10점)

> 사과는 자신의 잘못을 인정하고 용서를 비는 것을 말한다. 그래서 사과를 하기 위해서는 먼저 (㉠). 변명을 하거나 문제의 원인을 다른 곳에서 찾아 책임을 돌리는 태도는 상황을 악화시킬 뿐이다. 또한 사과를 받는 사람에게 용서를 강요해서는 안 된다. 미안하다는 말을 했다고 해서 상대방이 무조건 (㉡). 상대방의 입장을 충분히 이해하고 진심으로 사과한 후에만 용서를 기대할 수 있다.

※ 27~28쪽에서 다시 학습하실 수 있습니다.

☑ 문제 분석

번호	유형	분량	수준	종류
52번	빈칸에 알맞은 말 쓰기	두 문장 완성	3급	설명문

52번 역시 빈칸에 맞는 표현을 넣어 문장을 완성하는 유형입니다. 한 단락으로 이루어진 설명문이 출제되며, 수준은 한국어 중급에 해당하는 3급 정도입니다.

이 문제를 풀 때는 먼저 무엇에 관한 글인지 확인해야 합니다. 빈칸 앞뒤에 있는 내용을 통해 의미를 파악하고 중급 수준의 문법을 사용해서 답안을 작성해야 합니다.

☑ 채점 기준

	채점 근거	평가 내용	점수
㉠	내용 요소	의미에 맞는 내용으로 썼는가?	5점
	형식 요소	정확한 문법을 사용했는가?	
㉡	내용 요소	의미에 맞는 내용으로 썼는가?	5점
	형식 요소	정확한 문법을 사용했는가?	

53

다음은 '온라인 쇼핑 구입 제품'에 대한 자료이다. 이 내용을 200~300자의 글로 쓰시오. 단, 글의 제목은 쓰지 마시오. (30점)

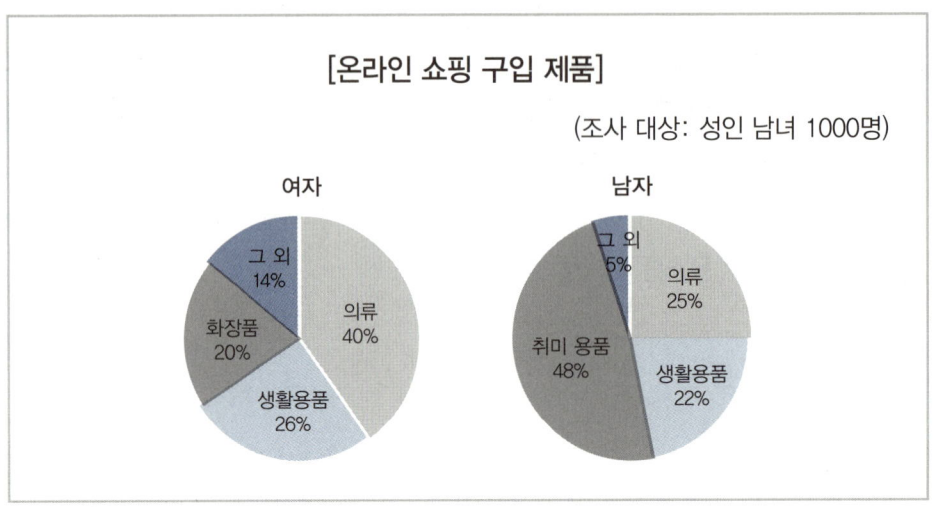

※ 40~42쪽에서 다시 학습하실 수 있습니다.

✓ 문제 분석

번호	유형	세부 유형	분량	수준	종류
53번	자료를 설명하는 글 쓰기	① 조사 결과 비교 ② 두 가지 조사 ③ 변화의 원인 설명	200~300자	3~4급	설명문

53번은 제시된 자료를 보고 설명하는 글을 쓰는 유형입니다. 답안은 단락의 구분 없이 한 단락으로 써야 하며, 수준은 한국어 중급에 해당하는 3~4급 정도입니다.

이 문제는 답안 작성에 필요한 내용이 문제에 모두 제시되어 있습니다. 제시된 정보가 모두 포함되도록 답안을 작성해야 합니다. 유형에 따라 어울리는 표현이 있으므로 각 유형에 맞는 표현을 사용해서 하나의 글로 완성해야 합니다.

✓ 채점 기준

채점 근거	평가 내용	점수
내용 및 과제 수행	① 주어진 과제를 충실히 수행하였는가? ② 주제와 관련된 내용으로 구성하였는가? ③ 주어진 내용을 풍부하고 다양하게 표현하였는가?	7점
글의 전개 구조	① 글의 구성이 명확하고 논리적인가? ② 글의 내용에 따라 단락 구성이 잘 이루어졌는가? ③ 논리 전개에 도움이 되는 담화 표지를 적절하게 사용하여 조직적으로 연결하였는가?	7점
언어 사용	① 문법과 어휘를 다양하고 풍부하게 사용하며 적절한 문법과 어휘를 선택하여 사용하였는가? ② 문법, 어휘, 맞춤법 등의 사용이 정확한가? ③ 글의 목적과 기능에 따라 격식에 맞게 글을 썼는가?	16점

다음을 참고하여 600~700자로 글을 쓰시오. 단, 문제를 그대로 옮겨 쓰지 마시오. (50점)

> 사람들은 살아가면서 다양한 인간관계를 경험한다. 다른 사람들과 원만한 인간관계를 유지하기 위해서는 어떻게 해야 하는가? 아래의 내용을 중심으로 자신의 생각을 쓰라.
> - 원만한 인간관계가 중요한 이유는 무엇인가?
> - 원만한 인간관계를 유지하기 위해 필요한 것은 무엇인가? (2가지 이상)

※ 72~75쪽에서 다시 학습하실 수 있습니다.

☑ 문제 분석

번호	유형	세부 유형	분량	수준	종류
54번	주제에 대해 글 쓰기	① N을 위해 필요한 것 ② N의 문제점과 해결 방법 ③ N에 대한 찬성 또는 반대 ④ N의 긍정적 측면과 부정적 측면	600~700자	5~6급	논설문

54번은 주제에 맞게 자신의 의견을 쓰는 유형입니다. 답안은 [처음]-[중간]-[끝]으로 나누어 써야 하며, 수준은 한국어 고급에 해당하는 5~6급 정도입니다.

이 문제는 제시된 주제를 이해하고 문제에서 요구하는 조건이 모두 포함되도록 답안을 작성해야 합니다. 제한된 시간 내에 답안을 작성하기 위해서는 먼저 자신의 생각을 개요표(전체 내용 중 주요 내용을 뽑아 간략히 정리한 것)로 작성하는 것이 좋습니다. 세부 유형에 어울리는 표현을 사용해서 [처음]-[중간]-[끝]의 구조를 갖춘 하나의 글로 완성해야 합니다.

☑ 채점 기준

채점 근거	평가 내용	점수
내용 및 과제 수행	① 주어진 과제를 충실히 수행하였는가? ② 주제와 관련된 내용으로 구성하였는가? ③ 주어진 내용을 풍부하고 다양하게 표현하였는가?	12점
글의 전개 구조	① 글의 구성이 명확하고 논리적인가? ② 중심 생각이 잘 구성되어 있는가? ③ 논리 전개에 도움이 되는 담화 표지를 적절하게 사용하여 조직적으로 연결하였는가?	12점
언어 사용	① 문법과 어휘를 다양하고 풍부하게 사용하며 적절한 문법과 어휘를 선택하여 사용하였는가? ② 문법, 어휘, 맞춤법 등의 사용이 정확한가? ③ 글의 목적과 기능에 따라 격식에 맞게 글을 썼는가?	26점

CHAPTER 02 원고지 사용법

TOPIK II 쓰기의 53번과 54번은 원고지에 답안을 써야 합니다. 원고지 사용법에 맞게 답안을 쓸 수 있도록 아래에 있는 설명과 예를 잘 읽어 보십시오.

1. 글자 쓰기: 글자는 한 칸에 한 자씩 씁니다.

| 성 | 공 | 의 | | 기 | 준 | 에 | | 대 | 해 | 서 | 는 | | 사 | 람 | 마 | 다 | | 생 | 각 |

2. 숫자와 알파벳·기호 쓰기

① 숫자는 한 칸에 한 자를 쓰고 두 자 이상의 숫자는 한 칸에 두 자씩 씁니다.

| 20 | 00 | 년 | 에 | 는 | | 2 | 배 | | 이 | 상 | | 증 | 가 | 해 | 서 | | 50 | 0 | 명 |

② 알파벳은 대문자는 한 칸에 한 자씩, 소문자는 한 칸에 두 자씩 씁니다.

| 가 | 수 | 들 | 의 | | S | N | S | 에 | 는 | | K | - | po | p | 을 | | 좋 | 아 | 하 |

③ %, kg, ( ), ~ 등의 단위와 기호는 한 칸에 한 개씩 씁니다.

| 5 | ~ | 6 | 시 | 간 | | (| 34 | % |) | 의 | | 순 | 으 | 로 | | 나 | 타 | 났 | 다. |

3. 문장 부호 쓰기

① 마침표(.)와 쉼표(,)는 칸의 왼쪽 아래에 쓰고 큰따옴표(" ")와 작은따옴표(' ')는 칸의 한쪽에 치우치게 씁니다.

| ' | 시 | 간 | 이 | | 부 | 족 | 해 | 서 | ', | | ' | 귀 | 찮 | 아 | 서 | ' | | 라 | 는 |

② 느낌표(!)와 물음표(?)는 칸의 가운데에 씁니다.

| 모 | 든 | | 사 | 람 | 의 | | 생 | 각 | 이 | | 같 | 을 | 까 | ? | | | | | |

4. 띄어쓰기

① 가장 첫 칸을 비우고 글을 시작합니다.

| | 많 | 은 | | 사 | 람 | 들 | 이 | | 성 | 공 | 을 | | 꿈 | 꾼 | 다. | | 그 | 러 | 나 |

② 단락이 바뀔 때만 그 줄의 첫 칸을 비웁니다.

힘	들	게		하	는		것	은		장	애	인	을		대	하	는		사
람	들	의		편	견	이		심	하	다	는		것	이	다	.			
	따	라	서		장	애	인		문	제	를		해	결	하	기		위	해
서	는		인	식	을		개	선	할		수		있	는		교	육	이	

③ 문장 부호를 쓰지 못하고 줄이 끝나면 마지막 칸에 글자와 함께 씁니다.

| 서 | | 쓰 | 레 | 기 | 를 | | 줄 | 이 | 려 | 는 | | 노 | 력 | 이 | | 필 | 요 | 하 | 다. |
| 일 | 회 | 용 | 품 | 을 | | 사 | 용 | 하 | 지 | | 않 | 도 | 록 | | 노 | 력 | 하 | 고 | |

④ 다음과 같이 조사는 앞말에 붙여서 씁니다.

| | 건 | 강 | 에 | | 대 | 한 | | 관 | 심 | 의 | | 증 | 가 | 로 | | 자 | 전 | 거 | 를 |
| 이 | 용 | 하 | 는 | | 사 | 람 | 이 | | 2 | 배 | 나 | | 증 | 가 | 했 | 다 | . | | |

| | 예 | 전 | 에 | 는 | | 집 | 에 | 서 | 만 | | 인 | 터 | 넷 | 을 | | 사 | 용 | 했 | 지 |
| 만 | | 지 | 금 | 은 | | 어 | 디 | 에 | 서 | 나 | | 사 | 용 | 한 | 다 | . | | | |

⑤ 다음과 같이 의존 명사는 띄어서 씁니다.

| | 가 | 격 | 이 | | 저 | 렴 | 할 | | 뿐 | 만 | | 아 | 니 | 라 | | 안 | 전 | 하 | 게 |
| 여 | 행 | 할 | | 수 | | 있 | 다 | 는 | | 것 | 이 | | 장 | 점 | 이 | 다 | . | | |

| | 한 | 국 | 에 | | 온 | | 지 | | 얼 | 마 | | 되 | 지 | | 않 | 은 | | 외 | 국 |
| 인 | 도 | | 알 | | 만 | 큼 | | 유 | 명 | 한 | | 장 | 소 | 이 | 다 | . | | | |

| | 대 | 학 | 에 | | 다 | 닐 | | 때 | | 한 | 국 | 어 | 를 | | 배 | 운 | | 적 | 이 |
| 있 | 어 | 서 | | 한 | 국 | 어 | 를 | | 할 | | 줄 | | 안 | 다 | . | | | | |

⑥ 다음과 같이 단위 명사는 띄어서 씁니다. 단, 숫자와 함께 쓰는 경우에는 붙여서 씁니다.

| 사 | 과 | | 한 | | 개 | 를 |

| 사 | 과 | | 1 | 개 | 를 |

| 학 | 생 | | 두 | | 명 | 이 |

| 학 | 생 | | 2 | 명 | 이 |

쓰기 LEVEL UP

조사를 알맞게 쓰는 방법

조사는 명사 뒤에 붙어 앞말과 다른 말과의 문법적 관계를 표시하거나 앞말에 뜻을 더해주는 역할을 합니다. 다른 나라의 말에는 조사가 없는 경우도 많기 때문에 한국어를 공부할 때 가장 어려운 것 중 하나입니다. 다음은 가장 많이 쓰는 조사입니다.

1 주어(동작의 주체가 되는 말)를 나타낼 때: 이/가, 께서

예) 꽃 피었습니다. → 꽃이 피었습니다.
전시회 개최됩니다. → 전시회가 개최됩니다.
어머니가 전화하셨습니다. → 어머니께서 전화하셨습니다.

> 자음 뒤에는 '이', 모음 뒤에는 '가'를 쓰세요.

> 주어가 높임의 대상일 때는 '께서'를 쓰세요.

2 목적어(동작의 대상이 되는 말)를 나타낼 때: 을/를

예) 우산 찾고 있습니다. → 우산을 찾고 있습니다.
바지 구입했습니다. → 바지를 구입했습니다.

> 자음 뒤에는 '을', 모음 뒤에는 '를'을 쓰세요.

3 보어('되다', '아니다' 앞에서 문장의 뜻을 완전하게 해주는 말)를 나타낼 때: 이/가

예) 준형이는 선생님 되었다. → 준형이는 선생님이 되었다.
너는 이제 어린아이 아니다. → 너는 이제 어린아이가 아니다.

4 부사어(동사나 형용사의 뜻을 분명하게 하는 말)를 나타낼 때: 에, 에서, 께, 에게, 와/과

예) 오후 배달된다는 → 오후에 배달된다는
도서관 5층 영화를 상영합니다. → 도서관 5층에서 영화를 상영합니다.
부모님에게 들었는데 → 부모님께 들었는데
친구한테 들었는데 → 친구에게 들었는데
집이 학교랑 가깝다. → 집이 학교와 가깝다.

> 부사어가 높임의 대상일 때는 '께'를 쓰세요.

> '한테' 대신 문어체 '에게'를 쓰세요.
> '(이)랑' 대신 문어체 '와/과'를 쓰세요.

PART 02

유형 분석과 연습

CHAPTER 01

51번 유형
빈칸에 알맞은 말 쓰기 1

알고 가자, 기출 분석

난이도 콕콕! ★☆☆

문제 콕콕! 51번: 실용문(이메일, 문자 메시지, 게시판, 안내문 등)

다음 글의 ㉠과 ㉡에 알맞은 말을 각각 쓰시오. (10점)

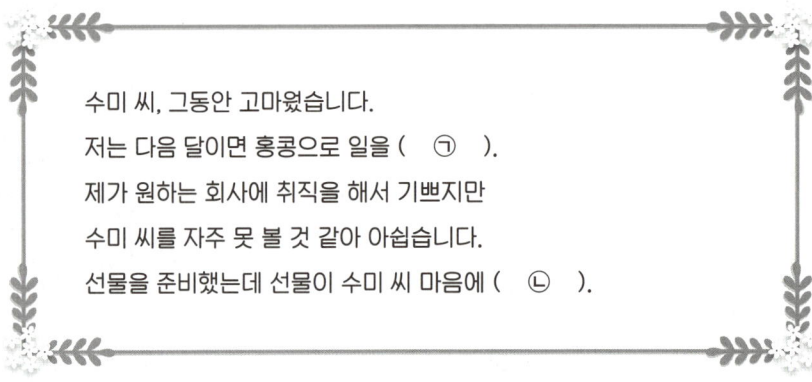

수미 씨, 그동안 고마웠습니다.
저는 다음 달이면 홍콩으로 일을 (㉠).
제가 원하는 회사에 취직을 해서 기쁘지만
수미 씨를 자주 못 볼 것 같아 아쉽습니다.
선물을 준비했는데 선물이 수미 씨 마음에 (㉡).

답안 콕콕! 앞뒤 내용과 문법에 맞게 빈칸 채우기 ⇒ 문장 완성형

배점 콕콕!
51번	52번	53번	54번	총점
10점	10점	30점	50점	100점

출제 예상, 기출 분석

최근 시험에 나왔던 글의 종류와 문장 유형입니다.

- 안내문: 정리하려고 합니다 / 연락해 주시기 바랍니다
- 이메일: 뵙기 어려울 것 같습니다 / 시간이 괜찮으십니까
- 모집 안내문: 모집하려고 합니다 / 처음 배우십니까
- 이메일: 초대하고 싶습니다 / 언제든지 다 괜찮습니다
- 이메일: 카메라를 주문했습니다 / 받아 주실 수 있으십니까
- 문자 메시지: 빌려줘서 / 돌려주면 됩니까
- 게시판: 필요하다고 합니다 / 어떻게 해야 합니까
- 편지글: 하러 갑니다 / 들(었으)면 좋겠습니다
- 게시판: 본 적이 / 하고 싶습니다
- 문자 메시지: 변경하고 싶습니다 / 불가능하면

문장을 쓰는 방법

한국 속담에 '같은 말이라도 아 다르고 어 다르다'는 말이 있습니다. 같은 내용의 이야기라도 표현하는 것에 따라 다르게 느낀다는 뜻이지요. 다음은 51번 문제를 풀 때 가장 적절한 표현을 써서 좋은 점수를 받을 수 있는 도움말입니다.

1 상대에게 예의를 갖추어 말하는 격식체를 사용합니다.

예 금요일에 뵙기 어려울 것 같아요. (×)
　 금요일에 뵙기 어려울 것 같습니다. (○)

예 선물이 마음에 들었으면 좋겠어요. (×)
　 선물이 마음에 들었으면 좋겠습니다. (○)

2 상황이나 상대에 따라 어휘나 문법을 다르게 사용합니다.

예 [친구에게] 민수 씨, 편한 시간을 알려 주면 만나러 가겠습니다.
　 [교수님께] 교수님, 편하신 시간을 알려 주시면 찾아뵙겠습니다. ← '만나러 가다' 대신 '찾아뵙다'를 쓰세요.
　 ← '-(으)시-'를 쓰세요.

예 [선배의 행동] 선배님께서 책을 빌려주셨습니다. ← '-(으)시-'를 쓰세요.
　 [나의 행동] 선배님께 책을 돌려 드리려고 합니다.
　 ← '돌려주다' 대신 '돌려 드리다'를 쓰세요.

예 [안내] 빵과 커피를 무료로 드실 수 있습니다. ← '먹다' 대신 '드시다'를 쓰세요.

3 정중한 느낌을 주려면 직접적인 표현을 피하는 것이 좋습니다.

예 상담을 받을 수 없습니다.　　→　상담을 받기가 어려울 것 같습니다.
　 토요일에 시간이 있습니까?　→　토요일에 시간이 괜찮으십니까?

4 안내문은 제목을 통해 글을 쓴 목적을 파악합니다.

예 신입 회원 모집　　　→　신입 회원을 모집합니다.
　 졸업 작품 전시회　　→　졸업 작품 전시회를 개최하고자 합니다.

5 안내문에서 자주 사용하는 표현을 공부해 둡니다.

예 양해해 주십시오.　　　　　　　　　　　→　많은 양해 부탁드립니다.
　 협조해 주십시오.　　　　　　　　　　　→　협조해 주시기 바랍니다.
　 참가[가입/구입]를 원하시면 연락해 주십시오.　→　참가[가입/구입]를 원하시면 연락해 주시기 바랍니다.

쓰기 | LEVEL UP

✅ 연습 문제

01. 밑줄 친 부분을 격식체로 바꿔 쓰세요.

　① 부탁이 있어서 메일을 <u>보내요.</u> → 부탁이 있어서 메일을 (　　　　　)
　② 언제까지 <u>신청하면 돼요?</u> → 언제까지 (　　　　　　　　　)

02. 밑줄 친 부분을 상대에 맞는 표현으로 바꿔 쓰세요.

　① 교수님, 제가 갑자기 부탁을 <u>했는데</u> 부탁을 <u>들어 줘서</u> 정말 감사합니다.
　　　　　　　　　　　　　　(　　　　　) (　　　　　)
　② 제가 <u>도와줄</u> 일이 있으면 언제든지 <u>말해 주십시오.</u>
　　　(　　　)　　　　　　　　　(　　　　　　)

03. 밑줄 친 부분을 간접적인 표현으로 바꿔 쓰세요.

　① 답장을 <u>해 주십시오.</u>　→ 답장을 (　　　　　　)
　② 방법을 <u>알려 주십시오.</u>　→ 방법을 (　　　　　　)
　③ 저와 함께 <u>공부합시다.</u>　→ 저와 함께 (　　　　　　)

04. 다음은 글을 쓴 목적을 파악하여 정리한 것입니다. 빈칸을 완성해 보세요.

　① 중고 카메라를 팝니다.　→ (　　　)하던 카메라를 (　　　)려고 합니다.
　② 엘리베이터 수리 중　→ 엘리베이터를 (　　　　)고 있습니다.
　③ 우산을 찾습니다.　→ 우산을 (　　　　)서 찾고 있습니다.

05. 밑줄 친 부분을 단어 '바라다'를 활용해서 바꿔 쓰세요.

　① 관심이 있으신 분은 <u>신청해 주십시오.</u>　→ 관심이 있으신 분은 (　　　　　)
　② 대중교통을 <u>이용해 주십시오.</u>　→ 대중교통을 (　　　　　)
　③ 홈페이지를 <u>참고해 주십시오.</u>　→ 홈페이지를 (　　　　　)

🔑 모범 답안

01. ① 보냅니다.　② 신청하면 됩니까?
02. ① 드렸는데, 들어 주셔서　② 도와 드릴, 말씀해 주십시오.
03. ① 기다리겠습니다.　② 알려 주시겠습니까? [알려 주실 수 있습니까? / 알려 주셨으면 합니다.]
　　③ 공부하지 않으시겠습니까? [공부하시는 것이 어떻습니까?]
04. ① 사용, 팔　② 수리하　③ 잃어버려
05. ① 신청해 주시기 바랍니다.　② 이용해 주시기 바랍니다.　③ 참고해 주시기 바랍니다.

유형 1 실용문

⏱ 권장시간 3~5분

예시 문제

다음 글의 ㉠과 ㉡에 알맞은 말을 각각 쓰시오. (10점)

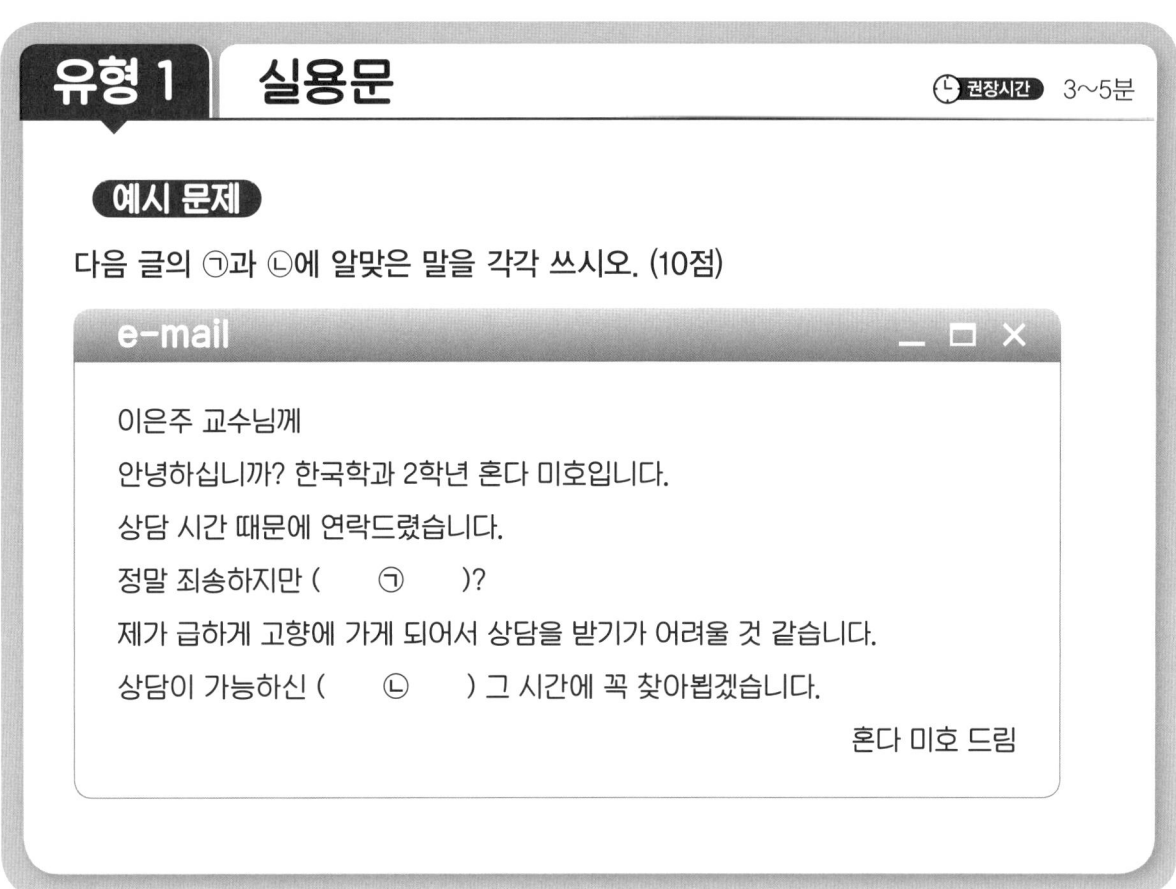

☑ 유형 분석

이 유형에서 제시되는 글은 이메일, 안내문 등의 실용문입니다.

단 계	풀이 과정	풀이 비법
step 1	글의 대상과 목적 파악하기	먼저 글을 쓴 대상과 목적을 파악합니다. 누구에게 왜 썼는지에 따라 사용하는 어휘나 문법이 달라집니다.
step 2	앞뒤 문장의 내용 확인하기	빈칸 앞뒤에 있는 문장을 통해 상황을 파악합니다. 글의 제목이나 반복적으로 사용된 어휘가 상황을 알려 주는 힌트가 됩니다.
step 3	어울리는 문법을 떠올리기	중급 수준의 문법을 사용해서 상황에 맞는 답안을 작성합니다.

유형1 기본 연습   유형1 실전 연습

※ 다음 글의 ㉠과 ㉡에 알맞은 말을 각각 쓰시오. (10점)

51

> **e-mail**
>
> 이은주 교수님께
>
> 안녕하십니까? 한국학과 2학년 혼다 미호입니다.
>
> 상담 시간 때문에 연락드렸습니다.
>
> 정말 죄송하지만 (㉠)?
>
> 제가 급하게 고향에 가게 되어서 상담을 받기가 어려울 것 같습니다.
>
> 상담이 가능하신 (㉡) 그 시간에 꼭 찾아뵙겠습니다.
>
> 혼다 미호 드림

㉠

㉡

☑ 문제 풀이

단계	풀이 과정	㉠	㉡
step 1	글의 대상과 목적 파악하기	교수님께 부탁하는 메일	
step 2	앞뒤 문장의 내용 확인하기	상담 시간 / 죄송하지만 / 상담을 받기가 어려울 것 같습니다	상담이 가능하신 / 그 시간에
step 3	어울리는 문법을 떠올리기	-(으)ㄹ 수 있다	-(으)시- + (으)면

🔒 모범 답안

㉠ 상담 시간을 바꿀 수 있습니까?
㉡ 시간을 알려 주시면

유형 1 실전 연습

※ 다음 글의 ㉠과 ㉡에 알맞은 말을 각각 쓰시오. (10점)

01

선배님, 전화를 안 받으셔서 문자 메시지를 남깁니다.
죄송하지만 저녁 약속에 조금 늦을 것 같습니다.
오후에 회의가 있었는데 회의가 이렇게 늦게 (㉠).
지금 택시를 타고 가고 있는데 식당에서 잠시만 기다려 주시겠습니까?
식당에 (㉡) 연락드리겠습니다. 정말 죄송합니다.

㉠ _____

㉡ _____

02

소금빵을 맛있게 드시는 방법

- 구입하신 빵은 가능한 당일에 드시기 바랍니다. 당일에 빵을 모두 (㉠) 경우에는 냉동실에 보관하시는 것이 좋습니다.
- 냉동실에 보관한 빵을 드실 때는 180도의 오븐에서 5~8분 동안 (㉡). (전자레인지로 데우면 빵이 딱딱해지기 때문에 전자레인지는 추천하지 않습니다.)

㉠ _____

㉡ _____

✏️ 어휘와 표현

01. 남기다 늦다 잠시
02. 구입하다 당일 냉동실 보관하다 오븐 데우다 딱딱하다 추천하다

03

| 공지 사항 | 질문·답변 | 사진첩 | 후기 |

모집

<하늘 등산 동호회>에서 회원을 모집하고 있습니다. 등산에 관심 있으신 분이면 누구나 환영합니다. 저희 동호회는 주말 아침마다 모여서 함께 등산을 합니다. 지금까지 한 번도 등산을 (㉠) 분도 쉽게 올라가실 수 있는 코스부터 고급자 코스까지 다양한 수준의 코스로 등산을 합니다. 다음 달에는 제주도에 있는 한라산에 (㉡). 신입 회원도 참석하실 수 있습니다. 동호회 가입을 원하시는 분은 010-1234-5678로 연락해 주십시오.

㉠ ....

㉡ ....

04

New message

진아 씨, 그동안 정말 고마웠습니다.
회사 일이 처음이라서 부족한 점이 많았는데 같이 일하면서 진아 씨에게 도움을 많이 받았습니다. 저는 다음 달에 홍콩에 돌아가지만 거기에서도 자주 연락하겠습니다.
혹시 홍콩에 여행을 (㉠) 꼭 저에게 연락해 주십시오.
진아 씨가 한국에서 안내해 주신 것처럼 저도 홍콩의 멋진 곳들을 (㉡).

 Send

㉠ ....

㉡ ....

✏️ 어휘와 표현

03. 모집 동호회 회원 환영하다 올라가다 신입 참석하다 가입 원하다
04. 부족하다 도움 멋지다 곳

05

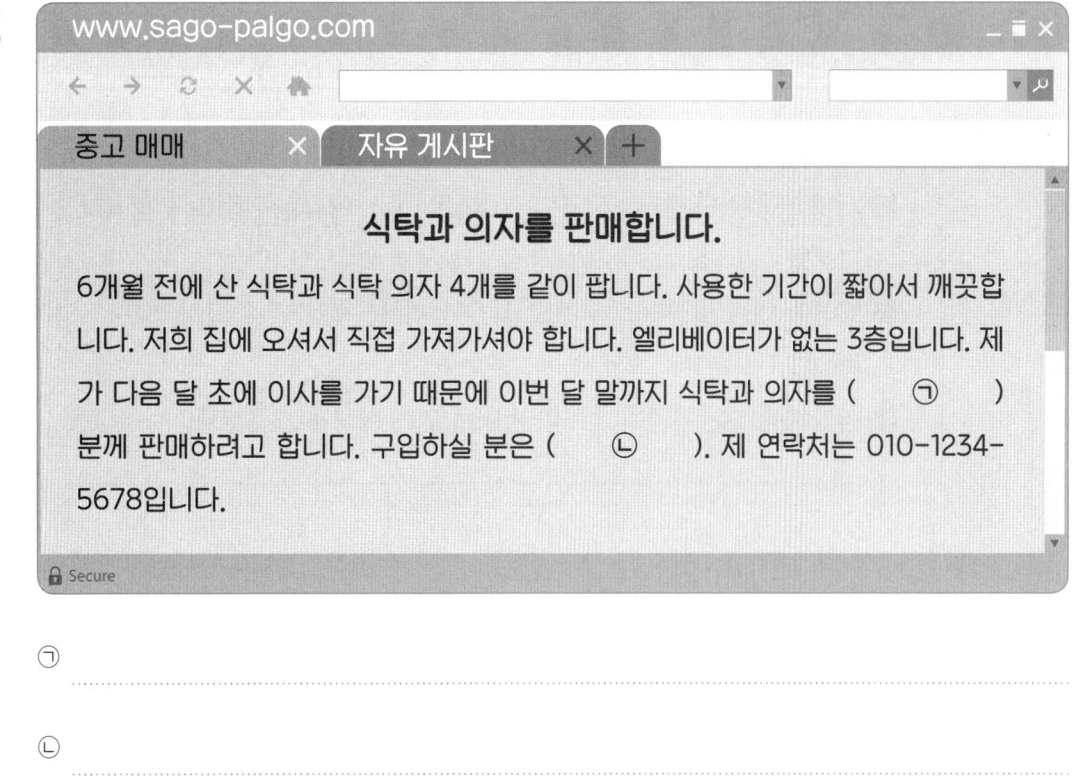

ㄱ. _____

ㄴ. _____

06

○○호텔 문의 게시판

안녕하세요?
얼마 전에 방을 예약했는데 일이 생겨서 예약한 날에 여행을 못 가게 되었습니다.
그래서 예약일을 다른 날로 (㉠).
8월 1일부터 3일까지 예약했는데 8월 5일부터 7일까지로 변경이 가능합니까?
만약 2박 3일 동안 묵을 방을 (㉡) 1박 2일도 괜찮습니다.
변경이 가능한지 확인해 주십시오.

ㄱ. _____

ㄴ. _____

✏️ **어휘와 표현**

05. 중고 식탁 판매하다 팔다 가져가다 엘리베이터 연락처
06. 예약하다 변경 묵다 가능하다 확인하다

07

무인 매장 이용 안내

■ 저희 매장은 무인으로 운영되는 매장입니다. 매장을 안전하게 관리하고 범죄 피해를 (㉠) 24시간 CCTV로 녹화 중입니다.

■ 매장에 있던 물건이나 구매를 취소한 제품은 제자리에 다시 놓아 주시기 바랍니다.

■ 함께 사용하는 공간이니 다음 손님을 위해 매장을 깨끗하게 (㉡).

㉠ _____

㉡ _____

08

Subject: 선배님, 안녕하세요? 제니입니다.

지난주 동아리 모임에 초대해 주셔서 감사합니다.
선배님 덕분에 새로운 친구들도 많이 사귀고 즐거운 시간을 보냈습니다.
이번에는 제가 선배님을 저희 모임에 (㉠) 연락을 드렸습니다.
혹시 이번 주 금요일 저녁에 (㉡)?
그날 유학생 모임이 있는데 한국인 친구들도 참석할 수 있습니다.
분위기가 좋고 재미있는 모임이라서 선배님도 꼭 같이 가셨으면 좋겠습니다.

SEND

㉠ _____

㉡ _____

어휘와 표현

07. 무인 매장 운영되다 안전하다 관리하다 범죄 피해 녹화 구매 취소하다 제품 제자리 놓다 공간

08. 동아리 모임 초대하다 사귀다 혹시 유학생 참석하다 분위기

09

한빛 미술관 10주년

저희 한빛 미술관이 문을 (㉠) 벌써 10년이 되었습니다. 개관 10주년 행사에 시민 여러분을 초대합니다. 그동안 관람객들에게 큰 관심을 받은 작품들을 모은 특별 전시회를 비롯해 다양한 행사를 준비했습니다. 행사 참여를 원하시는 분은 홈페이지에서 일정과 신청 방법을 확인하신 후 (㉡). 10주년 행사에 많은 관심 부탁드립니다.

㉠ _____

㉡ _____

10

강아지를 찾습니다

- 종류: 갈색 푸들
- 성별: 암컷
- 나이: 5살

2월 17일 수요일 오전 10시쯤에 산책을 하다가 잡고 있던 목줄을 (㉠) 강아지를 잃어버렸습니다. 강아지가 산 쪽으로 뛰어갔는데 잡지 못했습니다. 이 강아지를 보셨거나 보호하고 계신 분은 010-1234-5678로 연락 부탁드립니다. 강아지를 꼭 (㉡) 도와주십시오.

㉠ _____

㉡ _____

✏️ 어휘와 표현

09. 개관 행사 관람객 비롯하다 참여 일정
10. 찾다 성별 암컷 목줄 보호하다

11

| Q&A | 인기글 | 자료실 | 벼룩시장 |

안녕하세요? 직장 동료가 마포구 문화 센터에서 그림을 배우고 있는데 거기에 가면 여러 가지를 (㉠) 그 말을 듣고 관심이 생겼습니다. 문화 센터의 수업은 마포구에 사는 사람만 신청할 수 있습니까? 저는 현재 마포구에 있는 회사에 (㉡). 저처럼 마포구에서 일하는 사람도 수업을 들을 수 있는지 궁금합니다.

㉠ _____

㉡ _____

12

✉ **New message**

To 김유진 선생님께

안녕하세요? 작년에 선생님께 한국어를 배웠던 리에입니다. 잘 지내셨습니까?
저는 일본에 돌아온 후에 다시 대학교에 다니고 있습니다.
이제 4학년이 되었는데 부탁드릴 것이 있어서 연락을 드렸습니다.
저는 내년에 한국에 있는 대학원에 (㉠).
그래서 추천서가 필요한데 혹시 선생님께서 제 추천서를 (㉡)?
괜찮으신지 알려 주시면 추천서를 쓰실 때 필요한 자료를 보내겠습니다.
바쁘실 텐데 갑자기 이런 부탁을 드려서 죄송합니다.
그러면 답장을 기다리겠습니다.

하시모토 리에 드림

㉠ _____

㉡ _____

✏ **어휘와 표현**

11. 직장 동료   문화 센터   살다   신청하다   궁금하다
12. 다니다   연락   대학원   추천서   자료   답장

13

⟨ 반려견 동반 안내 ⟩

- 반려견과 함께 저희 식당을 방문해 주신 고객님들께 알려 드립니다.
- 식당 안에서 모든 반려견은 목줄을 (　㉠　).
  식당 입구에서 반려견의 목줄 착용을 확인해 주시기 바랍니다.
- 반려견으로 인해 식사를 하시는 다른 고객님들이 불편을 (　㉡　) 협조해 주시기 바랍니다.

㉠

㉡

14

한옥마을 축제

한국 전통의 아름다움을 느낄 수 있는 한옥마을에서 특별한 축제가 열립니다.
매일 저녁 한옥마을에서 연주회와 공연을 관람하실 수 있습니다.
다양한 전통문화 체험 프로그램과 한복을 (　㉠　) 한복 체험도 마련되어 있습니다.
한옥에 대해 알려 주는 해설 서비스도 있습니다.
해설 서비스를 신청하시면 한옥마을 해설사에게 친절한 설명을 (　㉡　).
체험 프로그램과 해설 신청 방법은 홈페이지에서 확인해 주시기 바랍니다.

㉠

㉡

✎ 어휘와 표현

13. 반려견 동반 방문하다 고객 목줄 착용 불편 협조하다
14. 한옥마을 축제 전통 아름답다 공연 관람하다 한복 체험 마련되다 해설 신청하다 해설사

CHAPTER 02

52번 유형
빈칸에 알맞은 말 쓰기 2

알고 가자, 기출 분석

난이도 콕콕! ★☆☆

문제 콕콕! 52번: 짧은 설명문

다음 글의 ㉠과 ㉡에 알맞은 말을 각각 쓰시오. (10점)

> 별은 지구에서 멀리 떨어져 있다. 그래서 별빛이 지구까지 오는 데 많은 시간이 걸린다. 지구와 가장 가까운 별의 빛도 지구까지 오는 데 4억 년이 걸린다. 만약 우리가 이 별을 본다면 우리는 이 별의 현재 모습이 아니라 4억 년 전의 (㉠). 이처럼 별빛은 오랜 시간이 지나야 지구에 도달한다. 그래서 어떤 별이 사라져도 우리는 그 사실을 바로 알지 못하고 오랜 시간이 (㉡).

답안 콕콕! 앞뒤 내용과 문법에 맞게 빈칸 채우기 ⇒ 문장 완성형

배점 콕콕!

51번	52번	53번	54번	총점
10점	10점	30점	50점	100점

출제 예상, 기출 분석

최근 시험에 나왔던 문법 유형입니다.

- –(으)면 / –기 때문이다
- –기도 하고 –기도 하다 / –아/어도
- ~은/는 –이다 / –(으)면 –기 어렵다
- –는 것이 좋다 / –아/어야 하다
- –아/어야 하다 / –(으)라고 하다
- –기 때문이다 / –는 것이 좋다
- 항상 –는 것은 아니다 / –(으)ㅁ으로써 –도록 하다
- –는 것이다 / –아/어야 –(으)ㄹ 수 있다
- –게 하다 / –(이)라고 하다
- –다고 하다 / –도록

문장을 쓰는 방법

1. 문장을 연결하는 표현

설명문에서 문장을 연결하는 표현을 잘 알고 있으면 앞뒤 문장의 내용을 예상할 수 있어 답안을 작성하는 데 도움이 됩니다.

1 **반대되거나 상반된 내용을 표현할 때**: 그러나 / 그런데 / 반대로 / 반면에

- 예) 과거에는 한 직장에서 오랫동안 일하는 사람들이 많았다. **그러나** 요즘에는 직장을 옮기는 사람을 쉽게 볼 수 있다.
- 예) 부모의 칭찬을 많이 듣고 자란 아이는 적극적인 성격을 갖게 된다. **반대로** 그렇지 못한 아이는 매사에 소극적인 태도를 보인다.

2 **예상과 다른 내용을 표현할 때**: 오히려

- 예) 사람들은 건강해지기 위해 운동을 한다. 그러나 운동을 하고 나서 **오히려** 건강이 나빠졌다는 사람도 있다.

3 **앞 내용과 비슷한 내용을 표현할 때**: 마찬가지이다 / 이와 같이

- 예) 큰 병에 걸렸을 때 자신의 병을 빨리 인정해야 치료의 기회를 놓치지 않는다. 실패의 경우도 **마찬가지이다**. 실패를 빨리 인정해야 다시 도전할 기회를 가지게 된다.

4 **화제(이야기의 재료나 주제어)를 전환할 때**: 그런데

- 예) 음료수는 페트병에 들어있는 경우가 많다. **그런데** 페트병의 모양이 음료수마다 다른 데에는 이유가 있다.

5 **결론을 표현할 때**: 따라서 / 그러므로

- 예) 수면 시간이 달라지면 피로를 느끼게 된다. **따라서** 매일 수면 시간을 일정하게 유지하는 것이 좋다.

쓰기 | LEVEL UP

📝 연습 문제

※ 다음을 읽고 (   )에 알맞은 말을 골라서 쓰세요.

| 따라서   그런데   오히려   그러나   마찬가지이다 |

01. 많은 사람들이 이메일을 사용하고 있다. (   ) 이메일 주소에 있는 @는 언제부터 쓰기 시작했을까?

02. 마라톤을 할 때 처음부터 빨리 달리면 지쳐서 끝까지 달리기 어렵다. 공부도 (   ). 처음부터 무리한 계획을 세워서 공부하는 것은 좋지 않다.

03. 사회적으로 성공하려면 성격이 외향적이어야 한다고 생각하는 사람이 많다. (   ) 성공한 사람 중에는 내성적인 사람이 많다.

04. 힘든 일을 겪는 사람이 있을 때는 그 사람의 이야기를 가만히 들어주는 것이 좋다. 위로하기 위해 한 말이 (   ) 상대방에게 상처를 줄 수 있기 때문이다.

05. 식중독을 일으키는 세균은 온도와 습도가 높을 때 잘 자란다. (   ) 여름철에는 손을 깨끗이 씻고 음식을 익혀서 먹어야 한다.

🔑 모범 답안

01. 그런데   02. 마찬가지이다   03. 그러나   04. 오히려   05. 따라서

2. 설명문에 자주 쓰는 문법 표현

설명문에서 자주 다루는 문법 표현을 미리 공부해 두면 문장을 자연스럽게 연결할 수 있어 답안을 작성하는 데 도움이 됩니다.

1 **원인이나 이유를 말할 때**: 왜냐하면 –기 때문이다

예 계란은 물에 씻어 사용하면 안 된다. **왜냐하면** 씻을 때 보호막이 파괴되어서 세균이 계란 안으로 들어갈 수 있**기 때문이다**.

2 **어떤 기준, 조건, 상황 등에 근거해서 말할 때**: ~에 따르면 –ㄴ/는다고/라고 하다

예 연구 결과**에 따르면** 매일 30분 이상 걷는 경우 심장병에 걸릴 확률이 낮아진**다고 한다**.

3 **마땅히 해야 함을 표현할 때**: –기 위해서(는) –아/어야 하다 [–기 위해서는 –는 것이 좋다]

예 꿈을 이루**기 위해서는** 먼저 구체적인 계획을 세우고 꾸준히 실천**해야 한다**.

4 **있을지도 모르는 경우에 대해 짐작하여 말할 때**: 만일[만약] –ㄴ/는다면 –(으)ㄹ 것이다

예 **만일** 모두가 자신의 입장만 생각한**다면** 문제를 해결할 수 없을 **것이다**.

5 **어떤 사실이 행동의 이유가 될 수 없음을 말할 때**: –다고/라고 해서 –아/어서는 안 되다

예 상대방이 자신보다 어리**다고 해서** 의견을 무시**해서는 안 된다**.

6 **예외가 생길 수도 있음을 표현할 때**: –ㄴ/는다고/라고 해서 –ㄴ/는 것은 아니다 [항상(모두) –는 것은 아니다]

예 흔히 물을 많이 마시면 건강에 좋다고 생각한다. 그러나 무조건 물을 마신**다고 해서** 건강해지는 **것은 아니다**.

7 **서로 다른 상황, 성질 등을 동시에 가짐을 표현할 때**: –기도 하고 –기도 하다

예 실패는 좌절하는 이유가 되**기도 하고** 스스로 발전하는 계기가 되**기도 한다**.

쓰기 | LEVEL UP

📝 연습 문제

※ 앞에서 배운 문법을 사용해서 문장을 완성해 보세요.

01. 잠을 자기 전 / 스마트폰을 보지 않는 것이 좋다 / 스마트폰에서 나오는 불빛이 뇌를 자극해서 숙면을 방해하다

   → _____

02. 전문가의 의견 / 독서는 아이의 창의력 발달에 도움이 되다

   → _____

03. 스트레스를 줄이다 / 긍정적인 생각을 가지다

   → _____

04. 부모가 자녀의 이야기에 귀 기울이다 / 자녀도 마음의 문을 열다

   → _____

05. 한 번 실패하다 / 도전을 포기하다

   → _____

06. 재능이 있다 / 모두 성공하다

   → _____

07. 우리는 살면서 다른 사람들에게 도움을 주다 / 받다

   → _____

🔑 모범 답안

01. 잠을 자기 전에는 스마트폰을 보지 않는 것이 좋다. 왜냐하면 스마트폰에서 나오는 불빛이 뇌를 자극해서 숙면을 방해하기 때문이다.
02. 전문가의 의견에 따르면 독서는 아이의 창의력 발달에 도움이 된다고 한다.
03. 스트레스를 줄이기 위해서는 긍정적인 생각을 가져야 한다.
04. 부모가 자녀의 이야기에 귀 기울인다면 자녀도 마음의 문을 열 것이다.
05. 한 번 실패했다고 해서 도전을 포기해서는 안 된다.
06. 재능이 있다고 해서 모두 성공하는 것은 아니다.
07. 우리는 살면서 다른 사람들에게 도움을 주기도 하고 받기도 한다.

유형 1 설명문

⏱ 권장시간 3~5분

예시 문제

다음 글의 ㉠과 ㉡에 알맞은 말을 각각 쓰시오. (10점)

> 사과는 자신의 잘못을 인정하고 용서를 비는 것을 말한다. 그래서 사과를 하기 위해서는 먼저 (㉠). 변명을 하거나 문제의 원인을 다른 곳에서 찾아 책임을 돌리는 태도는 상황을 악화시킬 뿐이다. 또한 사과를 받는 사람에게 용서를 강요해서는 안 된다. 미안하다는 말을 했다고 해서 상대방이 무조건 (㉡). 상대방의 입장을 충분히 이해하고 진심으로 사과한 후에만 용서를 기대할 수 있다.

☑ 유형 분석

이 유형에서 제시되는 글은 설명문입니다. 문제를 풀기 전에 먼저 무엇에 대한 글인지 파악해야 합니다. 특히 반복적으로 사용된 어휘는 글의 주제와 관련된 경우가 많습니다.

단 계	풀이 과정	풀이 비법
step 1	접속어, 지시어 찾기	빈칸 앞뒤에 있는 접속어(말과 말을 이어주는 단어)나 지시어(문장 내에서 어떤 말을 가리키는 단어)를 찾아서 빈칸에 들어갈 대략적인 내용을 파악합니다.
step 2	앞뒤 문장의 내용 확인하기	빈칸 앞뒤에 있는 문장을 통해 빈칸에 들어갈 세부적인 내용을 확인합니다. 대개 답안 작성에 필요한 단어나 표현은 앞뒤 문장에 포함되어 있습니다.
step 3	어울리는 문법을 떠올리기	답안 작성에 필요한 문법을 떠올립니다. 빈칸이 포함되어 있는 문장에 문법의 일부가 제시되어 있는 경우가 많으므로 호응(서로 짝을 이루어 어울림)을 이루는 문법을 미리 공부해 두는 것이 좋습니다.

유형 1 기본 연습 | 유형 1 실전 연습

※ 다음 글의 ㉠과 ㉡에 알맞은 말을 각각 쓰시오. (10점)

52

> 사과는 자신의 잘못을 인정하고 용서를 비는 것을 말한다. 그래서 사과를 하기 위해서는 먼저 (㉠). 변명을 하거나 문제의 원인을 다른 곳에서 찾아 책임을 돌리는 태도는 상황을 악화시킬 뿐이다. 또한 사과를 받는 사람에게 용서를 강요해서는 안 된다. 미안하다는 말을 했다고 해서 상대방이 무조건 (㉡). 상대방의 입장을 충분히 이해하고 진심으로 사과한 후에만 용서를 기대할 수 있다.

㉠ _____

㉡ _____

☑ 문제 풀이

단계	풀이 과정	㉠	㉡
step 1	접속어, 지시어 찾기	그래서	또한
step 2	앞뒤 문장의 내용 확인하기	자신의 잘못을 인정하고 / 변명 / 책임을 돌리는 태도	용서를 강요해서는 안 된다
step 3	어울리는 문법을 떠올리기	-아/어야 하다	-다고 해서 -는 것은 아니다

🔒 모범 답안

㉠ 잘못을 인정해야 한다
㉡ 용서를 해야 하는 것은 아니다

유형1 실전 연습

※ 다음 글의 ㉠과 ㉡에 알맞은 말을 각각 쓰시오. (10점)

01

연어라는 물고기는 독특한 습성을 가진 것으로 알려져 있다. 연어는 강에서 태어나지만 1년 정도만 강에서 살고 그 후에는 바다로 내려간다. 그리고 바다에서 계속 살다가 알을 낳을 때가 되면 어렸을 때 (㉠) 강으로 되돌아온다. 그런데 많은 연어가 강에 도착하지 못하고 이동 중에 죽는다. 강으로 되돌아오기 위해서는 수천 km를 헤엄쳐서 가야 하는데 그 과정에서 연어는 사람들에게 (㉡) 다른 동물들의 먹이가 되기도 한다.

㉠

㉡

02

아이들은 키가 작고 주위를 잘 보지 않기 때문에 학교 주변에서 교통사고가 발생할 위험성이 높다. 그래서 유치원과 초등학교 주변 300m 이내를 어린이보호구역으로 지정하고 운전자가 지켜야 하는 몇 가지 규정을 정했다. 먼저 이 구역의 도로에는 30이라는 숫자가 있는데 이것은 30km 이하로 (㉠) 의미이다. 즉, 어린이보호구역에서 운전하는 사람들은 제한 속도에 맞춰서 천천히 운전해야 한다. 그리고 주차도 금지하고 있기 때문에 어린이보호구역에 차를 (㉡).

㉠

㉡

어휘와 표현
01. 독특하다 습성 태어나다 알 낳다 되돌아오다 도착하다 이동 헤엄치다 먹이
02. 키 주위 주변 교통사고 발생하다 위험성 이내 지정하다 규정 이하 제한 주차 금지하다

03

어떤 일을 시작할 때는 목표를 세울 필요가 있다. 목표가 없으면 중간에 포기하거나 처음에 생각한 것과 다른 방향으로 일이 진행될 수 있기 때문이다. 독서의 경우도 이와 마찬가지이다. 책을 읽기 전에 독서의 (㉠) 좋다. 독서를 통해 이루고자 하는 목표를 정확하게 알고 있으면 그 목표에 맞는 책을 골라서 읽을 수 있다. 그리고 쉽게 (㉡) 끝까지 그 책을 읽으려는 의지가 생긴다.

㉠

㉡

04

마찰력은 두 물체가 접촉하면서 움직일 때 움직임을 방해하는 힘인데 이 마찰력을 이용해서 만든 물건들이 있다. 예를 들어 등산화의 바닥은 울퉁불퉁한데 그렇게 만들면 마찰력이 커져서 산을 오를 때 (㉠). 고무장갑도 마찬가지이다. 만약 고무장갑의 손바닥 부분이 울퉁불퉁하지 않고 매끄럽다면 설거지를 할 때 미끄러워서 그릇을 잘 잡을 수 없을 것이다. 반대로 바퀴가 달린 의자는 마찰력이 작아서 편리한 물건이다. 무거워서 (㉡) 의자에 바퀴를 달면 마찰력이 줄어서 쉽게 옮길 수 있다.

㉠

㉡

✏️ 어휘와 표현

03. 목표 세우다 포기하다 방향 진행되다 이루다 고르다 의지
04. 물체 접촉하다 움직이다 방해하다 울퉁불퉁하다 고무장갑 매끄럽다 설거지 미끄럽다 그릇 잡다 바퀴 달다 옮기다

05

일반적으로 제품의 (㉠) 판매량이 줄어들게 된다. 그래서 기업들은 가격 인상으로 인한 판매량 감소를 피하면서 가격 인상의 효과를 얻기 위해 슈링크플레이션을 이용한다. 슈링크플레이션은 제품의 가격을 인상하는 대신 크기나 양을 줄여서 판매하는 것을 말한다. 그러나 이런 판매 방식은 소비자들에게 피해를 줄 수 있다. 소비자들 중에는 기업이 제품의 크기나 양을 (㉡) 모르고 제품을 구매하는 사람이 많기 때문이다.

㉠

㉡

06

탄수화물을 섭취하면 체중이 증가한다고 생각하는 사람이 많다. 그런 사람들은 다이어트를 위해 가능하면 탄수화물을 (㉠) 한다. 그러나 탄수화물을 섭취한다고 해서 항상 (㉡). 몸을 적게 움직여서 자신이 섭취한 칼로리에 비해 소비한 칼로리가 적은 경우에만 남은 칼로리로 인해 살이 찌게 된다. 그리고 적절한 양의 탄수화물은 오히려 운동 능력을 향상시키는 효과가 있기 때문에 다이어트에 도움이 될 수 있다.

㉠

㉡

어휘와 표현

05. 제품 판매량 줄어들다 가격 인상 감소 피하다 효과 크기 양 줄이다 판매하다 소비자 피해 구매하다

06. 탄수화물 섭취하다 체중 증가하다 다이어트 적다 칼로리 살이 찌다 적절하다 향상시키다

07

요즘은 작가들이 글을 쓸 때 컴퓨터를 사용하는 것이 일반적이다. 그런데 유명한 작가 중에 컴퓨터를 (㉠) 연필로 글을 쓰는 사람이 있다. 그 작가는 종이에 연필로 글을 (㉡) 하는 과정을 반복하면서 떠오르는 생각을 정리하는데 그런 방식이 자신에게 잘 맞는다고 한다. 연필로 쓴 것은 언제든지 지울 수 있다고 생각하면 마음이 편해져서 더 자유롭게 글을 쓸 수 있기 때문이다.

㉠

㉡

08

계란은 씻어서 사용해야 할까? 요리를 할 때 채소처럼 계란도 깨끗하게 물에 (㉠) 생각하는 사람들이 있다. 그러나 생각과 달리 달걀은 물에 씻으면 오히려 오염이 되기 쉽다. 계란 껍데기에는 큐티클 층이 있는데 이것은 세균 등의 오염 물질이 계란 안으로 (㉡) 막는 역할을 한다. 그래서 계란을 씻으면서 이 큐티클 층이 파괴되면 세균이 계란 안으로 들어갈 수 있다. 따라서 계란을 안전하게 먹기 위해서는 씻지 않는 것이 좋다.

㉠

㉡

어휘와 표현
07. 작가 글 연필 종이 과정 반복하다 떠오르다 생각 방식 맞다 지우다 편하다 자유롭다
08. 계란 씻다 채소 오염 세균 막다 파괴되다

09

버스 운전자는 운전 중에 승객을 다치게 하면 그 손해를 배상해야 한다. 그러나 법원이 다친 승객에게도 책임이 있다고 판단하는 경우가 있다. 예를 들어 승객이 손잡이를 잡지 않고 있다가 버스가 갑자기 서는 바람에 (㉠) 승객에게 10%의 잘못이 있다고 본다. 왜냐하면 그런 상황을 대비해서 손잡이를 잘 잡고 몸의 균형을 유지해야 하는 의무가 승객에게 (㉡).

㉠

㉡

10

날씨의 급격한 변화나 이상 현상이 생겼을 때 적절한 대비를 하지 못하면 큰 피해를 입을 수 있다. 그래서 기상청에서는 폭염이나 한파 등의 소식을 사람들에게 (㉠) 기상 특보를 발표한다. 이때 기상특보의 기준이 되는 것은 사람들이 느끼는 최고기온과 최저기온이다. 예를 들어 여름에 발표하는 폭염특보는 예상되는 (㉡) 폭염주의보와 폭염경보로 나뉜다. 최고 기온이 33도 이상인 날이 2일 이상 계속될 것으로 예상될 때는 폭염주의보를 발표하고 이보다 높은 35도가 예상될 때는 폭염경보를 발표한다.

㉠

㉡

✏️ 어휘와 표현

09. 운전자 승객 다치다 손해 배상하다 법원 책임 판단하다 손잡이 잡다 서다 잘못 대비하다 균형 유지하다
10. 급격하다 이상 폭염 한파 소식 발표하다 예상되다 나뉘다

11

　　달리기를 하면 심장과 폐의 기능이 향상되고 각종 성인병과 비만을 예방할 수 있다. 또한 달리기는 뇌의 노화를 예방하는 데도 도움이 된다. 연구 결과에 따르면 달리기를 꾸준히 하는 노인은 그렇지 않은 노인보다 기억력과 집중력이 더 (㉠). 사람의 뇌는 나이가 들수록 뇌세포의 수가 줄어들어 기억력과 집중력이 떨어지게 된다. 그런데 달리기를 하면 뇌세포의 수가 (㉡) 돕는 물질이 더 많이 분비되기 때문이다. 이처럼 달리기는 신체 건강뿐만 아니라 뇌 건강에도 긍정적인 영향을 준다.

㉠ _____

㉡ _____

12

　　한국에서는 2023년부터 유통 기한이 아닌 소비 기한을 식품에 표시하게 되었다. 소비 기한은 소비자가 식품을 먹을 수 있는 기한을 말한다. 이와 달리 유통 기한은 소비자에게 식품을 판매하는 것이 가능한 기한으로 대체로 소비 기한보다 짧다. 따라서 식품의 유통 기한이 (㉠) 그 식품을 먹을 수 없는 것은 아니다. 그러나 예전에는 유통 기한이 지나면 (㉡) 생각하고 버리는 사람도 많았다. 즉, 식품의 유통 기한을 소비 기한과 같은 것으로 생각한 것이다.

㉠ _____

㉡ _____

✏️ **어휘와 표현**

11. 심장　폐　기능　향상되다　성인병　비만　예방하다　뇌　노화　꾸준히　노인　기억력　집중력　뇌세포　돕다　물질　분비되다　긍정적　영향

12. 식품　표시하다　기한　예전　버리다

13

음식을 빠르게 데울 수 있는 전자레인지는 미국의 한 발명가가 만들었다. 그는 회사에서 레이더 장비를 개발했는데 어느 날 그 장비의 부품 옆에서 휴식을 취하고 나서 주머니에 넣어 둔 초콜릿을 먹으려고 했다. 그런데 주머니에서 초콜릿을 (㉠) 초콜릿이 녹아 있었다. 그때 그가 있었던 곳은 초콜릿이 (㉡) 온도가 높은 곳이 아니었다. 그래서 그는 부품에서 나오는 전자파가 원인일 것이라고 생각하고 실험을 통해 전자레인지를 발명하게 되었다.

㉠

㉡

14

부모가 용돈을 줄 때 날짜와 금액을 정해서 주면 아이가 스스로 돈을 관리하는 연습을 할 수 있다. 그런데 그런 기준을 정해도 아이가 용돈을 받은 지 며칠 만에 돈을 다 써 버리고 다시 (㉠) 경우가 있다. 그럴 때는 바로 용돈을 다시 주기보다는 계획적으로 사용할 수 있는 방법을 가르쳐야 한다. 연구 결과에 따르면 어린 시절에 그런 교육을 받은 사람은 성인이 되어서 경제적인 어려움을 겪을 가능성이 매우 (㉡). 따라서 자녀의 미래를 위해 어릴 때부터 돈의 중요성과 돈을 관리하는 방법을 가르칠 필요가 있다.

㉠

㉡

어휘와 표현

13. 빠르다 데우다 전자레인지 발명가 장비 개발하다 부품 휴식 취하다 주머니 녹다 전자파 원인 실험

14. 용돈 날짜 금액 정하다 스스로 관리하다 기준 계획적 방법 성인 경제적 어려움 겪다 가능성 자녀 미래

CHAPTER 03

53번 유형
자료를 설명하는 글 쓰기

📊 알고 가자, 기출 분석

난이도 콕콕! ★★☆

문제 콕콕! 그래프나 도표로 정보 제시

다음을 참고하여 '온라인 쇼핑 시장의 변화'에 대한 글을 200~300자로 쓰시오. 단, 글의 제목을 쓰지 마시오. (30점)

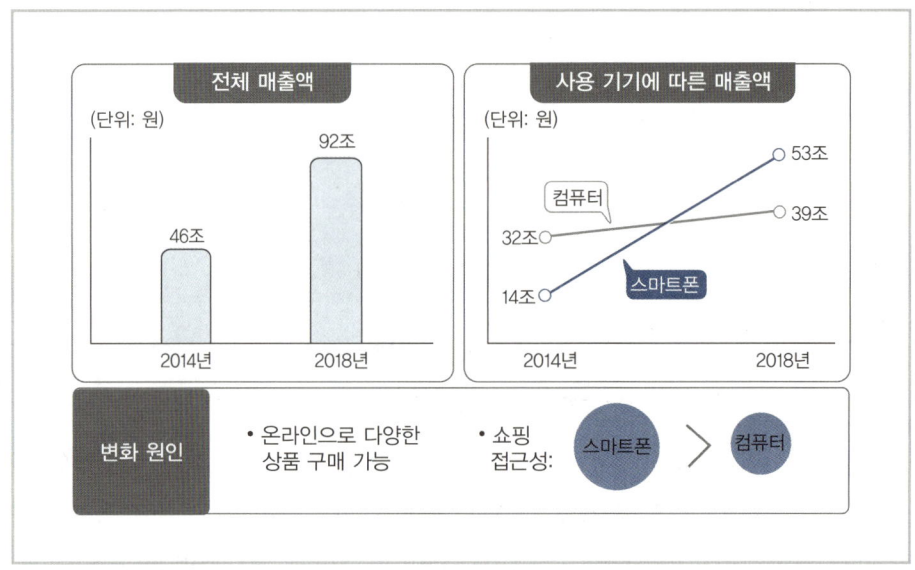

답안 콕콕! 그래프나 도표를 글로 바꾸어 쓰기 ⇒ 한 문단 완성형

배점 콕콕!
51번	52번	53번	54번	총점
10점	10점	30점	50점	100점

📈 출제 예상, 기출 분석

최근 시험에 나왔던 정보의 유형입니다.

35회 공공시설에 대한 설문 조사 (원그래프)
  • 세부 과제 – 필요한 공공시설 (**조사 결과 비교**–30대와 60대)

36회 1인 가구 증가의 원인과 현황 (표)
  • 세부 과제 – 1인 가구 증가 **원인**
    – 1인 가구의 **현황** (**연도별 변화**)

37회 대중 매체 분류 (표)
  • 세부 과제 – 대중 매체의 종류와 특징

41회 글쓰기 능력 향상 방법 설문 조사 (막대그래프)
  • 세부 과제 – 글쓰기 능력 향상 방법 (**조사 결과 비교**–교사와 학생)

47회 외국인 유학생 현황 (선그래프)
  • 세부 과제 – 유학생 수 변화 (**연도별 변화**)
    – 증가의 **원인**
    – **전망**

52회 '아이를 꼭 낳아야 하는가' 설문 조사 (막대그래프, 순위 도표)
  • 세부 과제 – 아이를 꼭 낳아야 하는가 (**조사 결과 비교**–남녀)
    – '아니다'라고 응답한 이유 (**조사 결과 비교**–남녀)

60회 자전거 이용자 수 변화 조사 (선그래프, 막대그래프, 표)
  • 세부 과제 – 자전거 이용자 수 **변화** (**연도별 변화**)
    – 변화의 **이유**
    – 이용 목적 (**연도별 비교**)

64회 온라인 쇼핑 시장의 변화 (막대그래프, 선그래프, 표)
  • 세부 과제 – 온라인 쇼핑 전체 매출액 **변화** (**연도별 변화**)
    – 사용 기기별 매출액 **변화** (**조사 결과 비교**–컴퓨터와 스마트폰)
    – 온라인 쇼핑 변화 **원인**

83회 인주시의 가구 수 변화 (선그래프, 막대그래프, 표)
  • 세부 과제 – 인주시의 가구 수 **변화** (**연도별 변화**)
    – 인원수별 가구의 비율 **변화** (**조사 결과 비교**–1인 가구, 2~3인 가구, 4인 이상 가구)
    – 가구 수 변화의 원인과 **전망**

91회 편의점 매출액 변화 (선그래프, 표)
  • 세부 과제 – 대형 마트와 편의점의 매출액 **변화** (**조사 결과 비교**)
    – 편의점 매출액 증가의 **원인**
    – 편의점 매출액의 **전망**

	자주 나오는 세부 과제	출제 예
1	조사 결과 비교	30대와 60대, 교사와 학생, 남녀, 컴퓨터와 스마트폰 온라인 쇼핑 매출액, 인주시의 인원수별 가구 비율(1인 가구, 2~3인 가구, 4인 이상 가구), 대형 마트와 편의점의 매출액
2	연도별 변화	1인 가구, 유학생, 자전거 이용자, 자전거 이용 목적, 온라인 쇼핑 매출액, 인주시의 가구 수
3	변화 원인	1인 가구 증가 원인, 유학생 증가 원인, 자전거 이용자 증가 원인, 온라인 쇼핑 변화 원인, 편의점 매출액 증가의 원인
4	변화 전망	유학생 증가 기대, 1인 가구 비율 증가, 편의점 매출액 증가 예상

쓰기 **LEVEL UP**

'세부 과제'를 나타내는 표현

1. 조사 결과를 비교하는 표현

1 조사 대상과 조사 내용을 말할 때
  예) 부모와 초등학생 자녀 1000명**을 대상으로** 선호하는 직업**에 대해 조사하였다.**

2 조사 대상별 결과를 말할 때
  예) 부모**의 경우** 자녀가 공무원을 되기를 바란다**는 응답이** 가장 높게 **나타났다.** 자녀**의 경우** 연예인이 되고 싶다**는 응답이** 35%로 **나타났다.**

3 조사 결과를 비교할 때
  예) 자녀들은 연예인을 가장 선호하는 것으로 나타났다. **반면에** 부모는 연예인을 선호하지 않는 것으로 나타났다.
  예) 부모**와** 자녀 **모두** 교사를 선호하**는 것으로 나타났다.**

4 조사한 내용을 밝힐 때
  예) 자녀가 어떤 직업을 가지기 원하**는가라는 질문에는** 공무원이라는 응답이 가장 높게 **나타났다.**

5 가장 높은 순위를 말할 때
  예) 공무원을 선호한**다는 응답이** 45%로 **가장 높게 나타났다.**

6 다음 순위를 말할 때
  예) 공무원이 45%로 가장 높게 나타났으며 교사**가** 35%로 **그 뒤를 이었다.**

2. 변화를 설명하는 표현

1 연도별 변화의 경향을 말할 때
예) 외국인 유학생의 수가 꾸준히 증가하고 있다.

2 연도별 변화를 비교할 때
예) 2000년 조사에서 4천 명이었던 유학생 수가 2020년에는 13만 명으로 증가하였다. 20년 사이에 3배 이상 증가한 것이다.

3 변화의 원인을 설명할 때
예) 유학생 증가의 원인으로 우선 한국 문화에 대한 관심의 증가를 들 수 있다. 또한 유학생을 유치하기 위한 대학의 노력도 유학생 증가에 영향을 미친 것으로 보인다.

4 변화를 전망할 때
예) 이러한 원인으로 2025년에는 외국인 유학생 수가 20만 명에 달할 것으로 보인다.

※ PART 3 작문 표현 사전(114쪽)에 더 다양한 표현이 있습니다.

유형 1   조사 결과 비교

권장시간 10~15분

예시 문제

다음은 '온라인 쇼핑 구입 제품'에 대한 자료이다. 이 내용을 200~300자의 글로 쓰시오. 단, 글의 제목은 쓰지 마시오. (30점)

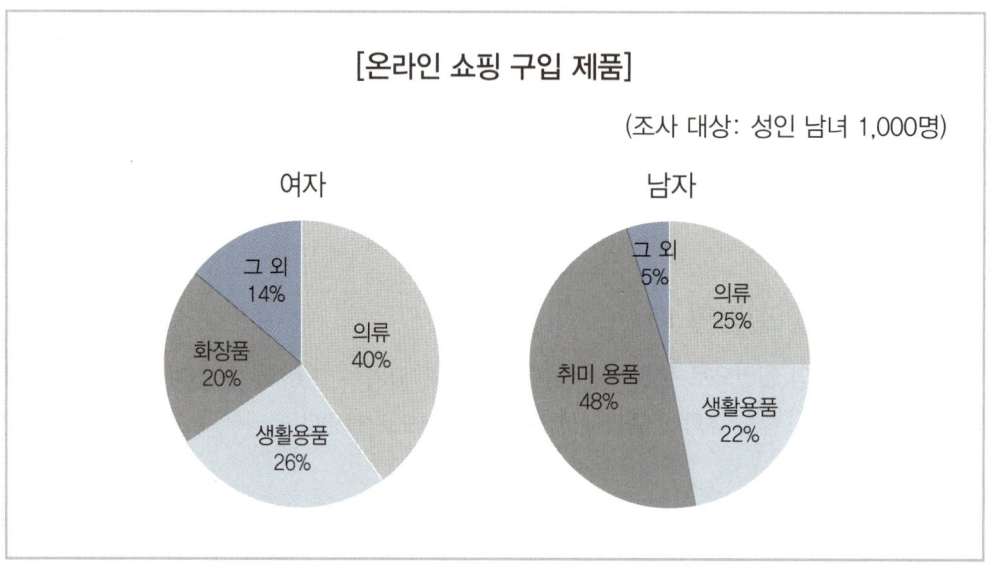

☑ 유형 분석

- 이 유형에서는 그래프가 제시됩니다. 적절한 표현을 사용하여 그래프의 내용을 설명해야 합니다.
- 답안의 내용은 [처음]-[중간]-[끝]으로 구성되지만 단락을 나누지는 않아도 됩니다.
- 다음은 답안의 각 부분에 들어가는 내용입니다. 각각에 맞는 내용을 넣어서 답안을 작성해야 합니다.

구 분	답안 구성	풀이 비법
[처음]	조사 대상 조사 내용	[처음]에는 문제에 나온 정보를 이용해서 조사 대상이 누구인지, 무엇에 대해 조사했는지 씁니다.
[중간]	조사 결과 비교	[중간]에서는 그래프를 분석해서 설명합니다. 그래프를 보고 두 집단의 조사 결과를 비교해서 써야 합니다.
[끝]	알게 된 점	[끝]에는 그래프를 통해 알게 된 사실만을 써야 하며 개인적인 의견을 덧붙이면 안 됩니다.

유형 1 기본 연습

53 다음은 '온라인 쇼핑 구입 제품'에 대한 자료이다. 이 내용을 200~300자의 글로 쓰시오. 단, 글의 제목은 쓰지 마시오. (30점)

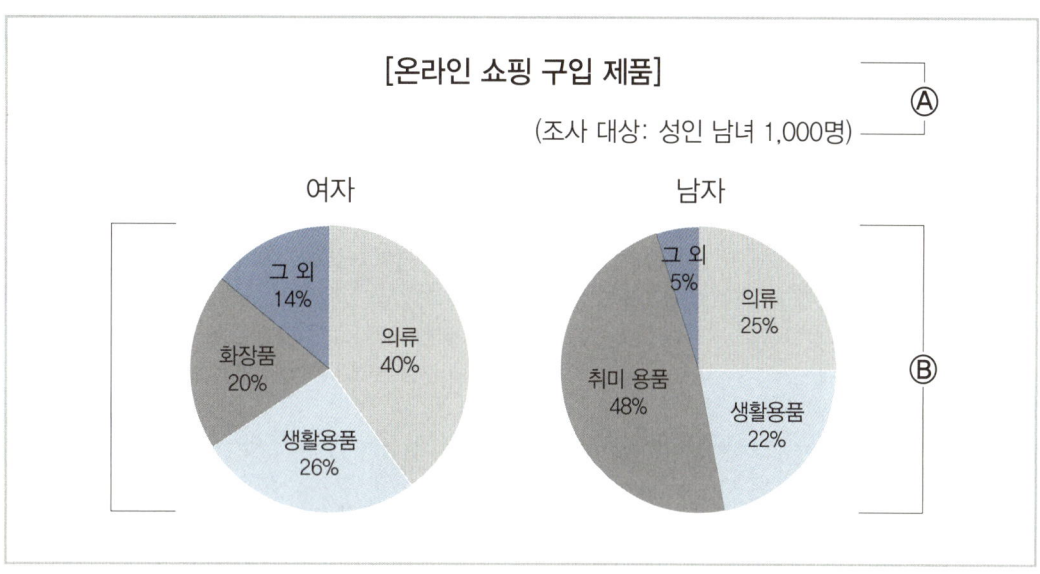

☑ Step 1 유형 파악하기

이 문제는 그래프에 나타난 **조사 결과를 비교**하는 유형입니다.

처음	Ⓐ를 이용해서 조사 대상과 조사 내용을 쓴다.
중간	Ⓑ를 이용해서 두 그래프를 비교해서 쓴다.
끝	조사를 통해 알게 된 사실을 쓴다.

☑ Step 2 알맞은 표현 떠올리기

구조		표현
처음	조사 대상 조사 내용	❶ ~을/를 대상으로 ~에 대한 설문 조사를 실시하였다 → 성인 남녀 1,000명을 대상으로 온라인 쇼핑 구입 제품에 대한 설문 조사를 실시하였다.
중간	조사 결과 비교	❷ 조사 결과 ~의 경우 –다는 응답이 ~로 가장 높게 나타났으며 ~이/가 ~(으)로 그 뒤를 이었다 → 조사 결과 여자의 경우 온라인 쇼핑으로 의류를 구입한다는 응답이 40%로 가장 높게 나타났으며 생활용품이 26%로 그 뒤를 이었다. ❸ ~은/는 ~(으)로 3위를 차지하였다 → 화장품이라는 응답은 20%로 3위를 차지하였다. ❹ 반면에 ~은/는 –다는 응답이 ~로 가장 높게 나타났으며 ~이/가 ~, ~이/가 ~(으)로 조사되었다 → 반면에 남자는 온라인 쇼핑으로 취미 용품을 구입한다는 응답이 전체의 절반 수준인 48%로 가장 높게 나타났으며 의류가 25%, 생활용품이 22%로 조사되었다.
끝	알게 된 점	❺ 이상의 설문 조사 결과를 통해 ~다는 것을 알 수 있다 → 이상의 설문 조사 결과를 통해 여자는 온라인 쇼핑을 하며 주로 의류를 구입하고 남자는 취미 용품을 구입한다는 것을 알 수 있다.

☑ Step 3 내용 쓰기

처음 ❶ _____을 대상으로 _____에 대한 설문 조사를 실시하였다. 중간 ❷ 조사 결과 _____의 경우 _____는 응답이 _____로 가장 높게 나타났으며 _____로 그 뒤를 이었다. ❸ _____로 3위를 차지하였다. ❹ 반면에 남자는 _____는 응답이 _____로 가장 높게 나타났으며 _____ _____로 조사되었다. 끝 ❺ 이상의 설문 조사 결과를 통해 _____ _____는 것을 알 수 있다.

🔒 모범 답안

처음 ① 성인 남녀 1,000명 / 온라인 쇼핑 구입 제품
중간 ② 여자 / 온라인 쇼핑으로 의류를 구입한다 / 40% / 생활용품이 26%
　　　③ 화장품이라는 응답은 20%
　　　④ 온라인 쇼핑으로 취미 용품을 구입한다 / 전체의 절반 수준인 48% / 의류가 25%, 생활용품이 22%
끝 ⑤ 여자는 온라인 쇼핑을 하며 주로 의류를 구입하고 남자는 취미 용품을 구입한다

☑ Step 4 원고지에 써 보기

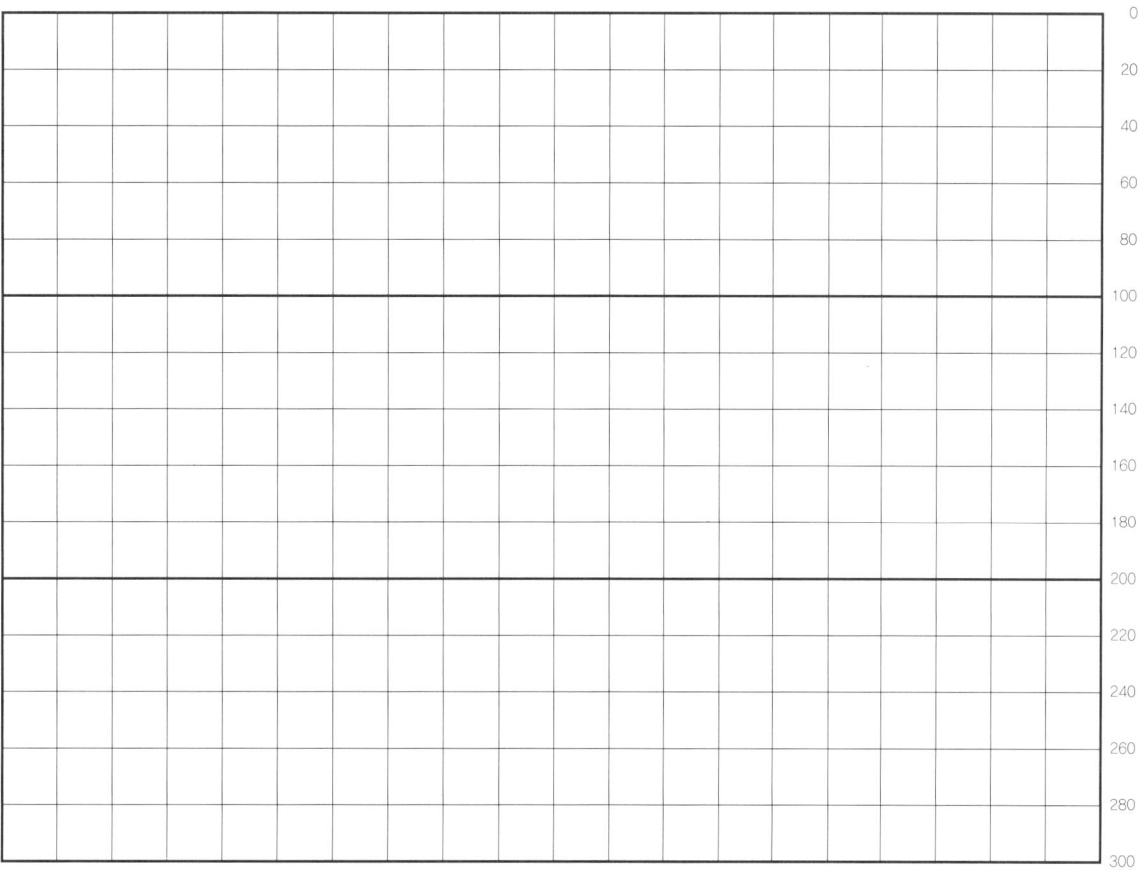

01

다음은 '선호하는 여가 활동'에 대한 자료이다. 이 내용을 200~300자의 글로 쓰시오. 단, 글의 제목은 쓰지 마시오. (30점)

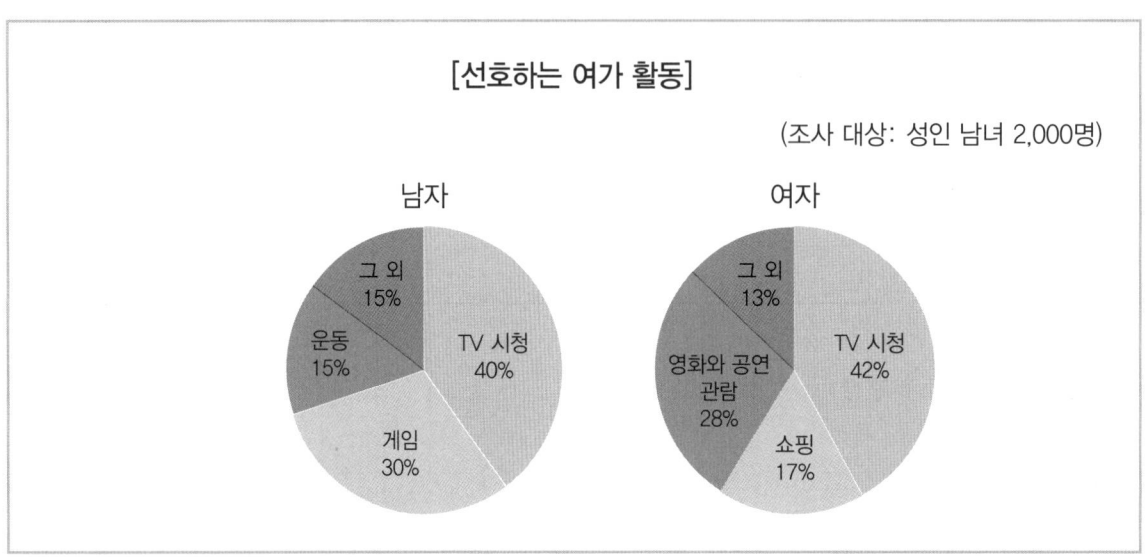

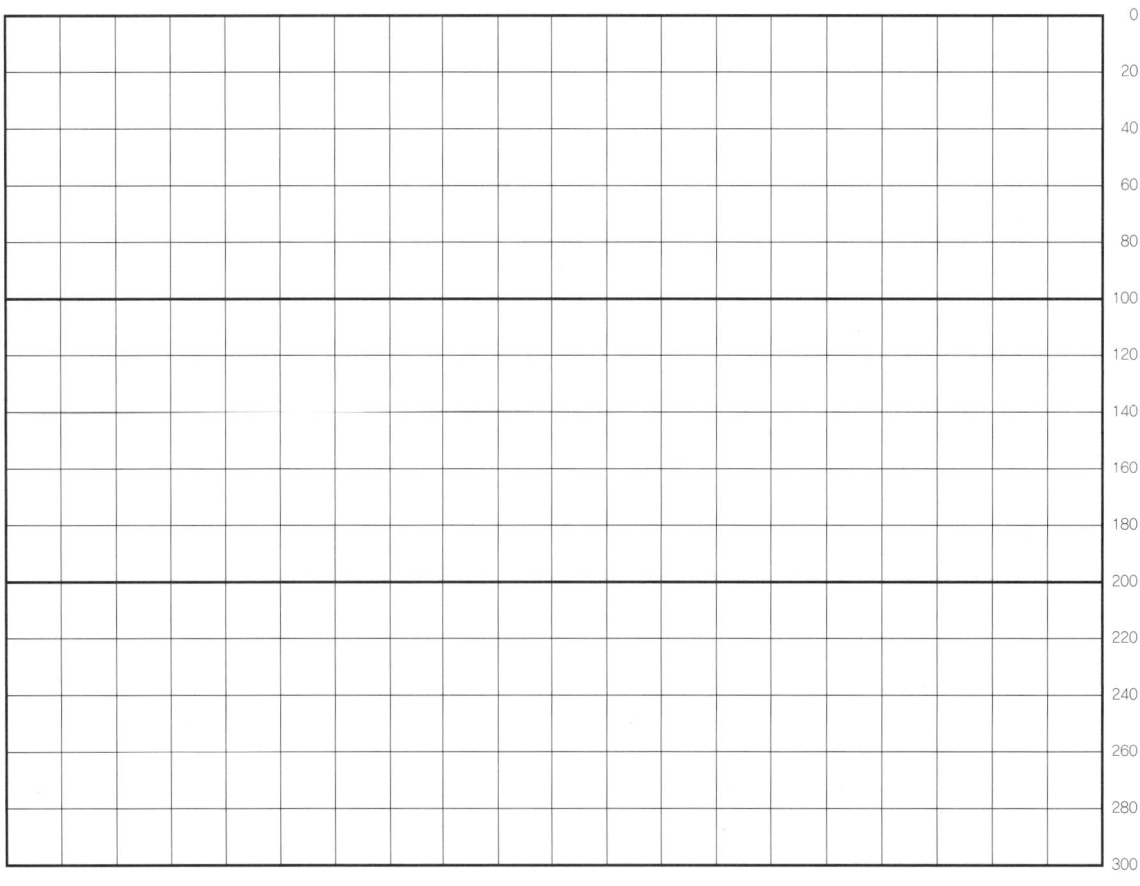

02

다음은 '직장 선택 시 고려 사항'에 대한 자료이다. 이 내용을 200~300자의 글로 쓰시오. 단, 글의 제목은 쓰지 마시오. (30점)

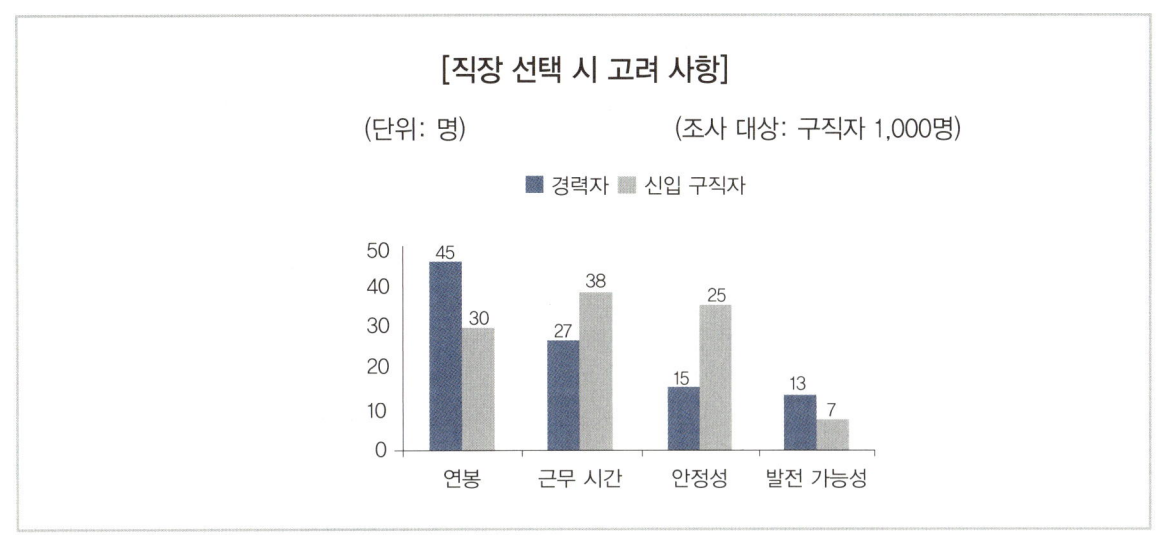

유형 2 두 가지 조사

> 권장시간 3~5분

예시 문제

다음은 '고등학생의 수면 시간'에 대한 자료이다. 이 내용을 200~300자의 글로 쓰시오. 단, 글의 제목은 쓰지 마시오. (30점)

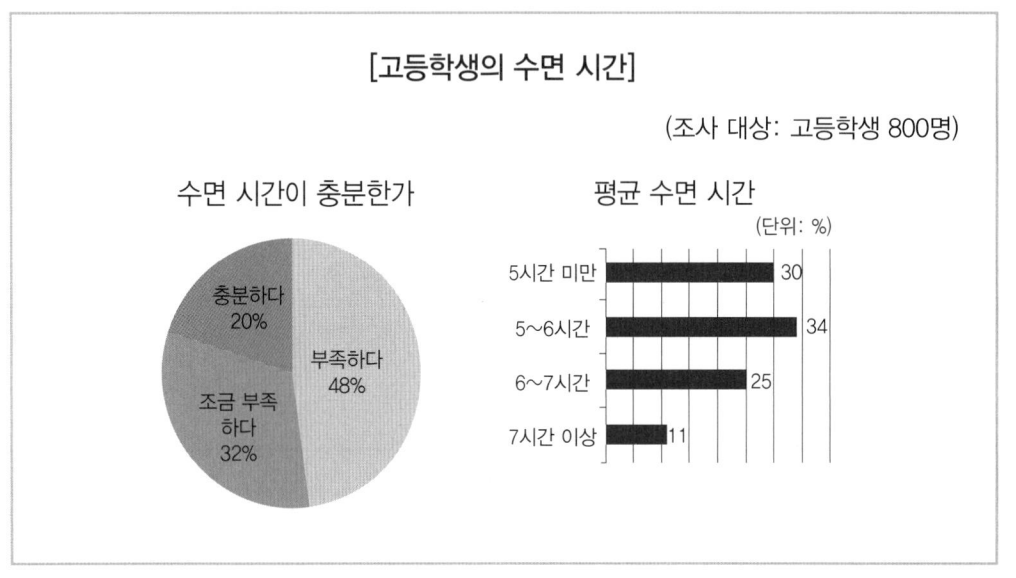

☑ 유형 분석

- 이 유형에서는 그래프가 제시됩니다. 적절한 표현을 사용하여 그래프의 내용을 설명해야 합니다.
- 답안의 내용은 [처음]-[중간]-[끝]으로 구성되지만 단락을 나누지는 않아도 됩니다.
- 다음은 답안의 각 부분에 들어가는 내용입니다. 각각에 맞는 내용을 넣어서 답안을 작성해야 합니다.

구 분	답안 구성	풀이 비법
[처음]	조사 대상 조사 내용	[처음]에는 문제에 나온 정보를 이용해서 조사 대상이 누구인지, 무엇에 대해 조사했는지 씁니다.
[중간]	두 가지 조사 내용	[중간]에서는 그래프에 나타난 내용을 모두 설명합니다. 두 가지 조사 내용과 결과를 순서대로 쓰면 됩니다.
[끝]	알게 된 점	[끝]에는 그래프를 통해 알게 된 사실만을 써야 하며 개인적인 의견을 덧붙이면 안 됩니다.

유형 2 기본 연습

53 다음은 '고등학생의 수면 시간'에 대한 자료이다. 이 내용을 200~300자의 글로 쓰시오. 단, 글의 제목은 쓰지 마시오. (30점)

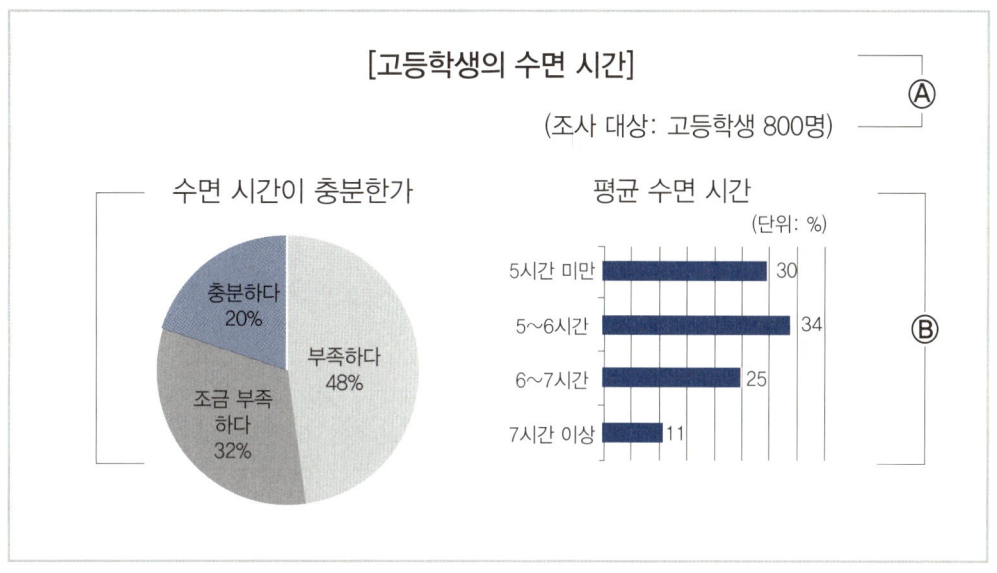

☑ Step 1 유형 파악하기

이 문제는 그래프에 나타난 **조사 내용 두 가지**를 설명하는 유형입니다.

처음	Ⓐ를 이용해서 조사 대상과 조사 내용을 쓴다.
중간	Ⓑ를 이용해서 조사한 내용 두 가지를 차례대로 쓴다.
끝	조사를 통해 알게 된 사실을 쓴다.

☑ Step 2 알맞은 표현 떠올리기

구조		표 현
처음	조사 대상 조사 내용	❶ ~을/를 대상으로 ~에 대해 조사하였다 → 고등학생 800명을 대상으로 고등학생의 수면 시간에 대해 조사하였다.
중간	조사 결과	❷ 조사 결과 ~라는 질문에는 –다는 응답이 ~에 달했고 –다는 응답은 ~에 그쳤다 → 조사 결과 '수면 시간이 충분한가'라는 질문에는 부족하다는 응답이 80%에 달했고 수면 시간이 충분하다는 응답은 20%에 그쳤다. ❸ ~의 경우 ~(이)라는 응답이 ~로 가장 높게 나타났으며 ~이/가 그 뒤를 이었다 → 평균 수면 시간의 경우 5~6시간이라는 응답이 34%로 가장 높게 나타났으며 5시간 미만(30%), 6~7시간(25%)이 그 뒤를 이었다. ❹ ~(이)라는 응답은 ~에 불과한 것으로 나타났다 → 평균 수면 시간이 7시간 이상이라는 응답은 11%에 불과한 것으로 나타났다.
끝	알게 된 점	❺ 이러한 결과를 통해 –다는 사실을 알 수 있다 → 이러한 결과를 통해 고등학생의 수면 시간이 부족하다는 사실을 알 수 있다.

☑ Step 3 내용 쓰기

처음 ❶ _____을 대상으로 _____에 대해 조사하였다. 중간 ❷ 조사 결과 _____라는 질문에는 _____는 응답이 _____에 달했고 _____는 응답은 _____에 그쳤다. ❸ _____의 경우 _____응답이 _____로 가장 높게 나타났으며 _____이 그 뒤를 이었다. ❹ _____응답은 _____에 불과한 것으로 나타났다. 끝 ❺ 이러한 결과를 통해 _____는 사실을 알 수 있다.

🔒 모범 답안

처음 ① 고등학생 800명 / 고등학생의 수면 시간
중간 ② '수면 시간이 충분한가' / 부족하다 / 80% / 수면 시간이 충분하다 / 20%
③ 평균 수면 시간 / 5~6시간이라는 / 34% / 5시간 미만(30%), 6~7시간(25%)
④ 평균 수면 시간이 7시간 이상이라는 / 11%
끝 ⑤ 고등학생의 수면 시간이 부족하다

☑ Step 4 원고지에 써 보기

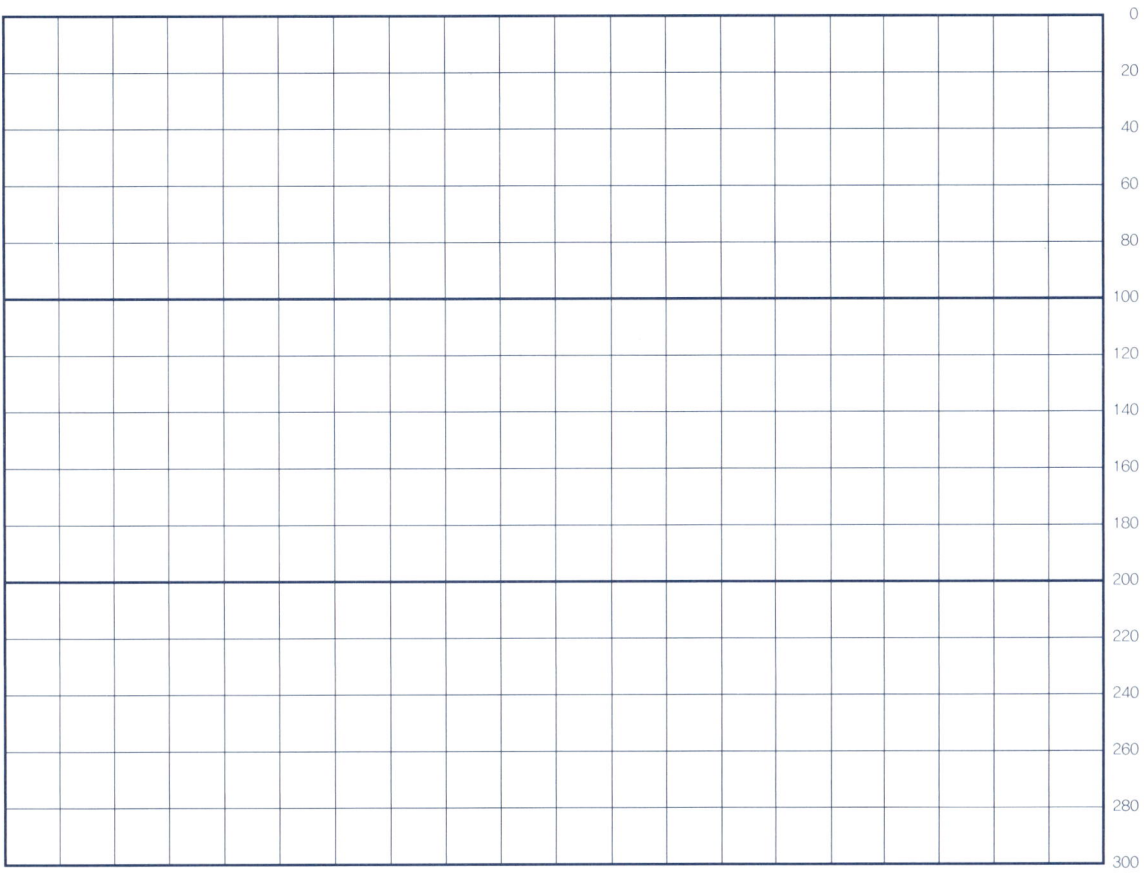

01

다음은 '직장인의 운동 실태'에 대한 자료이다. 이 내용을 200~300자의 글로 쓰시오. 단, 글의 제목은 쓰지 마시오. (30점)

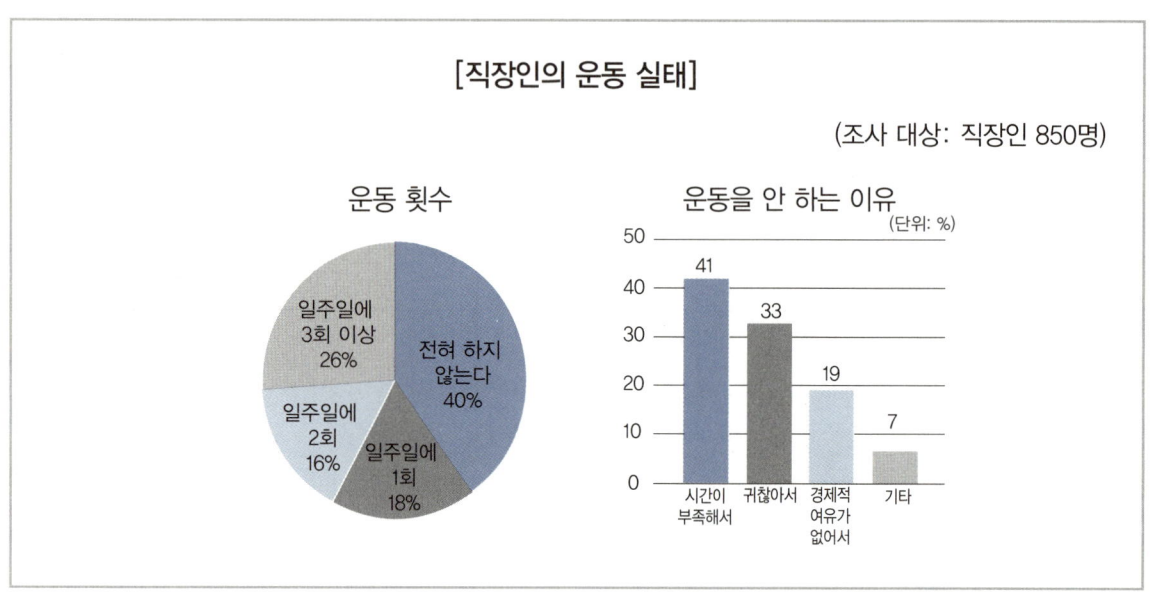

02

다음은 '새해 계획'에 대한 자료이다. 이 내용을 200~300자의 글로 쓰시오. 단, 글의 제목은 쓰지 마시오. (30점)

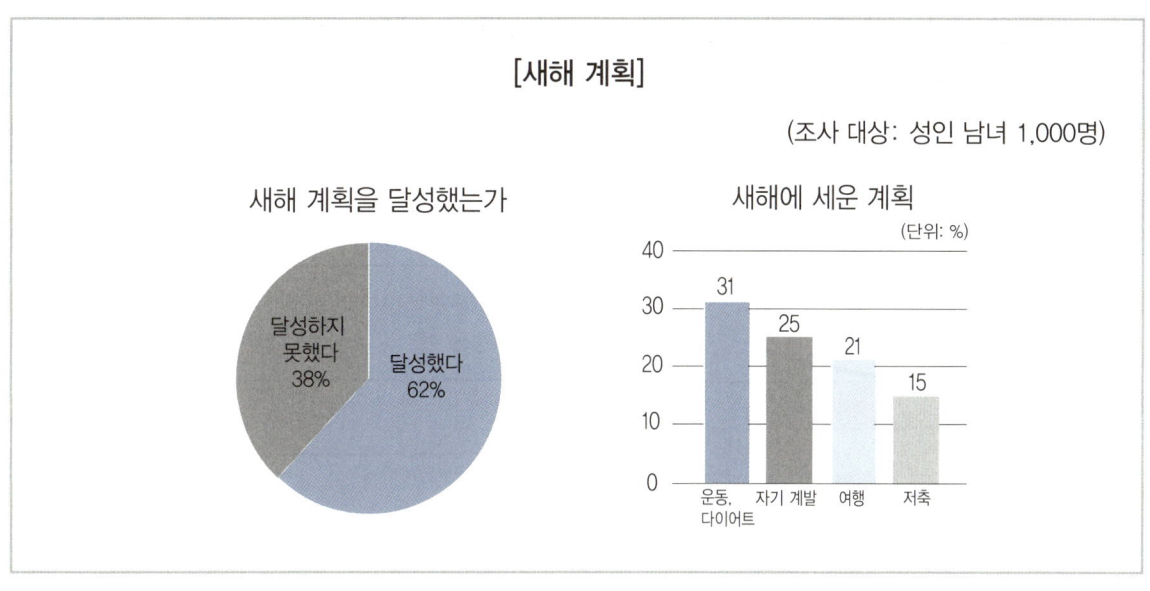

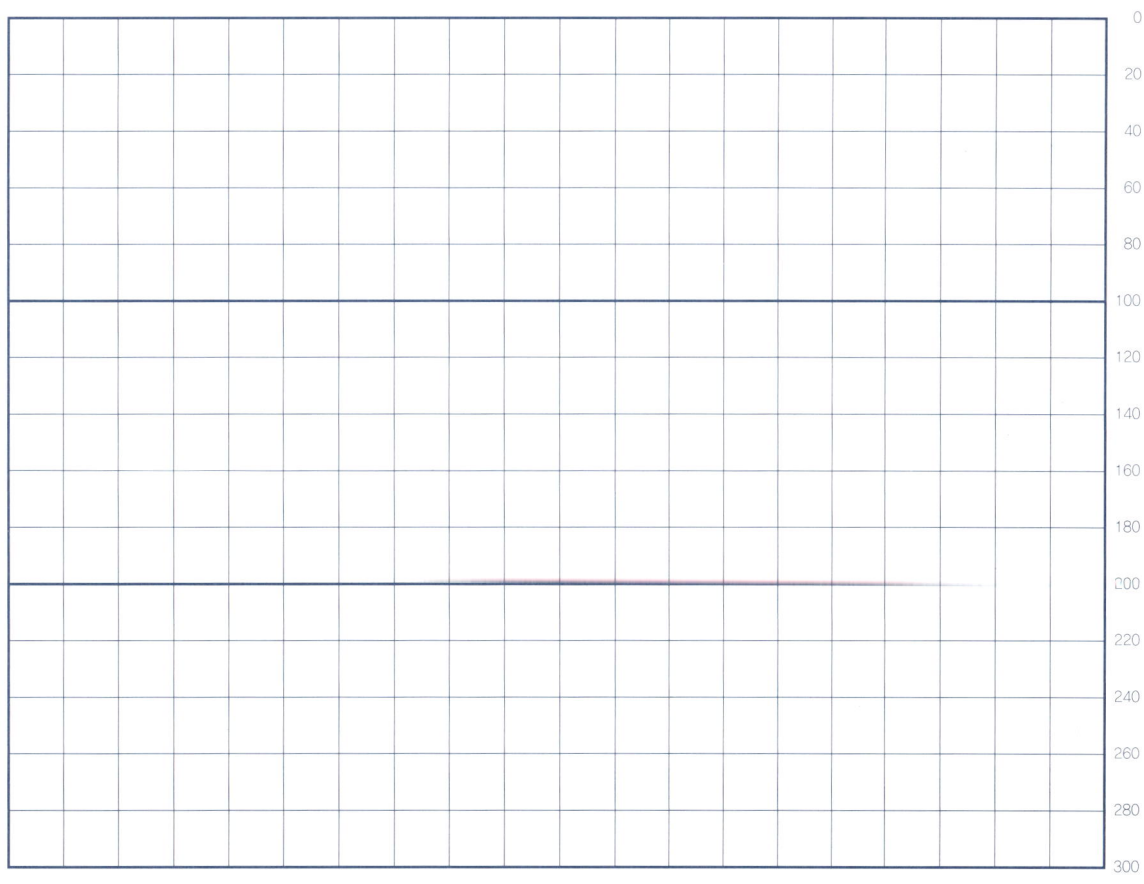

유형 3 변화의 원인 설명

⏱ 권장시간 10~15분

예시 문제

다음은 '1인 가구 증가'에 대한 자료이다. 이 내용을 200~300자의 글로 쓰시오. 단, 글의 제목은 쓰지 마시오. (30점)

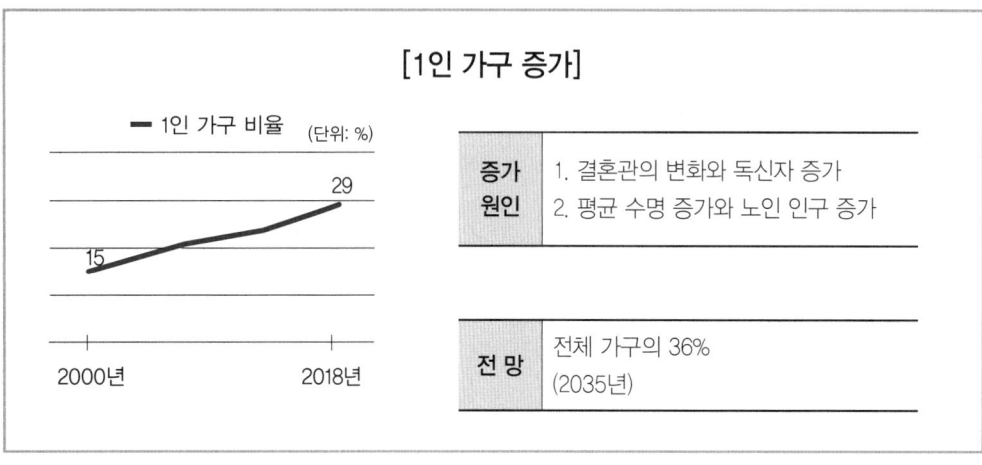

☑ 유형 분석

- 이 유형에서는 다양한 그래프와 도표가 제시됩니다. 문제에 따라 세부 내용이나 제시 순서가 달라지므로 그래프를 잘 보고 순서대로 설명해야 합니다.
- 답안의 내용은 [처음]-[중간]-[끝]으로 구성되지만 단락을 나누지는 않아도 됩니다.
- 다음은 답안의 각 부분에 들어가는 내용입니다. 각각에 맞는 내용을 넣어서 답안을 작성해야 합니다.

구 분	답안 구성	풀이 비법
[처음]	변화	[처음]에는 증가나 감소와 같은 변화와 연도별 변화에 대해 씁니다.
[중간]	원인	[중간]에서는 변화의 원인을 나열해서 설명합니다. 다양한 형식의 문제가 출제되기 때문에 원인을 [끝]에 써야 하는 경우도 있습니다.
[끝]	전망 / 관련 조사 내용	[끝]에는 전망이나 관련 조사 내용을 써야 하는 경우가 많으며 개인적인 의견을 덧붙이면 안 됩니다.

유형 3 기본 연습

53 다음은 '1인 가구 증가'에 대한 자료이다. 이 내용을 200~300자의 글로 쓰시오. 단, 글의 제목은 쓰지 마시오. (30점)

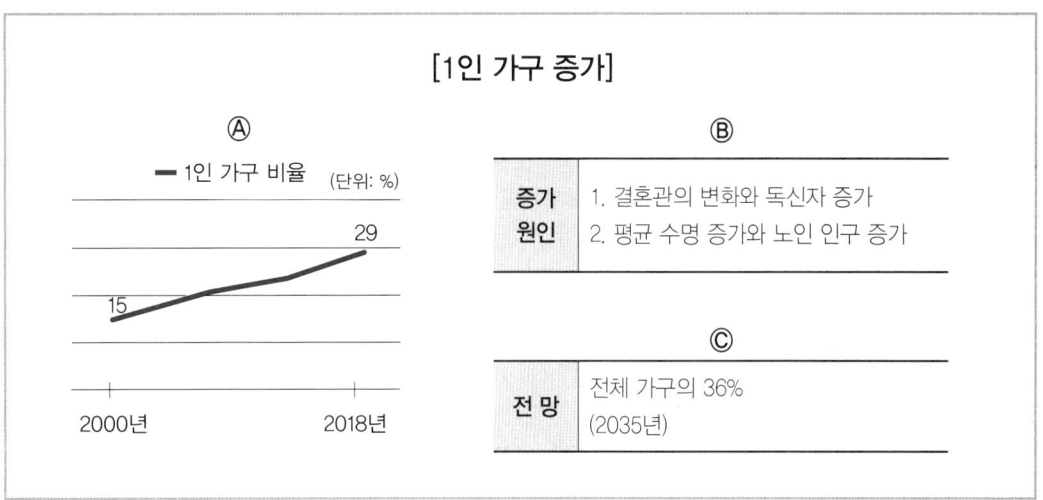

☑ Step 1 유형 파악하기

이 문제는 그래프에서 알 수 있는 **변화**와 **변화의 원인**을 설명하고 **전망**을 쓰는 유형입니다.

처음	Ⓐ를 이용해서 현황과 연도별 변화를 쓴다.
중간	Ⓑ를 이용해서 변화의 원인을 설명한다.
끝	Ⓒ를 이용해서 앞으로의 전망을 쓴다.

☑ Step 2 알맞은 표현 떠올리기

구조		표현
처음	변화	❶ ~이/가 –고 있다 → 1인 가구의 수가 꾸준히 증가하고 있다. ❷ ~년 조사에서 –았/었던 ~이/가 ~년에는 –았/었다 → 2000년 조사에서 15%에 불과했던 1인 가구의 비율이 계속 증가하여 2018년에는 2배에 가까운 29%에 도달했다.
중간	원인	❸ 이러한 ~의 원인으로 우선 ~을/를 들 수 있다 → 이러한 1인 가구 증가의 원인으로 우선 결혼관의 변화로 인한 독신자 증가를 들 수 있다. ❹ 또한 ~도 ~에 큰 영향을 미친 것으로 보인다 → 또한 평균 수명의 증가로 인한 노인 인구 증가도 1인 가구 증가에 큰 영향을 미친 것으로 보인다.
끝	전망	❺ 이러한 영향이 계속 이어진다면 ~년에는 ~이/가 –(으)ㄹ 것으로 보인다 → 이러한 영향이 계속 이어진다면 2035년에는 1인 가구 비율이 전체 가구의 36%에 달할 것으로 보인다.

☑ Step 3 내용 쓰기

처음 ❶ _____ 있다. ❷ _____ 조사에서 _____에 불과했던 _____이 계속 증가하여 _____에는 _____. 중간 ❸ 이러한 _____의 원인으로 우선 _____를 들 수 있다. ❹ 또한 _____도 _____에 큰 영향을 미친 것으로 보인다. 끝 ❺ 이러한 영향이 계속 이어진다면 _____에는 _____ 것으로 보인다.

🔒 모범 답안

처음 ① 1인 가구의 수가 꾸준히 증가하고
② 2000년 / 15% / 1인 가구의 비율 / 2018년 / 2배에 가까운 29%에 도달했다
중간 ③ 1인 가구 증가 / 결혼관의 변화로 인한 독신자 증가
④ 평균 수명의 증가로 인한 노인 인구 증가 / 1인 가구 증가
끝 ⑤ 2035년 / 1인 가구 비율이 전체 가구의 36%에 달할

☑ Step 4 원고지에 써 보기

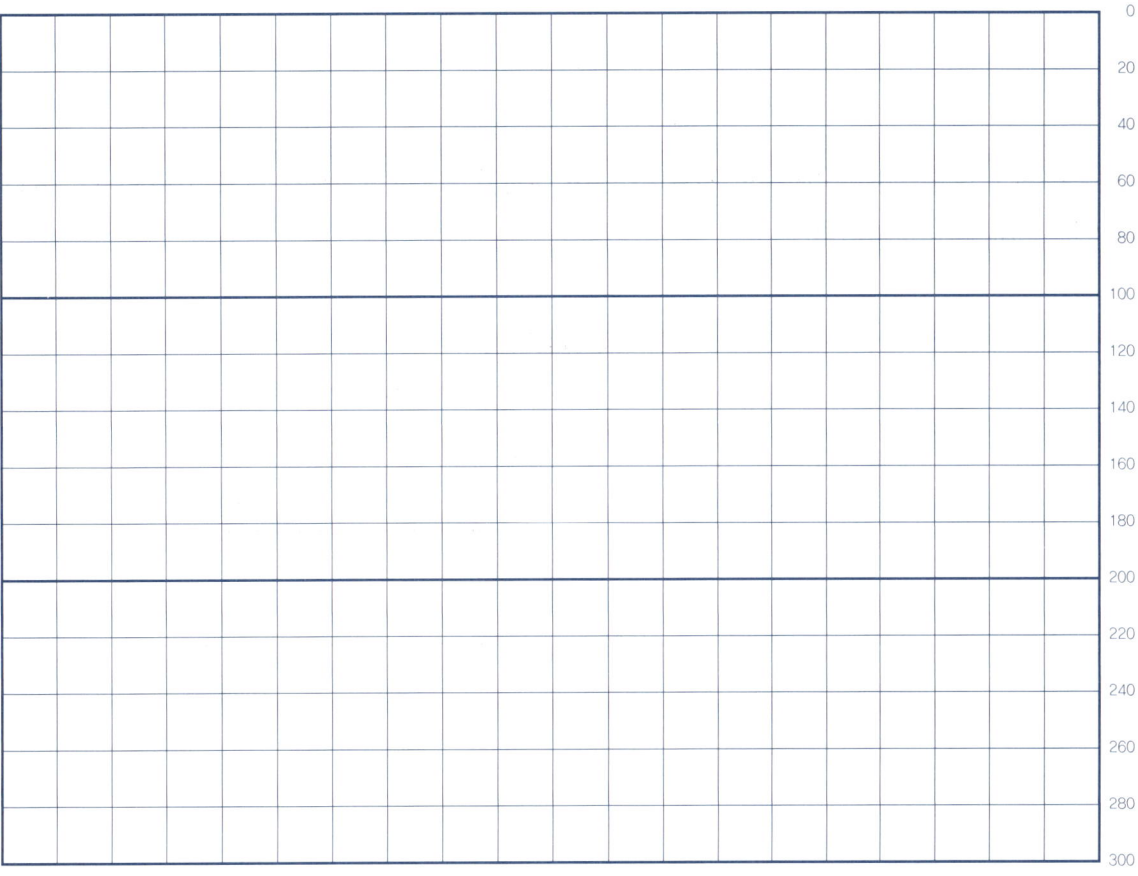

01

다음은 '한국의 출생아 수'에 대한 자료이다. 이 내용을 200~300자의 글로 쓰시오. 단, 글의 제목은 쓰지 마시오. (30점)

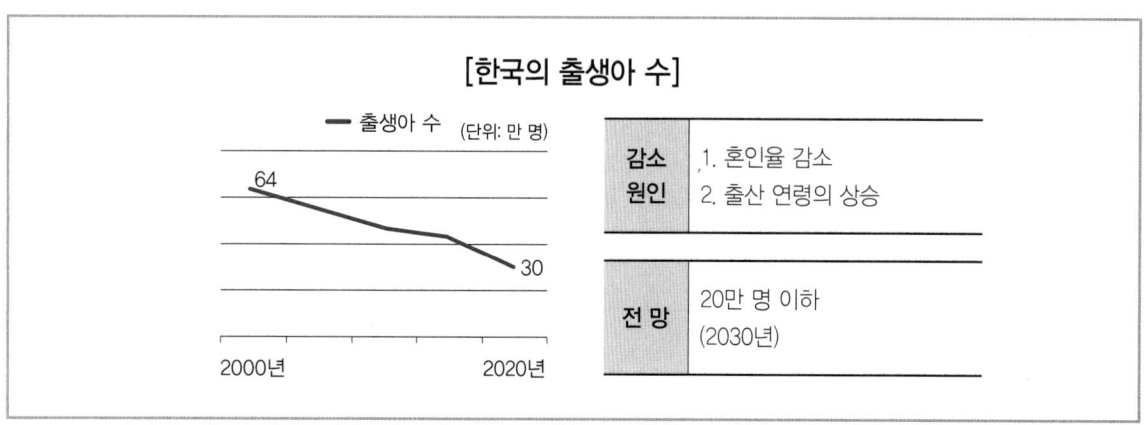

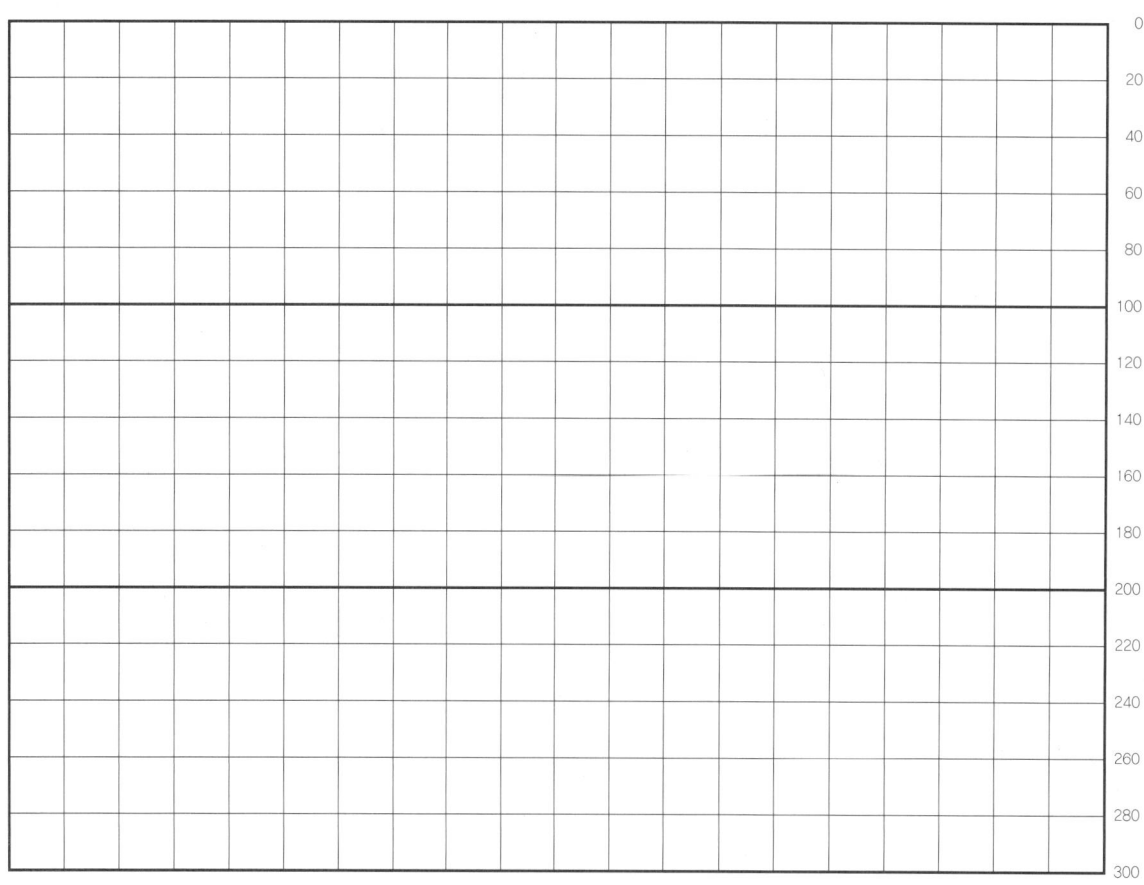

02

다음은 '한국인의 평균 수명'에 대한 자료이다. 이 내용을 200~300자의 글로 쓰시오. 단, 글의 제목은 쓰지 마시오. (30점)

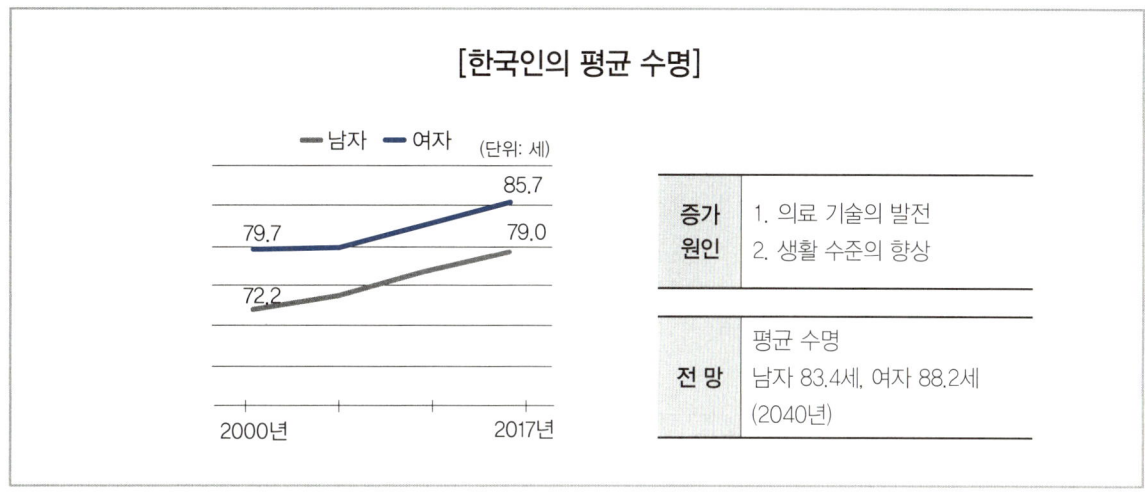

03

다음은 '한국의 농촌 인구'에 대한 자료이다. 이 내용을 200~300자의 글로 쓰시오. 단, 글의 제목은 쓰지 마시오. (30점)

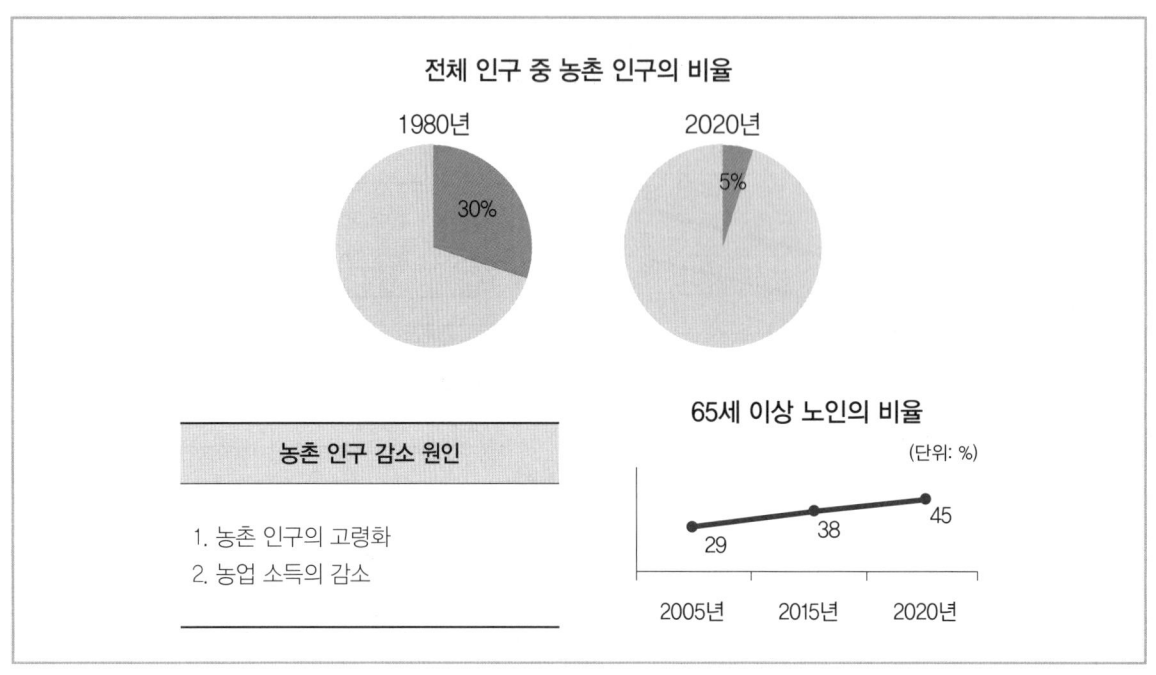

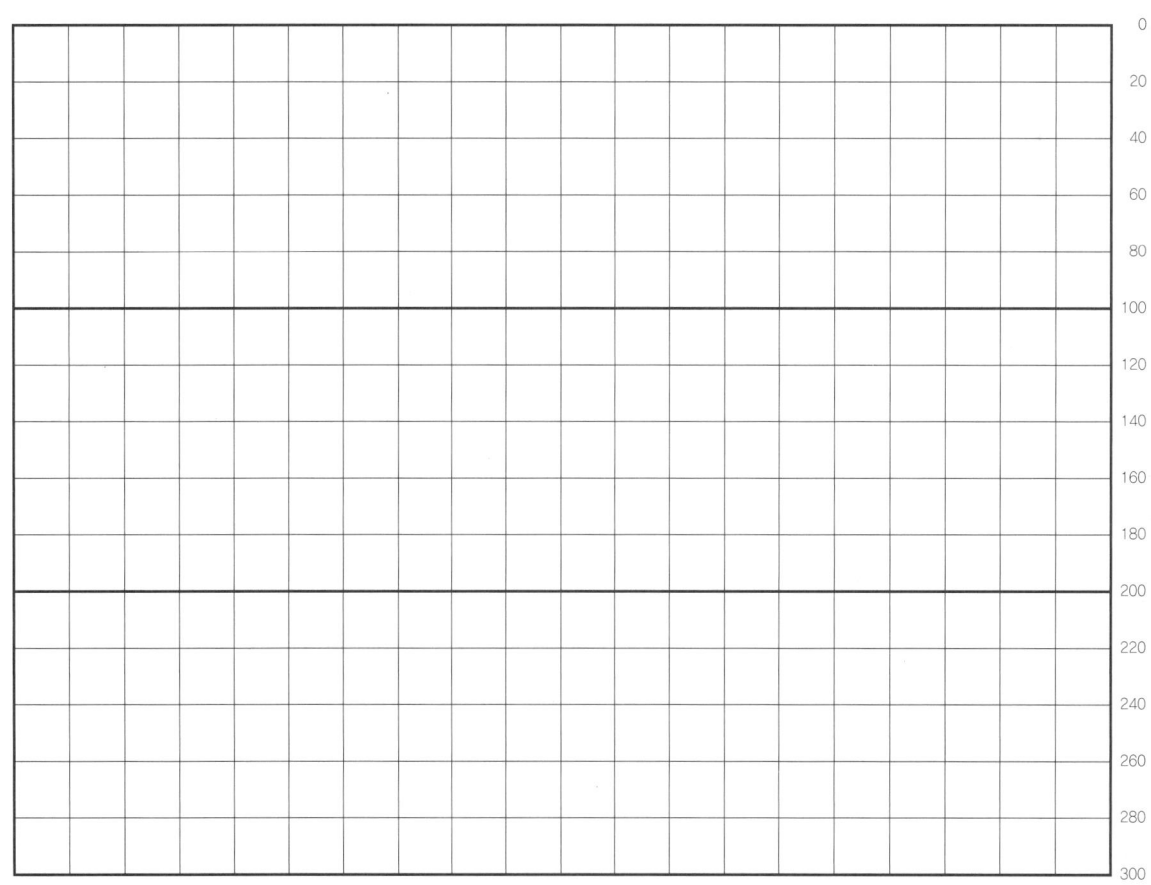

04

다음은 '공공 자전거 이용'에 대한 자료이다. 이 내용을 200~300자의 글로 쓰시오. 단, 글의 제목은 쓰지 마시오. (30점)

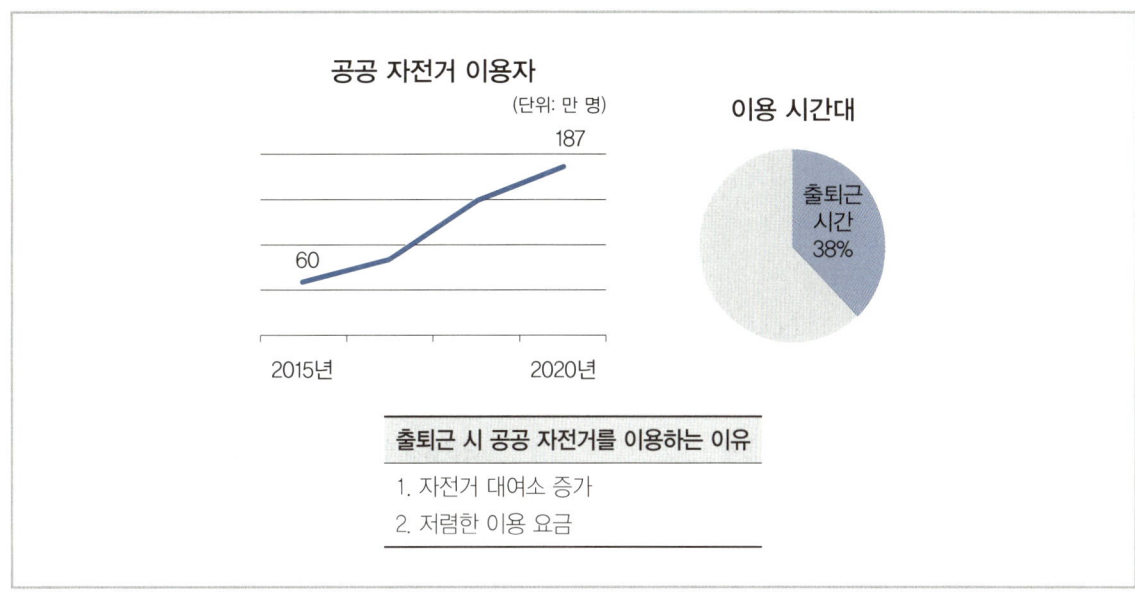

05

다음은 '친환경차 판매'에 대한 자료이다. 이 내용을 200~300자의 글로 쓰시오. 단, 글의 제목은 쓰지 마시오. (30점)

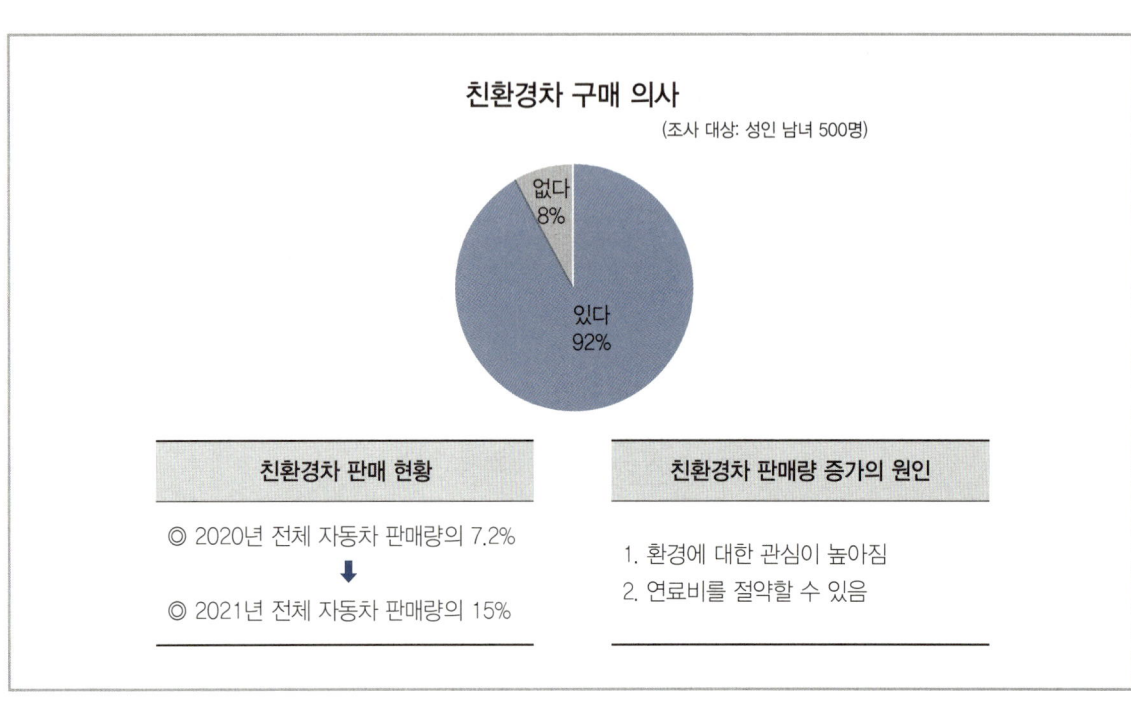

06

다음은 '비만 청소년'에 대한 자료이다. 이 내용을 200~300자의 글로 쓰시오. 단, 글의 제목은 쓰지 마시오. (30점)

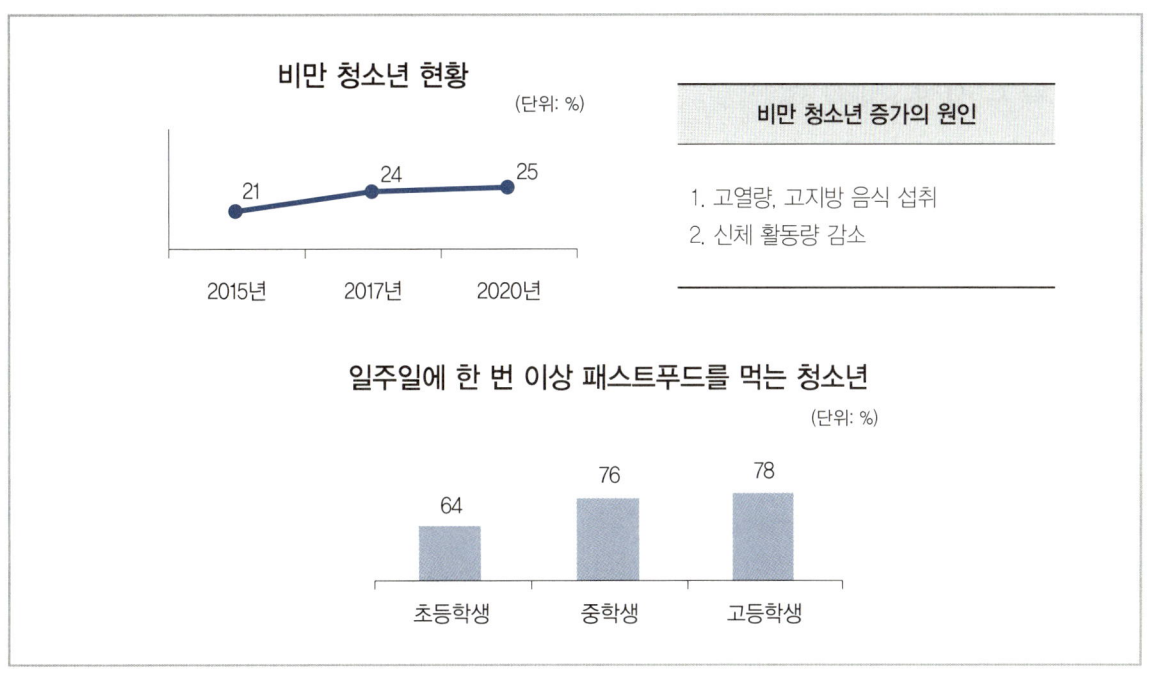

CHAPTER 04

54번 유형
주제에 대해 글 쓰기

알고 가자, 기출 분석

난이도 콕콕! ★★★

문제 콕콕! 주제와 관련된 2~3개의 과제 제시
(필요한 것, 문제점과 해결 방법, 찬성 또는 반대, 긍정적 측면과 부정적 측면)

다음을 주제로 하여 자신의 생각을 600~700자로 글을 쓰시오. 단, 문제를 그대로 옮겨 쓰지 마시오. (50점)

> 사람은 누구나 청소년기를 거쳐 어른이 된다. 아동에서 어른으로 넘어가는 이 시기에 많은 청소년들은 혼란과 방황을 겪으며 성장한다. 아래의 내용을 중심으로 '청소년기의 중요성'에 대한 자신의 생각을 쓰라.

- 청소년기가 중요한 이유는 무엇인가?
- 청소년들은 이 시기에 주로 어떤 특징을 보이는가?
- 청소년의 올바른 성장을 돕기 위해 어떤 노력이 필요한가?

답안 콕콕! 과제에 대한 자신의 의견 쓰기 ⇒ 여러 문단으로 나누어진 한 편의 글 완성형

배점 콕콕!
51번	52번	53번	54번	총점
10점	10점	30점	50점	100점

출제 예상, 기출 분석

최근 시험에 나왔던 정보의 유형입니다.

35회 경제적 여유가 행복에 미치는 영향
- 세부 과제 – 행복한 삶의 의미
  – 경제적 조건과 행복 만족도의 관계
  – 행복 만족도를 높이기 위한 노력

36회 동기가 일에 미치는 영향
- 세부 과제 – 일을 시작할 때 동기의 역할
  – 동기가 일의 결과에 미치는 영향

37회 현대 사회에서 필요한 인재
- 세부 과제 – 현대 사회에서 필요한 인재
  – 인재가 되기 위한 노력

41회 역사 교육의 필요성
- 세부 과제 – 역사 교육의 필요성
  – 역사를 통해 배울 수 있는 것

47회 칭찬의 긍정적, 부정적 영향
- 세부 과제 – 칭찬의 긍정적 영향
  – 칭찬의 부정적 영향
  – 효과적으로 칭찬하는 방법

52회 의사소통의 중요성과 방법
- 세부 과제 – 의사소통이 중요한 이유
  – 의사소통이 어려운 이유
  – 의사소통을 원활하게 하는 방법

60회 조기 교육의 장점과 문제점
- 세부 과제 – 조기 교육의 장점
  – 조기 교육의 문제점
  – 조기 교육에 대한 찬성 또는 반대 의견

64회 청소년기의 중요성
- 세부 과제 – 청소년기가 중요한 이유
  – 청소년기의 특징
  – 청소년의 올바른 성장을 돕기 위한 노력

83회 창의력의 필요성과 이를 기르기 위한 노력
- 세부 과제 – 창의력이 필요한 이유
  – 창의력 발휘로 얻을 수 있는 성과
  – 창의력을 기르기 위한 노력

91회 가짜 뉴스의 등장이 사회에 미치는 영향
- 세부 과제 – 가짜 뉴스가 등장한 사회적 배경
  – 가짜 뉴스로 인해 생기는 문제
  – 문제의 해결 방안

	자주 나오는 세부 과제	출제 예
1	~의 의미	행복의 의미, 현대 사회의 인재상
2	~의 중요성, 필요성 (관계, 역할, 영향)	경제적 조건의 중요성, 동기의 역할, 역사 교육의 필요성, 의사소통의 중요성, 청소년기의 중요성, 창의력의 필요성
3	~의 긍정적인 면, 부정적인 면	칭찬의 장단점, 조기 교육의 장단점
4	~에서[-기 위해] 필요한 노력, 방법	행복 만족도를 높이는 노력, 인재가 되기 위한 노력, 칭찬의 방법, 의사소통의 방법, 청소년의 성장을 돕기 위한 노력, 창의력을 기르기 위한 노력
5	~의 원인, 문제점	가짜 뉴스가 생겨난 사회적 배경, 가짜 뉴스로 인해 생기는 문제
6	~의 해결 방안	가짜 뉴스의 문제를 해결하기 위한 방안

'세부 과제'를 나타내는 표현

1. '~의 의미'를 밝히는 표현

1 일반적인 사실이나 견해를 말할 때

   예) **흔히** 경제적 여유가 있으면 그만큼 더 행복해진다고 **생각한다**.

2 반론을 제기할 때

   예) **물론** 사람이 살아가기 위해서는 경제적인 조건을 무시할 수 없다. **그러나** 경제적인 여유가 행복을 보장해 주는 것은 아니다.

2. '~의 중요성, 필요성'을 밝히는 표현

1 중요성이나 필요성을 말할 때

   예) 다른 사람들과 함께 일하**기 위해서는** 의사소통 능력**이 필요하다**.

2 중요성이나 필요성을 강조할 때

   예) 의사소통 능력은 사람들과 좋은 관계를 맺는 **데에 없어서는 안 될 중요한 조건이다**.

3. '~의 긍정적인 면, 부정적인 면'을 밝히는 표현

1 긍정적인 면을 설명할 때
예 칭찬은 자신감을 주고 의욕을 높여 준다는 점에서 긍정적인 면이 있다.
  칭찬은 일의 성과를 높이는 데 도움이 된다.

2 부정적인 면을 설명할 때
예 칭찬에 긍정적인 면만 있는 것은 아니다.
  칭찬으로 인해 잘해야 한다는 부담을 느낄 우려가 있다.

4. '~에서[-기 위해] 필요한 노력, 방법'을 밝히는 표현

1 가져야 할 태도를 조언할 때
예 가정에서는 부모가 자녀들과 대화를 많이 나누도록 노력해야 한다.

2 해결 방법이나 대책을 제안할 때
예 사회에서는 도움이 필요한 청소년들을 지원하기 위한 제도를 마련해야 한다.

※ PART 3 작문 표현 사전(126쪽)에 더 다양한 표현이 있습니다.

작문의 기초

1. 작문 순서와 방법

TOPIK Ⅱ 쓰기에는 서술형 문제가 포함되어 있습니다. 서술형 문제는 주제에 맞게 글을 쓸 수 있는지를 평가하는 문제입니다. 다음을 참고하여 글을 쓰는 순서와 방법을 익혀 봅시다.

글을 쓰는 순서

문제 파악하기 ⇨ 내용 생각하기 ⇨ 내용 구성하기 ⇨ 글 쓰기

글을 쓰는 방법

1 문제 파악하기

문제를 잘 읽고 무엇에 관해 써야 하는지 파악합니다. 어떤 유형의 문제이며 그 유형에서는 어떤 내용이 들어가야 하는지 정확하게 이해하고 알아내야 합니다.

2 내용 생각하기(브레인스토밍)

주제와 관련해 떠오르는 생각을 자유롭게 쓰면서 브레인스토밍을 합니다. 글을 쓰기 위해 어떤 내용이 필요한지 상위 항목을 쓰고 구체적인 내용을 채워 가는 것이 좋습니다. 주제와 관련된 내용이라도 쓰려고 하는 글의 구성에 맞지 않다면 삭제해야 합니다.

3 내용 구성하기(개요표)

글을 쓰기 전 개요표를 작성하여 내용을 구성합니다. 브레인스토밍에서 떠오른 생각들을 글의 구성에 맞게 [처음]-[중간]-[끝]에 배치해야 합니다. 각 부분의 분량이 적당하고 내용이 잘 연결되는지 확인해야 합니다. 내용을 무조건 길게 쓰는 것보다 완성된 글의 구조를 갖추는 것이 중요합니다.

4 글 쓰기

개요표의 내용을 바탕으로 어울리는 표현을 골라 분량에 맞게 글을 씁니다. [처음]-[중간]-[끝]으로 단락을 잘 구분해야 합니다. 제시된 내용을 모두 포함해서 내용이 논리적으로 연결되도록 써야 합니다. 정확한 문법과 어휘를 사용해서 썼는지 확인해야 합니다.

2. 작문에서 주의할 점

1 일반적으로 문장의 끝은 '-ㄴ/는다'로 써야 합니다.

예) 현대 사회에서 우리는 치열한 경쟁을 하며 살아갑니다.
　　　　　　　　　　　　　　　　　　　　　└→ 살아간다

　　경쟁에 부정적인 측면만 있는 것은 아닙니다.
　　　　　　　　　　　　　　　　　└→ 아니다

2 조사를 꼭 써야 합니다. (조사: 다른 말과의 관계를 표시하거나 뜻을 더하는 말)

예) 고령화 사회 문제점 해결하기 위해서 정부 차원 정책 필요하다. (×)
　　└→ 고령화 사회**의** 문제점**을** 해결하기 위해서 정부 차원**의** 정책**이** 필요하다. (O)

3 내용에 맞게 시제를 선택해서 써야 합니다. (시제: 시간을 표현하는 문법)

예) 과거에는 직업 선택 시 연봉을 중요시한다.
　　　　　　　　　　　　　　└→ 중요시했다

　　최근 외국인 근로자와 유학생의 수가 지속적으로 증가할 것이다.
　　　　　　　　　　　　　　　　　　　　　　　└→ 증가하고 있다

4 주어와 서술어가 서로 어울리게 써야 합니다.

예) 다문화 사회란 한 사회 안에 다양한 인종과 문화가 함께 존재한다. (×)
　　└→ 다문화 사회**란** 한 사회 안에 다양한 인종과 문화가 함께 존재하는 사회**이다**. (O)
　　　　다문화 사회**란** 한 사회 안에 다양한 인종과 문화가 함께 존재하는 사회**를 말한다**. (O)

　　직업을 선택할 때 가장 중요한 것은 적성에 맞는 일을 선택한다. (×)
　　└→ 직업을 선택할 때 **중요한 것은** 적성에 맞는 일을 선택하는 것**이다**. (O)
　　　　직업을 선택할 때 **중요한 것은** 적성이다. (O)

5 문어체를 써야 합니다. (문어체: 일상적인 대화에서 쓰는 말투가 아닌, 글에서 주로 쓰는 말투)

예) 현대 사회에서는 스트레스가 많아 가지고 수면 장애를 겪는 사람들이 많다.
　　　　　　　　　└→ 스트레스로 인해

　　비닐이랑 일회용 컵을 되게 많이 사용한다면 환경 오염은 더욱 심각해질 거예요.
　　　└→ 과　　　└→ 지나치게　　　　　　　　　　　　└→ 심각해질 것이다

3. 문장을 길게 쓰는 방법

글을 쓰다 보면 자신이 생각한 내용을 모두 썼는데도 글의 분량이 부족한 경우가 있습니다. 그런 경우에는 문장이 짧은 것은 아닌지 확인해야 합니다. 다음과 같이 문장을 확장해서 쓰면 글의 이해를 도울 수 있고 의미를 더욱 명확하게 전달할 수 있습니다.

1 정의(definition / 定义 / 定義)

단어의 의미를 나타내는 방법으로 문장을 확장할 수 있습니다.

예 동기는 중요한 역할을 한다.
→ **어떤 일이나 행동을 일으키게 하는 계기인** 동기는 중요한 역할을 한다.

2 예시(example / 例子 / 例示)

구체적인 예를 들어 확장한 문장은 글의 이해를 돕습니다.

예 동기는 내적 동기와 외적 동기로 나뉜다.
→ 동기는 **성취감, 즐거움과 같은** 내적 동기와 **칭찬이나 보상 등의** 외적 동기로 나뉜다.

3 설명(explanation / 说明 / 說明)

단어를 자세하게 설명하는 방법으로 확장하면 문장의 의미가 명확해집니다.

예 동기는 힘을 가지고 있다.
→ 동기는 **어려움을 이겨내고 일을 완수하게 하는** 힘을 가지고 있다.
→ 동기는 **일의 과정에서 겪는 어려움을 이겨내고 일을 끝까지 완수하게 하는** 힘을 가지고 있다.

4 비교·대조(comparison·contrast / 比·对照 / 比較·對照)

대비되는 대상을 함께 언급해서 확장하면 의미 전달에 효과적입니다.

예 외적 동기가 강하면 결과에 중점을 두게 된다.
→ **내적 동기에 비해** 외적 동기가 강하면 **일의 과정보다** 결과에 중점을 두게 된다.
→ **내적 동기에 비해** 외적 동기가 **지나치게** 강하면 **일의 과정보다** 결과에 중점을 두게 된다.

예 외적 동기가 부담감으로 작용하는 경우가 있다.
→ 외적 동기가 **기쁨을 주는 것이 아니라** 부담감으로 작용하는 경우가 있다.
→ 외적 동기가 **기쁨을 주는 것이 아니라 잘해야 한다는** 부담감으로 작용하는 경우가 있다.

연습 문제

※ 앞에서 배운 방법을 사용하여 문장을 완성해 보세요.

01. 어릴 때부터 아이에게 다양한 교육을 받게 하다 / 조기 교육은 장단점이 있다

    → _____

02. 영어, 피아노, 바이올린 / 외국어와 악기는 어릴 때 배우면 습득하는 속도가 빨라진다

    → _____

03. 외국어 학습에 거부감을 가지다 / 부작용이 생길 수 있다

    → _____

04. 외국어를 유창하게 하다 / 모국어까지 잘 못하게 되는 문제가 발생한다

    → _____

모범 답안

01. 어릴 때부터 아이에게 다양한 교육을 받게 하는 조기 교육은 장단점이 있다.
02. 영어와 같은 외국어와 피아노나 바이올린 등의 악기는 어릴 때 배우면 습득하는 속도가 빨라진다.
03. 외국어 학습에 거부감을 가지는 부작용이 생길 수 있다.
04. 외국어를 유창하게 하는 것이 아니라 모국어까지 잘 못하게 되는 문제가 발생한다.

쓰기 | LEVEL UP

4. 내용을 풍부하게 쓰는 방법

글을 쓸 때는 자신의 의견을 효과적으로 전달할 수 있도록 글을 구성해야 합니다. 명확하고 논리적으로 글을 써야 하며 글을 읽는 사람이 이해하기 쉽게 충분히 설명해야 합니다. 다음과 같은 방법을 사용하면 자신이 말하고자 하는 내용을 풍부하고 다양하게 표현할 수 있습니다.

1 이유 쓰기

이유를 자세하게 설명하면 논리적으로 자신의 의견을 전달할 수 있습니다.

[예]

| 초등학생은 스마트폰을 사용하지 못하게 하는 것이 좋다. | + | 스마트폰 사용을 금지시켜야 하는 이유 |

> 초등학생 자녀들에게는 스마트폰을 사용하지 못하게 하는 것이 좋다. <u>아이가 어릴 때부터 스마트폰을 사용하게 되면 시력이 나빠지고 스마트폰을 보느라 공부에 집중하지 않기 때문이다.</u>

2 예를 들어서 쓰기

어떤 사실을 설명할 때 구체적인 예를 쓰면 글을 읽는 사람이 내용을 이해하기 쉽습니다.

[예]

| 스마트폰의 등장으로 우리의 생활은 편리해졌다. | + | 예를 들어 (예를 들면) | 스마트폰으로 할 수 있는 것 |

> 스마트폰의 등장으로 우리의 생활은 편리해졌다. 예를 들어 <u>언제 어디서든지 연락하는 것이 가능하다. 외국에 있는 친구가 보고 싶을 때 스마트폰을 이용해서 친구에게 연락하고 얼굴을 보면서 이야기를 나눌 수 있다.</u>

3 반대되는 내용 쓰기

앞에 쓴 내용과 반대되는 내용을 연결해서 쓰면 내용을 명확하게 전달할 수 있습니다.

예

| 스마트폰은 우리에게 많은 도움을 주고 있다. | + | 그러나 (그런데, 반면에) | 스마트폰으로 인한 문제 |

스마트폰은 우리에게 많은 도움을 주고 있다. 그러나 스마트폰 사용이 늘면서 문제점도 나타나고 있다. 오랜 시간 스마트폰을 보는 것은 눈이나 어깨에 좋지 않을뿐더러 정신 건강에도 부정적인 영향을 미친다.

유형 1 · N을 위해 필요한 것

⏱ 권장시간 25~30분

예시 문제

다음을 참고하여 600~700자로 글을 쓰시오. 단, 문제를 그대로 옮겨 쓰지 마시오. (50점)

> 사람들은 살아가면서 다양한 인간관계를 경험한다. 다른 사람들과 원만한 인간관계를 유지하기 위해서는 어떻게 해야 하는가? 아래의 내용을 중심으로 자신의 생각을 쓰라.

- 원만한 인간관계가 중요한 이유는 무엇인가?
- 원만한 인간관계를 유지하기 위해 필요한 것은 무엇인가? (2가지 이상)

☑ 유형 분석

- 이 유형에서는 N의 의미와 중요성, N을 위해 필요한 것과 그 이유를 묻습니다.
- 답안의 내용은 [처음]-[중간]-[끝]으로 구성하고 각 단락을 나누어 써야 합니다.
- 다음은 답안의 각 부분에 들어가는 내용입니다. 문제에 따라 요구하는 내용에 차이가 있으므로 각각의 문제에 맞는 내용을 넣어서 답안을 작성해야 합니다.

구 분	답안 구성	풀이 비법
[처음]	주제 소개 N의 경향 N의 중요성 N에 대한 일반적 견해	[처음]에 활용할 수 있는 주제 소개 방식이 다양합니다. 문제에 따라 어울리는 방식이 달라지므로 문제를 통해 유형을 익히도록 합니다.
[중 간]	필요한 조건 N에 대한 자신의 의견 N을 위해 필요한 것	[중간]은 주제에 대한 자신의 의견과 그것을 위해 필요한 것을 모두 쓰는 부분입니다. 글의 핵심이 되는 중요한 부분이며 필요한 것과 이유가 잘 연결되도록 써야 합니다.
[끝]	태도·방향 조언 내용 요약 가져야 할 태도	[끝]에는 [중간]에 쓴 자신의 의견을 간략하게 요약하고 가져야 할 태도를 씁니다. 자주 사용하는 표현이 있으므로 그 표현을 기억하도록 합니다.

유형1 **기본 연습**   유형1 실전 연습

54 다음을 참고하여 600~700자로 글을 쓰시오. 단, 문제를 그대로 옮겨 쓰지 마시오. (50점)

> 사람들은 살아가면서 다양한 인간관계를 경험한다. 다른 사람들과 <u>원만한 인간관계</u>ⓝ를 유지하기 위해서는 어떻게 해야 하는가? 아래의 내용을 중심으로 자신의 생각을 쓰라.
>
> • 원만한 인간관계가 **중요한 이유**는 무엇인가? ················ 과제 ①
> • 원만한 인간관계를 유지하기 위해 **필요한 것**은 무엇인가? (2가지 이상) ······ 과제 ②

☑ Step 1 유형 파악하기

이 문제는 주제어 ⓝ에 대한 **자신의 견해**와 그것을 위해 **필요한 조건**을 서술하는 유형입니다.

처음	ⓝ의 경향과 중요성에 대해 쓴다. ·················· 과제 ①에 대한 답
중간	ⓝ을 위해 필요한 것에 대해 쓴다. ·················· 과제 ②에 대한 답
끝	ⓝ과 관련해 가져야 할 태도에 대해 쓴다.

☑ Step 2 내용 생각하기(브레인스토밍)

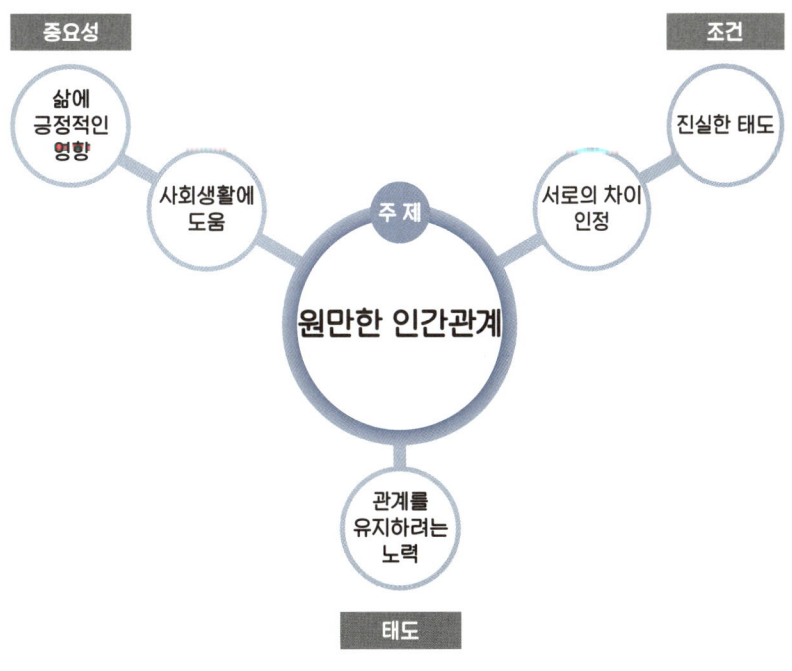

☑ Step 3 개요 쓰기

브레인스토밍에서 떠오른 생각들을 [처음]-[중간]-[끝]에 적절하게 배치합니다. 나의 견해를 잘 드러낼 수 있는 조건을 써야 합니다.

구 조	표 현
주제 소개	원만한 인간관계는 삶에 긍정적인 영향을 주기 때문에 중요함
조건 1	관점의 차이를 인정해야 함
조건 2	진실한 태도로 상대를 대해야 함
태도 · 방향 조언	원만한 인간관계를 유지하려는 노력이 필요함

☑ Step 4 알맞은 표현 떠올리기

구 조	표 현
주제 소개	❶ 인간은 ~ → 인간은 사회 안에서 다른 사람들과 함께 어울려 살아간다. ❷ ~은/는 -다는 점에서 중요하다고 할 수 있다 → 원만한 인간관계는 삶의 전 영역에 긍정적인 영향을 미친다는 점에서 중요하다고 할 수 있다.
필요한 것 (조건 1)	❶ -기 위해서는 ~이/가 필요하다 → 사람들과 원만하게 지내기 위해서는 서로의 차이를 인정하는 태도가 필요하다. ❷ -다면 -(으)ㄹ 수밖에 없다 → 상대방의 생각이 나와 다르다고 해서 비난하거나 비판한다면 사람들과 갈등을 빚을 수밖에 없다.
필요한 것 (조건 2)	❸ 또한 ~도 -기 위한 조건 중 하나이다 → 또한 진실한 태도로 사람들을 대하는 것도 원만한 관계를 유지하기 위한 조건 중 하나이다. ❹ 다시 말해 → 다시 말해 서로를 신뢰할 수 있을 때 그 관계가 오래 유지될 수 있다.
태도	❶ 이처럼 -기 위해서는 -이/가 필요하다 → 이처럼 다른 사람들과 원만하게 지내기 위해서는 그 관계를 유지하려는 노력이 필요하다.

☑ Step 5 내용 쓰기

처음 ❶ _____ 사회 안에서 다른 사람들과 함께 어울려 살아간다. 각자가 생활하는 곳에서 다른 사람들을 만나게 되고 많은 인간관계를 맺는다. 그리고 자신과 관계를 맺은 사람들과 서로 도움을 주고받기도 한다. 원만한 인간관계는 사회생활에 도움이 될 뿐만 아니라 삶의 전 영역에 긍정적인 영향을 ❷ _____ 점에서 중요하다고 할 수 있다.

중간 사람들과 원만하게 지내기 ❶ _____ 서로의 차이를 인정하는 태도가 필요하다. 사람들의 생각에는 차이가 있기 마련이며 다양한 관점이 존재할 수 있다. 상대방의 생각이 나와 다르다고 해서 비난하거나 ❷ _____ 사람들과 갈등을 빚을 수밖에 없다. 따라서 자신의 생각과 판단만이 옳다는 생각을 버리고 사람들의 의견을 존중하는 태도를 가지는 것이 바람직하다.

또한 진실한 태도로 사람들을 대하는 것도 원만한 관계를 유지하기 위한 ❸ _____. 인간관계는 서로에 대한 신뢰를 바탕으로 한다. ❹ _____ 서로를 신뢰할 수 있을 때 그 관계가 오래 유지될 수 있다. 상대를 기만하거나 자신의 목적을 달성하기 위해 이용하려고만 하는 사람은 다른 사람들과 좋은 관계로 지내기 어렵다. 진심으로 사람들을 대하고 신뢰감을 줄 수 있도록 행동해야 한다.

끝 ❶ _____ 다른 사람들과 원만하게 지내기 위해서는 그 관계를 유지하려는 노력이 필요하다. 상대를 존중하고 진실하게 대한다면 다른 사람들과 좋은 관계를 유지할 수 있을 것이다.

🔓 **모범 답안**

처음 ① 인간은 ② 미친다는
중간 ① 위해서는 ② 비판한다면 ③ 조건 중 하나이다 ④ 다시 말해
끝 ① 이처럼

| 유형1 기본 연습 | 유형1 **실전 연습** |

01

다음을 참고하여 600~700자로 글을 쓰시오. 단, 문제를 그대로 옮겨 쓰지 마시오. (50점)

> 자신에게 잘 맞는 직업을 선택할 수 있는 방법은 무엇인가? 아래의 내용을 중심으로 직업 선택에 대한 자신의 생각을 쓰라.

- 직업이 중요한 이유는 무엇인가?
- 자신에게 맞는 직업을 찾기 위해 어떤 노력이 필요한가? (2가지 이상)

※ 브레인스토밍으로 쓸 내용을 생각하면서 아래 개요를 작성해 봅시다.

개요 쓰기

	구조	내용
처음	주제 소개	
중간	필요한 조건	
끝	태도 · 방향 조언	

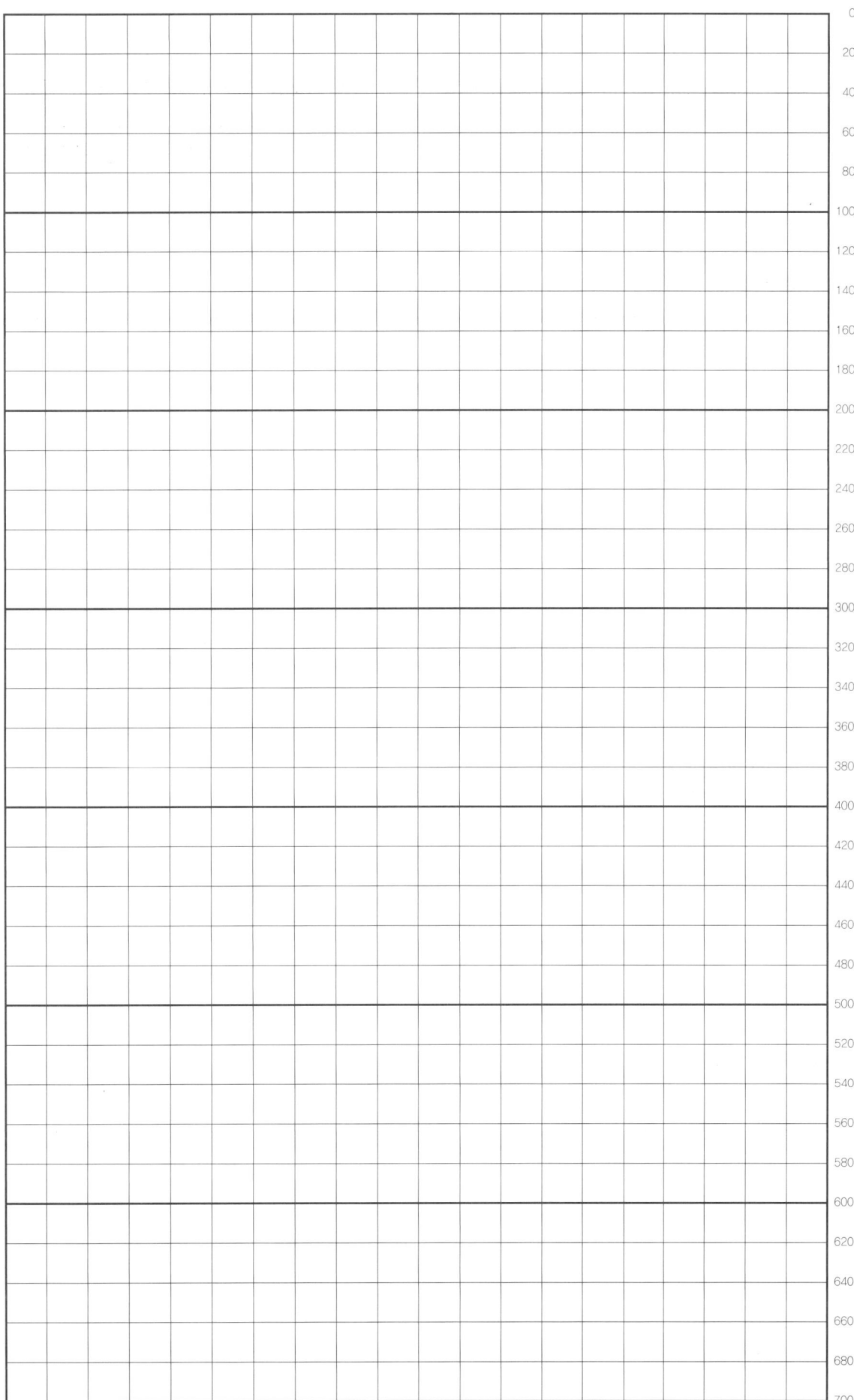

02

다음을 참고하여 600~700자로 글을 쓰시오. 단, 문제를 그대로 옮겨 쓰지 마시오. (50점)

> 많은 현대인들이 성공하기 위해서 노력하고 있다. 성공이란 무엇인가? 아래의 내용을 중심으로 자신의 생각을 쓰라.

- 성공의 기준은 무엇인가?
- 성공을 이루기 위해 필요한 것은 무엇인가?

※ 브레인스토밍으로 쓸 내용을 생각하면서 아래 개요를 작성해 봅시다.

개요 쓰기

	구조	내 용
처음	주제 소개	
중간	필요한 조건	
끝	태도 · 방향 조언	

03

다음을 참고하여 600~700자로 글을 쓰시오. 단, 문제를 그대로 옮겨 쓰지 마시오. (50점)

> 인간의 평균 수명이 길어져서 요즘은 100세 시대라는 말을 한다. 행복한 노후 생활을 위한 조건에는 어떤 것이 있는가? 아래의 내용을 중심으로 자신의 생각을 쓰라.

- 행복한 노후 생활을 위해 무엇이 필요한가?
- 그것을 위해 어떤 준비를 해야 하는가?

※ 브레인스토밍으로 쓸 내용을 생각하면서 아래 개요를 작성해 봅시다.

개요 쓰기

	구조	내용
처음	주제 소개	
중간	필요한 조건	
끝	태도 · 방향 조언	

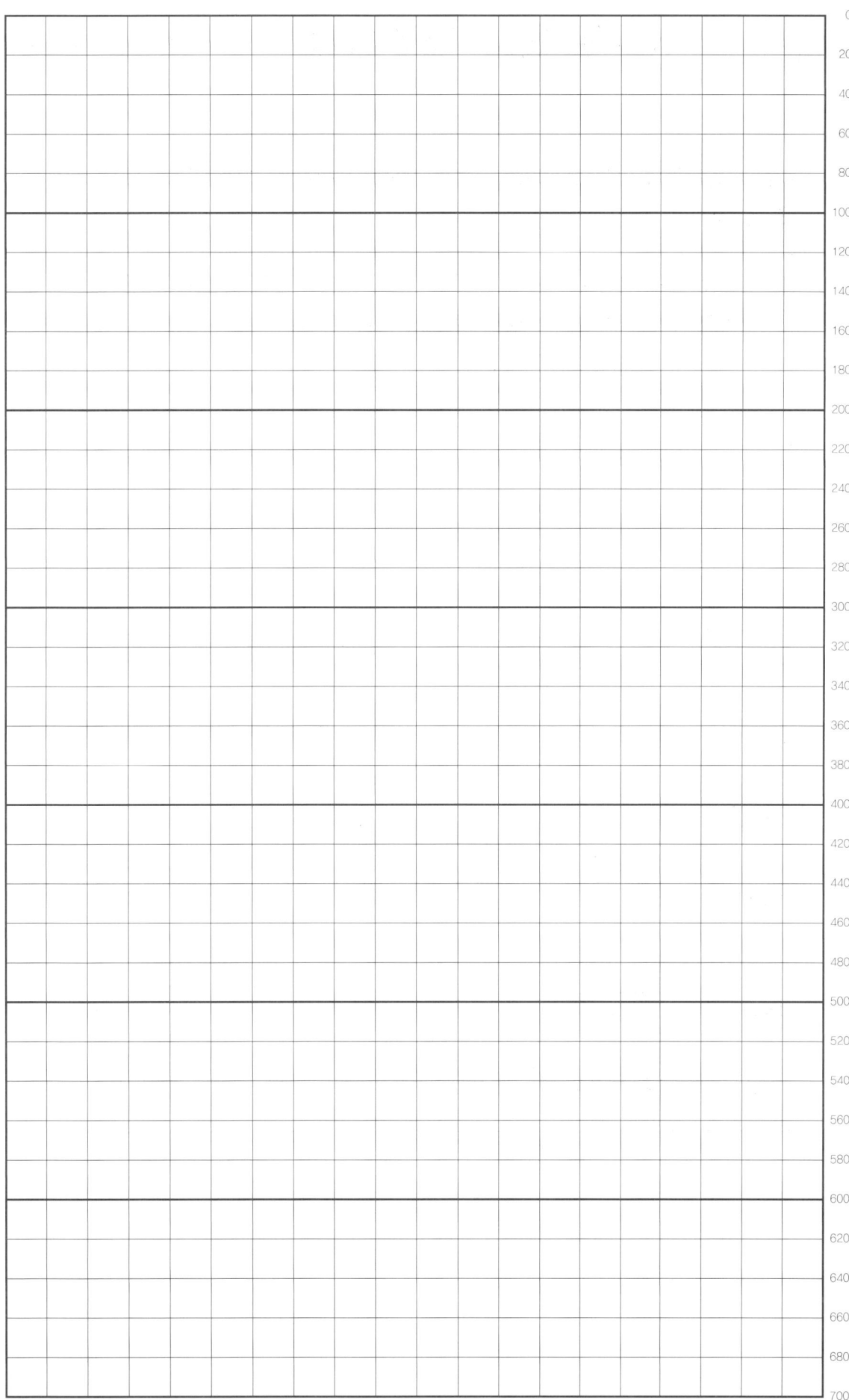

유형 2 | N의 문제점과 해결 방법

권장시간 25~30분

예시 문제

다음을 참고하여 600~700자로 글을 쓰시오. 단, 문제를 그대로 옮겨 쓰지 마시오. (50점)

> 스마트폰은 우리 생활에 편리함을 가져다주었지만 문제점도 있다. 스마트폰 중독과 대책에 대해 아래의 내용을 중심으로 자신의 생각을 쓰라.

- 스마트폰 중독의 문제점은 무엇인가?
- 스마트폰 중독을 해결할 수 있는 방법은 무엇인가?

☑ 유형 분석

- 이 유형에서는 N으로 인해 발생하는 문제점과 해결 방법, N과 같은 문제가 발생한 원인과 해결 방법을 묻습니다.
- 답안의 내용은 [처음]-[중간]-[끝]으로 구성하고 각 단락을 나누어 써야 합니다.
- 다음은 답안의 각 부분에 들어가는 내용입니다. 문제에 따라 요구하는 내용에 차이가 있으므로 각각의 문제에 맞는 내용을 넣어서 답안을 작성해야 합니다.

구 분	답안 구성	풀이 비법
[처 음]	**주제 소개** N의 정의 N의 현황 N의 원인	[처음]은 문제 상황을 소개하는 부분입니다. 현황과 문제의 심각성을 쓰고 필요한 경우 정의나 문제의 발생 원인을 언급하도록 합니다.
[중 간]	**문제점 / 원인** N의 문제점 N의 원인	[중간]에는 문제점이나 원인을 2개 이상 써야 합니다. 주제 자체가 문제 상황인 경우에는 원인을 쓰고 주제로 인해 문제가 발생하는 경우에는 그 문제점에 대해 씁니다.
[끝]	**해결 방법 제시** 해결 방법	[끝]에 제시하는 해결 방법은 [중간]에서 언급한 원인, 문제점과 논리적으로 연결되도록 씁니다.

유형 2 **기본 연습**　　유형 2 실전 연습

54 다음을 참고하여 600~700자로 글을 쓰시오. 단, 문제를 그대로 옮겨 쓰지 마시오. (50점)

> 스마트폰은 우리 생활에 편리함을 가져다주었지만 문제점도 있다. 스마트폰 중독과 대책에 대해 아래의 내용을 중심으로 자신의 생각을 쓰라.　Ⓝ

- 스마트폰 중독의 문제점은 무엇인가? ·· 과제 ①
- 스마트폰 중독을 해결할 수 있는 방법은 무엇인가? ···················· 과제 ②

☑ Step 1 유형 파악하기

이 문제는 주제어 Ⓝ으로 인해 발생하는 문제점에 대해 쓰고 그것을 해결할 수 있는 방법을 서술하는 유형입니다.

처음	Ⓝ의 현황에 대하여 쓴다.
중간	Ⓝ으로 인해 발생하는 문제점을 쓴다. ·················· 과제 ①에 대한 답
끝	Ⓝ을 해결할 수 있는 방법을 쓴다. ·················· 과제 ②에 대한 답

☑ Step 2 내용 생각하기(브레인스토밍)

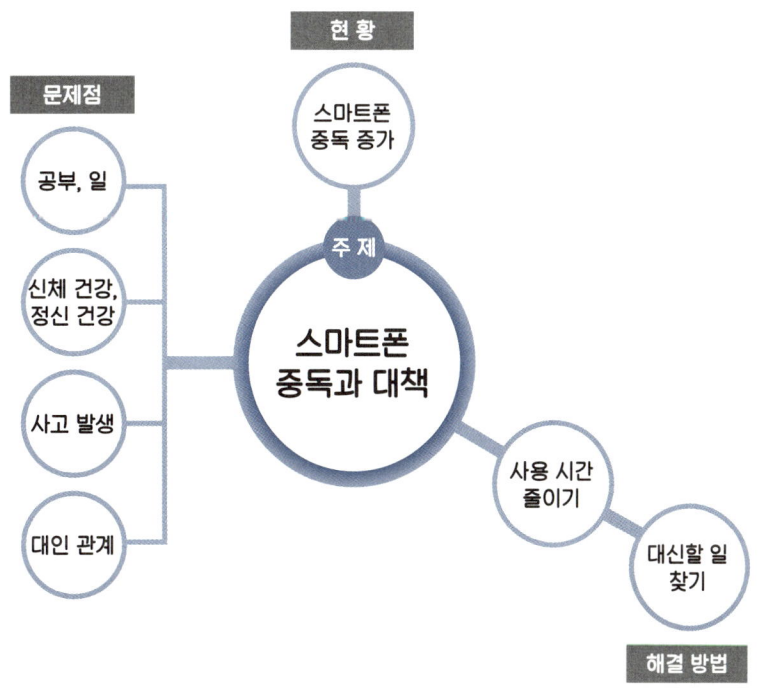

☑ Step 3 개요 쓰기

브레인스토밍에서 떠오른 생각들을 [처음]-[중간]-[끝]에 맞게 배치합니다. [중간]에 쓰는 문제점과 [끝]에 쓰는 해결 방법 사이에는 서로 관련성이 있어야 합니다.

	구조	내용
처음	주제 소개	스마트폰 중독이 증가하고 있음
중간	문제점 1	사고의 위험이 있음
	문제점 2	학업과 업무에 방해가 됨
	문제점 3	건강과 대인 관계에 영향을 줌
끝	해결 방법	사용하는 시간과 공간에 제한을 두기 취미 활동이나 운동 찾기

☑ Step 4 알맞은 표현 떠올리기

	구조	표현
처음	주제 소개	❶ 최근 –고 있다 → 최근 스마트폰의 보급률이 높아지면서 부작용도 함께 나타나고 있다. ❷ 이러한 ~은/는 여러 가지 문제를 낳고 있다 → 이러한 스마트폰 중독 증상은 여러 가지 문제를 낳고 있다.
중간	문제점	❶ 먼저, ~을/를 발생시킬 수 있다 → 먼저, 스마트폰 중독은 사고를 발생시킬 수 있다. ❷ 또한 ~에도 방해가 된다 → 또한 스마트폰 중독은 학업이나 업무에도 방해가 된다. ❸ 그리고 ~에도 악영향을 미친다 → 그리고 스마트폰 중독은 건강에도 악영향을 미친다. ❹ ~에서도 어려움을 겪게 된다 → 대인 관계에서도 어려움을 겪게 된다.
끝	해결 방법	❶ –기 위해서는 –(으)ㄹ 필요가 있다 → 스마트폰 중독에서 벗어나기 위해서는 스마트폰을 사용하는 시간과 공간에 제한을 둘 필요가 있다. ❷ –는 것도 하나의 방법이다 → 취미 활동이나 운동을 하면서 사람들과 교류하는 기회를 갖는 것도 하나의 방법이다.

☑ Step 5 내용 쓰기

처음 ❶ _____ 스마트폰의 보급률이 높아지면서 부작용도 함께 ❷ _____. 스마트폰을 보지 않으면 불안해하고 일상생활에 지장을 줄 정도로 과도하게 사용하는 사람이 많아졌다. 이러한 스마트폰 중독 증상은 ❸ _____.

중간 ❶ _____, 스마트폰 중독은 사고를 발생시킬 수 있다. 길을 걸을 때 스마트폰을 보느라 앞을 보지 않는 사람이 있는가 하면 심지어 운전 중에 스마트폰을 사용하는 사람도 있어 사고로 이어지는 경우가 많다. 또한 스마트폰 중독은 학업이나 업무에도 ❷ _____가 된다. 특히 청소년들의 스마트폰 중독은 심각한 수준이어서 수업에 집중하지 않고 스마트폰을 보는 학생들로 인해 곤란을 겪는 학교가 많다. ❸ _____ 스마트폰 중독은 건강에도 ❹ _____을 미친다. 장시간 스마트폰을 사용하면 눈이 건조해지고 목과 어깨에 통증을 느끼게 되며 수면 장애가 나타나기도 한다. 불안함과 우울함 또한 자주 느끼게 되고 사람들과 직접적으로 교류한 경험이 부족한 탓에 대인 관계에서도 어려움을 ❺ _____.

끝 스마트폰 중독에서 벗어나기 ❶ _____ 스마트폰을 사용하는 시간과 공간에 제한을 둘 필요가 있다. 스마트폰을 사용할 시간을 미리 정해 놓고 집중해야 할 일이 있을 때에는 스마트폰을 다른 공간에 두는 것이 좋다. 그리고 여가 시간에 스마트폰 대신 취미 활동이나 운동을 하면서 사람들과 교류하는 기회를 갖는 것도 ❷ _____.

🔒 모범 답안

처음 ① 최근 ② 나타나고 있다 ③ 여러 가지 문제를 낳고 있다
중간 ① 먼저 ② 방해 ③ 그리고 ④ 악영향 ⑤ 겪게 된다
끝 ① 위해서는 ② 하나의 방법이다

유형 2 기본 연습　　　　유형 2 **실전 연습**

01

다음을 참고하여 600~700자로 글을 쓰시오. 단, 문제를 그대로 옮겨 쓰지 마시오. (50점)

> 세계 쓰레기 배출량은 연 7억 5천만 톤에 달한다고 한다. 쓰레기 배출량 증가와 대책에 대해 아래의 내용을 중심으로 자신의 생각을 쓰라.

- 쓰레기 배출량 증가의 원인은 무엇인가?
- 쓰레기 배출량 증가 문제를 어떻게 해결해야 하는가?

※ 브레인스토밍으로 쓸 내용을 생각하면서 아래 개요를 작성해 봅시다.

개요 쓰기

	구조	내용
처음	주제 소개	
중간	문제점 / 원인	
끝	해결 방법 제시	

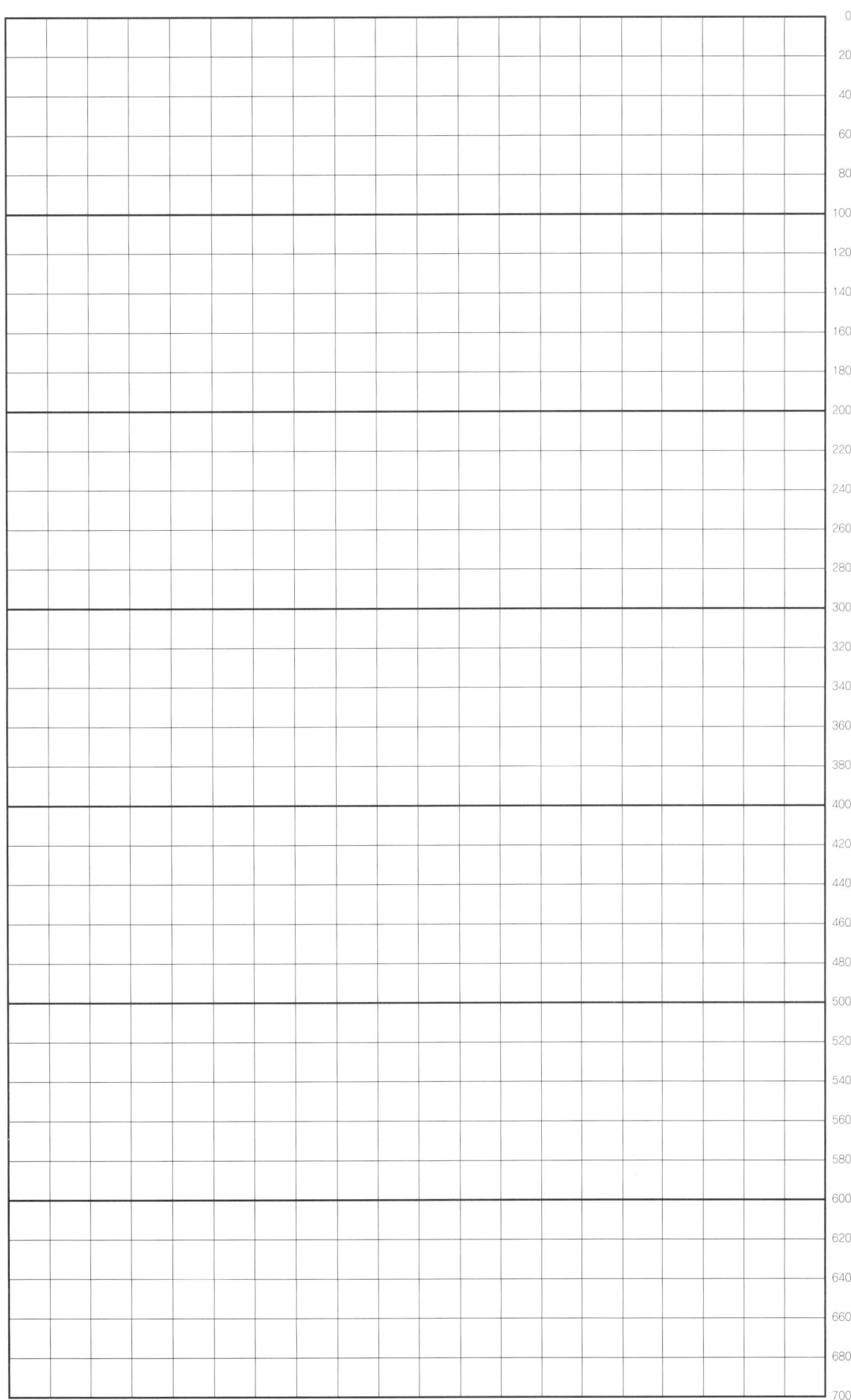

02

다음을 참고하여 600~700자로 글을 쓰시오. 단, 문제를 그대로 옮겨 쓰지 마시오. (50점)

> 전 세계적으로 고령화의 속도가 빨라지고 있다. 고령화 사회의 문제점과 대책에 대해 아래의 내용을 중심으로 자신의 생각을 쓰라.

- 고령화 사회의 문제점은 무엇인가?
- 고령화 사회의 문제를 어떻게 해결해야 하는가?

※ 브레인스토밍으로 쓸 내용을 생각하면서 아래 개요를 작성해 봅시다.

개요 쓰기

	구조	내용
처음	주제 소개	
중간	문제점 / 원인	
끝	해결 방법 제시	

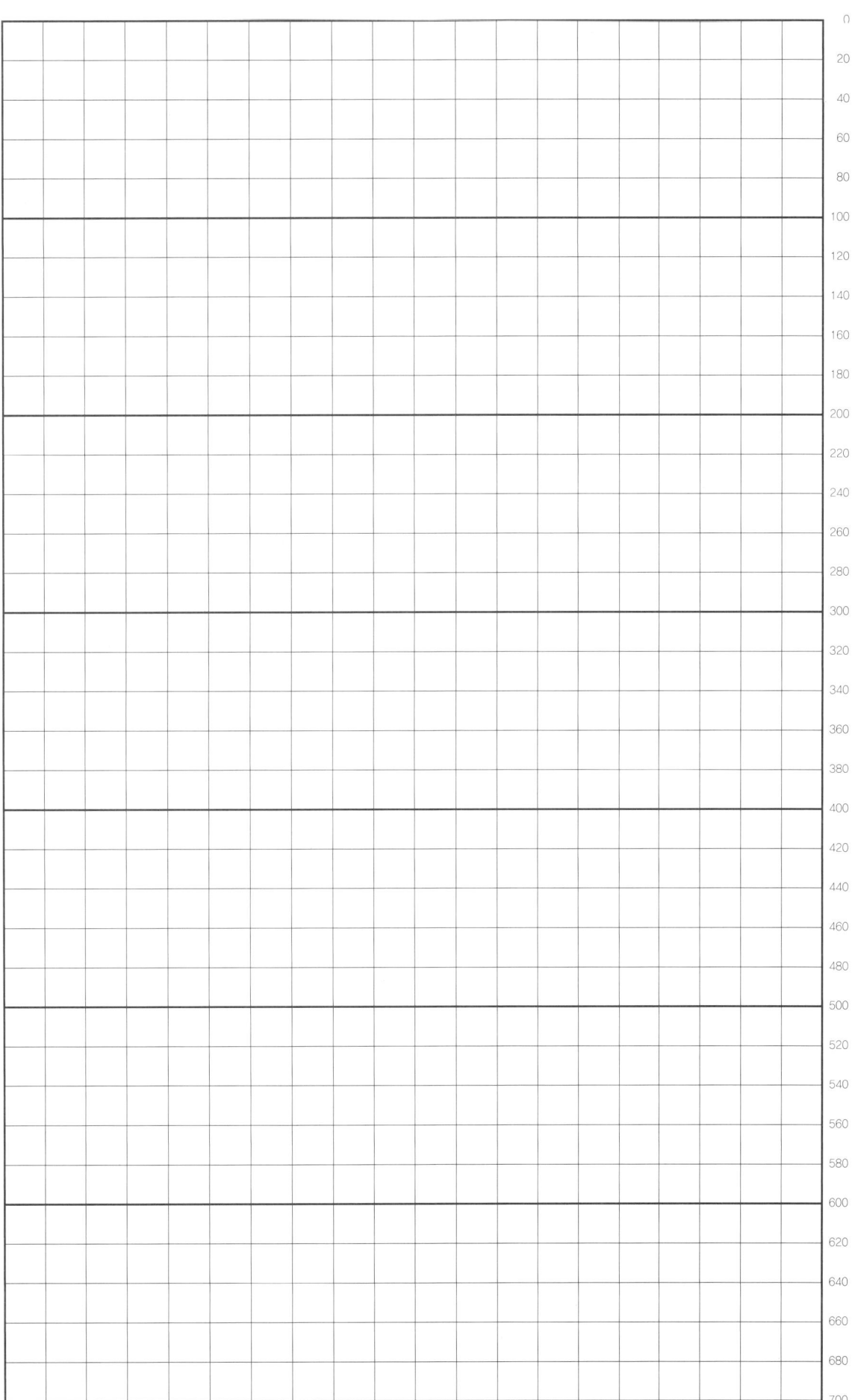

03

다음을 참고하여 600~700자로 글을 쓰시오. 단, 문제를 그대로 옮겨 쓰지 마시오. (50점)

> 학교 폭력의 피해를 막을 수 있는 대책이 필요하다는 목소리가 높다. 학교 폭력의 원인과 대책에 대해 아래의 내용을 중심으로 자신의 생각을 쓰라.

- 학교 폭력의 원인은 무엇인가?
- 학교 폭력 문제를 어떻게 해결해야 하는가?

※ 브레인스토밍으로 쓸 내용을 생각하면서 아래 개요를 작성해 봅시다.

개요 쓰기

	구조	내용
처음	주제 소개	
중간	문제점 / 원인	
끝	해결 방법 제시	

유형 3 · N에 대한 찬성 또는 반대

 권장시간 25~30분

예시 문제

다음을 참고하여 600~700자로 글을 쓰시오. 단, 문제를 그대로 옮겨 쓰지 마시오. (50점)

> 자연을 개발해야 한다는 주장과 자연을 그대로 보존해야 한다는 주장이 있다. 자연 개발에 대해 아래의 내용을 중심으로 자신의 생각을 쓰라.

- 자연을 개발하는 것에 찬성하는가, 반대하는가?
- 그렇게 생각하는 이유는 무엇인가? (2가지 이상)

☑ 유형 분석

- 이 유형에서는 N에 대한 찬성과 반대 의견 중 어느 것에 동의하며 그 이유가 무엇인지 묻습니다.
- 답안의 내용은 [처음]-[중간]-[끝]으로 구성하고 각 단락을 나누어 써야 합니다.
- 다음은 답안의 각 부분에 들어가는 내용입니다. 문제에 따라 요구하는 내용에 차이가 있으므로 각각의 문제에 맞는 내용을 넣어서 답안을 작성해야 합니다.

구 분	답안 구성	풀이 비법
[처음]	주제 소개 입장 선택 N에 대한 찬반 나의 입장	[처음]에는 주제 소개와 자신의 입장을 씁니다. 자신의 의견과 다른 주장을 제시한 후 그것에 반대하여 자신의 입장을 드러내면 글이 풍부해집니다.
[중간]	입장에 대한 근거 찬성하는 근거 / 반대하는 근거	[중간]에는 자신의 입장을 충분히 뒷받침해 줄 수 있는 근거가 필요합니다. 근거는 적어도 2개 이상 제시해야 합니다.
[끝]	요약 입장 강조 내용 요약 필요한 대책 가져야 할 태도	[끝]은 자신의 주장을 마무리하는 단계이므로 새로운 내용이 들어가지 않도록 주의합니다.

유형 3 기본 연습

54 다음을 참고하여 600~700자로 글을 쓰시오. 단, 문제를 그대로 옮겨 쓰지 마시오. (50점)

> 자연을 개발해야 한다는 주장과 자연을 그대로 보존해야 한다는 주장이 있다. 자연 개발Ⓝ에 대해 아래의 내용을 중심으로 자신의 생각을 쓰라.

- 자연을 개발하는 것에 찬성하는가, 반대하는가? ········· 과제 ①
- 그렇게 생각하는 이유는 무엇인가? (2가지 이상) ········· 과제 ②

☑ Step 1 유형 파악하기

이 문제는 주제어 Ⓝ과 관련된 두 가지의 입장, 즉 찬성과 반대 중 한 가지를 선택하여 **자신의 입장**과 **그 근거**를 밝히는 유형입니다.

처음	Ⓝ에 대해 설명하고 나의 입장을 선택한다. ·········	과제 ①에 대한 답
중간	나의 입장을 뒷받침할 근거를 2가지 쓴다. ·········	과제 ②에 대한 답
끝	내용을 요약하고 나의 입장을 다시 한번 강조한다.	

☑ Step 2 내용 생각하기(브레인스토밍)

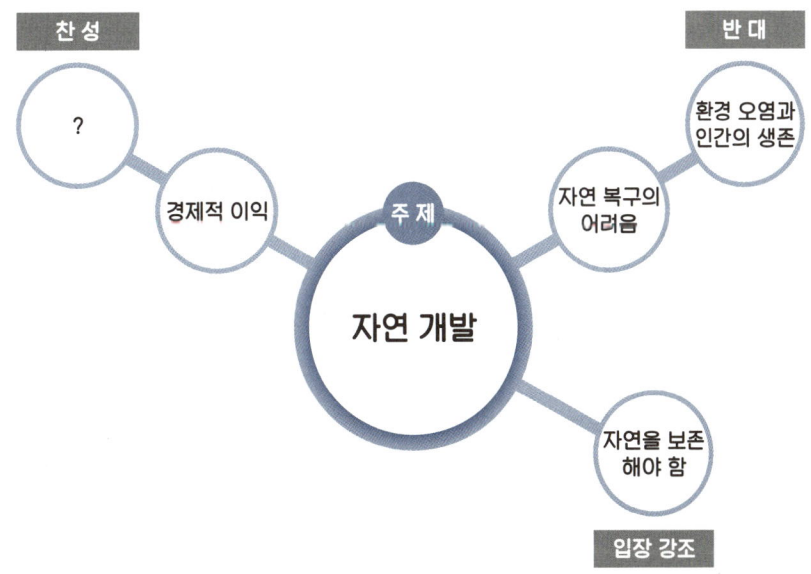

☑ Step 3 개요 쓰기

브레인스토밍에서 떠오른 생각들을 [처음]-[중간]-[끝]에 적절하게 배치합니다. 개요를 쓸 때는 처음부터 끝까지 일관성 있는 주장을 하고 있는지 확인을 하면서 써야 합니다.

	구조	내용
처음	주제 소개	자연 개발에 대한 찬반 양론이 있음
	입장 선택	개발을 막고 자연을 보존해야 한다고 생각함
중간	근거 1	훼손된 환경은 복구가 어려움
	근거 2	환경 오염으로 인간의 생존도 위협받게 됨
끝	요약 입장 강조	자연을 보존하도록 노력해야 함

☑ Step 4 알맞은 표현 떠올리기

	구조	표현
처음	주제 소개	❶ -(으)면서 -는 목소리도 높다 　→ 자연 개발이 활발해지면서 자연 훼손을 우려하는 목소리도 높다. ❷ 이에 ~을 놓고 -다는 의견과 -다는 의견이 팽팽히 맞서고 있다 　→ 이에 자연 개발을 놓고 개발이 필요하다는 의견과 자연을 그대로 보존해야 한다는 의견이 팽팽히 맞서고 있다. ❸ ~는 사람들은 -다고 말한다 　→ 자연 개발에 찬성하는 사람들은 경제적 이익을 얻을 수 있기 때문에 개발을 해야 한다고 말한다.
	입장 선택	❹ 그러나 나는 -다고 생각한다 　→ 그러나 나는 자연을 보존해야 한다고 생각한다.
중간	근거	❶ 그 이유는 첫째 ~기 때문이다 　→ 그 이유는 첫째, 한번 훼손된 자연환경은 복구되기가 매우 어렵거나 불가능하기 때문이다. ❷ 물론 모든 ~이/가 -는 것은 아니다 　→ 물론 모든 자연 개발이 심각한 자연 파괴를 유발하는 것은 아니다. ❸ 그러나 -는 경우가 많다 　→ 그러나 개발 과정에서 발생하는 자연 훼손과 환경 오염은 불가피하며 결국 자연 파괴로 이어지는 경우가 많다. ❹ 둘째 ~기 때문이다 　→ 둘째, 자연을 보존하는 것은 인간의 생명을 지키는 일이기 때문이다.
끝	요약 입장 강조	❶ 이처럼 -(으)면 - 게 된다 　→ 이처럼 눈앞의 이익만을 좇아 자연을 개발하면 소중한 자연을 잃고 결국 인간이 살아갈 터전마저 잃게 된다. ❷ 그러므로 -도록 -아/어야 한다 　→ 그러므로 우리 자신을 위해서 개발을 억제하고 자연을 보존하도록 노력해야 한다.

☑ Step 5 내용 쓰기

처음 전 세계적으로 자연 개발이 활발해지면서 개발에 따른 자연 훼손을 우려하는 ❶ _____ 높다. 이에 자연 개발을 놓고 개발이 필요하다는 의견과 자연을 그대로 보존해야 한다는 의견이 팽팽히 ❷ _____. 자연 개발에 찬성하는 ❸ _____ 개발을 통해 경제적 이익을 얻을 수 있기 때문에 개발을 해야 한다고 말한다. ❹ _____ 나는 자연을 보존해야 한다고 생각한다.

중간 ❶ _____ 첫째, 한번 훼손된 자연환경은 복구되기가 매우 어렵거나 불가능하기 때문이다. 개발로 인해 자연환경이 훼손되면 원래의 모습을 되찾는 데 오랜 시간이 걸리고 그 손상이 심한 경우 복구가 불가능해진다. ❷ _____ 모든 자연 개발이 심각한 자연 파괴를 유발하는 것은 아니다. ❸ _____ 개발 과정에서 발생하는 자연 훼손과 환경 오염은 불가피하며 결국 자연 파괴로 이어지는 경우가 많다.

❹ _____, 자연을 보존하는 것은 인간의 생명을 지키는 일이기 때문이다. 세계 곳곳의 무분별한 자연 개발은 생태계 파괴는 물론이고 환경 오염까지 초래하였다. 그 결과 이상 기후가 나타나고 자연재해가 발생해 피해를 입는 곳이 늘었다. 더 나은 삶을 위한 인간의 선택이 오히려 인간의 생존을 위협하게 된 것이다.

끝 ❶ _____ 눈앞의 이익만을 좇아 자연을 개발하면 소중한 자연을 잃고 결국 인간이 살아갈 터전마저 잃게 된다. ❷ _____ 우리 자신을 위해서 개발을 억제하고 자연을 보존하도록 노력해야 한다.

🔓 모범 답안

처음 ① 목소리도 ② 맞서고 있다 ③ 사람들은 ④ 그러나
중간 ① 그 이유는 ② 물론 ③ 그러나 ④ 둘째
끝 ① 이처럼 ② 그러므로

유형 3 기본 연습 | 유형 3 **실전 연습**

01

다음을 참고하여 600~700자로 글을 쓰시오. 단, 문제를 그대로 옮겨 쓰지 마시오. (50점)

> 동물 실험이 필요하다는 의견과 동물 실험을 금지해야 한다는 의견이 있다. 동물 실험에 대해 아래의 내용을 중심으로 자신의 생각을 쓰라.

- 동물 실험에 찬성하는가, 반대하는가?
- 그렇게 생각하는 이유는 무엇인가? (2가지 이상)

※ 브레인스토밍으로 쓸 내용을 생각하면서 아래 개요를 작성해 봅시다.

개요 쓰기

	구조	내 용
처음	주제 소개 입장 선택	
중간	입장에 대한 근거	
끝	요약 입장 강조	

02

다음을 참고하여 600~700자로 글을 쓰시오. 단, 문제를 그대로 옮겨 쓰지 마시오. (50점)

> 안락사를 허용해야 한다는 주장이 있다. 그러나 안락사 허용을 반대하는 사람도 적지 않다. 안락사 허용에 대해 아래의 내용을 중심으로 자신의 생각을 쓰라.

- 안락사 허용에 찬성하는가, 반대하는가?
- 그렇게 생각하는 이유는 무엇인가? (2가지 이상)

※ 브레인스토밍으로 쓸 내용을 생각하면서 아래 개요를 작성해 봅시다.

개요 쓰기

	구조	내 용
처음	주제 소개 입장 선택	
중간	입장에 대한 근거	
끝	요약 입장 강조	

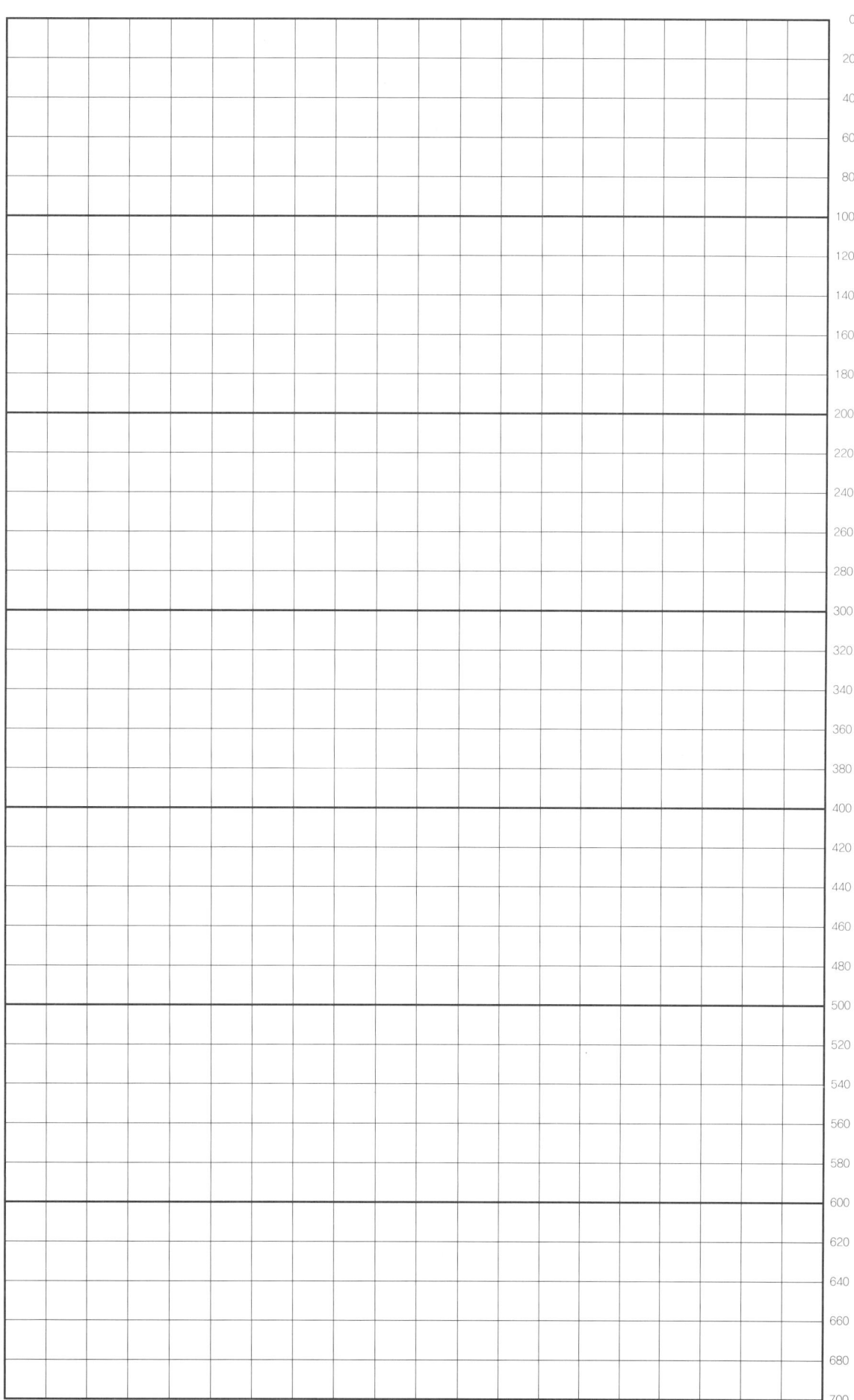

03

다음을 참고하여 600~700자로 글을 쓰시오. 단, 문제를 그대로 옮겨 쓰지 마시오. (50점)

> 금연 구역이 확대된다는 소식이 들릴 때마다 사람들의 반응이 엇갈리고 있다. 금연 구역을 확대하는 것에 대해 아래의 내용을 중심으로 자신의 생각을 쓰라.

- 금연 구역 확대에 찬성하는가, 반대하는가?
- 그렇게 생각하는 이유는 무엇인가? (2가지 이상)

※ 브레인스토밍으로 쓸 내용을 생각하면서 아래 개요를 작성해 봅시다.

개요 쓰기

	구조	내용
처음	주제 소개 입장 선택	
중간	입장에 대한 근거	
끝	요약 입장 강조	

유형 4   N의 긍정적 측면과 부정적 측면

⏱ 권장시간 25~30분

예시 문제

다음을 참고하여 600~700자로 글을 쓰시오. 단, 문제를 그대로 옮겨 쓰지 마시오. (50점)

> 우리는 생활 속에서 수많은 광고를 접하고 있다. 광고의 긍정적 측면과 부정적 측면에 대해 아래의 내용을 중심으로 자신의 생각을 쓰라.
>
> • 광고가 가지고 있는 긍정적인 기능은 무엇인가?
> • 광고가 가지고 있는 부정적인 측면은 무엇인가?

☑ 유형 분석

- 이 유형에서는 N이 가지고 있는 긍정적 측면과 부정적 측면이 무엇인지 묻습니다.
- 답안의 내용은 [처음]-[중간]-[끝]으로 구성하고 각 단락을 나누어 써야 합니다.
- 다음은 답안의 각 부분에 들어가는 내용입니다. 문제에 따라 요구하는 내용에 차이가 있으므로 각각의 문제에 맞는 내용을 넣어서 답안을 작성해야 합니다.

구 분	답안 구성	풀이 비법
[처음]	주제 소개 N의 정의 N의 현황	[처음]에는 주제에 대한 기본적인 사항을 알 수 있도록 정의나 현황을 쓰는 것이 좋습니다.
[중간]	긍정적·부정적 측면 구체적인 이유	[중간]은 긍정적인 측면과 부정적인 측면에 대한 설명입니다. 양쪽을 객관적인 관점으로 살펴보고 비슷한 분량으로 서술해야 합니다. 보통 긍정적인 측면부터 설명하지만 문제에 따라 순서가 바뀔 수 있습니다.
[끝]	태도·방향 제시 내용 요약 필요한 대책 가져야 할 태도	[끝]에는 [중간]에서 서술한 내용의 요약이나 필요한 태도를 씁니다. 전체 내용을 종합할 수 있는 태도나 대책을 제시해야 합니다.

유형 4 기본 연습 | 유형 4 실전 연습

54 다음을 참고하여 600~700자로 글을 쓰시오. 단, 문제를 그대로 옮겨 쓰지 마시오. (50점)

> ⓝ
> 우리는 생활 속에서 수많은 광고를 접하고 있다. 광고의 긍정적 측면과 부정적 측면에 대해 아래의 내용을 중심으로 자신의 생각을 쓰라.
>
> • 광고가 가지고 있는 **긍정적인 기능**은 무엇인가? ·········· 과제 ①
> • 광고가 가지고 있는 **부정적인 측면**은 무엇인가? ·········· 과제 ②

☑ Step 1 유형 파악하기

이 문제는 주제어 ⓝ이 가지는 **긍정적인 측면**과 **부정적인 측면**을 서술하는 유형입니다.

처음	ⓝ을 소개한다.
중간	ⓝ의 긍정적인 측면과 부정적인 측면을 쓴다. ········ 과제 ①, ②에 대한 답
끝	ⓝ과 관련해 가져야 할 태도에 대해 쓴다.

☑ Step 2 내용 생각하기(브레인스토밍)

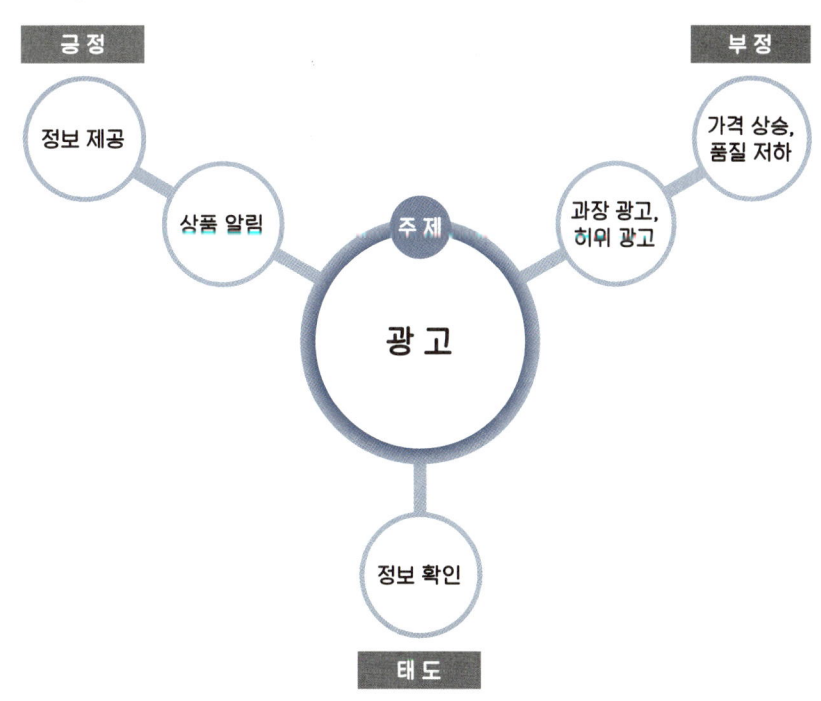

☑ Step 3 개요 쓰기

브레인스토밍에서 떠오른 생각들을 [처음]-[중간]-[끝]에 적절하게 배치합니다. 이때, 긍정적 측면과 부정적 측면 양쪽의 분량을 모두 고려해야 합니다.

	구조	내용
처음	주제 소개	광고를 자주 접하고 있음
중간	긍정적 측면	소비자에게 상품을 알림 상품 정보를 제공함
	부정적 측면	과장 광고, 허위 광고의 피해가 발생함 가격 상승과 품질 저하의 원인이 됨
끝	태도	정보를 확인하고 가격과 품질을 비교해야 함

☑ Step 4 알맞은 표현 떠올리기

	구조	표현
처음	주제 소개	❶ 우리는 -게 된다 → 우리는 매일 일상생활 속에서 광고를 보게 된다. ❷ ~을/를 비롯해(서) → 신문을 비롯해서 텔레비전, 인터넷 등 다양한 매체를 통해 광고를 접하고 있다.
중간	긍정적 측면	❶ ~은/는 -다는 점에서 긍정적인 면이 있다 → 광고는 상품을 소비자에게 널리 알릴 수 있다는 점에서 긍정적인 면이 있다. ❷ ~은/는 -(으)ㅁ으로써 -도록 해 준다 → 광고는 소비자들이 필요로 하는 정보를 제공함으로써 상품을 쉽게 구매할 수 있도록 해 준다.
	부정적 측면	❸ 그러나 ~에 긍정적인 기능만 있는 것은 아니다 → 그러나 광고에 긍정적인 기능만 있는 것은 아니다. ❹ ~은/는 -는 데 방해가 된다 → 과장 광고나 허위 광고는 소비자들이 정확한 판단을 하는 데 방해가 된다. ❺ ~(으)로 인해 -(으)ㄹ 우려도 있다 → 광고 비용으로 인해 상품의 가격이 상승하면서 품질 저하로 이어질 우려도 있다.
끝	태도	❶ 이처럼 ~은/는 긍정적인 면과 부정적인 면을 함께 가지고 있다 → 이처럼 광고는 긍정적인 면과 부정적인 면을 함께 가지고 있다. ❷ 그러므로 -아/어야 한다 → 그러므로 소비자들은 광고를 통해 얻은 정보를 확인하고 가격과 품질을 잘 따져서 현명한 소비를 할 수 있도록 해야 한다.

☑ Step 5 내용 쓰기

처음 우리는 매일 일상생활 속에서 광고를 ❶ _____. ❷ _____ 텔레비전, 인터넷 등 다양한 매체를 통해 여러 가지 광고를 접하고 있다. 이렇게 접하는 광고는 사람들의 소비에 영향을 미친다.

중간 광고는 상품을 소비자에게 널리 알릴 수 있다는 점에서 ❶ _____. 소비자들은 광고를 통해 상품을 알게 되는 경우가 많다. 그리고 광고는 상품에 대한 정보를 제공해 준다. 따라서 소비자가 직접 상품을 찾아서 알아보지 않더라도 어떤 특징이 있는지 쉽게 파악할 수 있으며 유사한 상품들과의 비교도 가능하다. 즉, 광고는 소비자들이 필요로 하는 정보를 ❷ _____ 상품을 쉽게 구매할 수 있도록 해 준다.

그러나 광고에 ❸ _____. 상품을 홍보하기 위해 상품의 장점만을 부각시켜서 실제와 다른 정보를 전달하는 부정적인 사례도 있다. 이러한 과장 광고나 허위 광고는 소비자들이 정확한 판단을 하는 데 ❹ _____. 그 결과 광고에 속아서 불필요한 상품이나 기대에 못 미치는 상품을 구매하는 피해도 발생하게 된다. 또한 광고 비용으로 인해 상품의 가격이 상승하면서 품질 저하로 이어질 ❺ _____.

끝 이처럼 광고는 ❶ _____ 함께 가지고 있다. ❷ _____ 소비자들은 광고를 통해 얻은 정보를 다시 한번 확인하고 가격과 품질을 잘 따져서 현명한 소비를 할 수 있도록 해야 한다.

🔒 모범 답안

처음 ① 보게 된다 ② 신문을 비롯해(서)
중간 ① 긍정적인 면이 있다 ② 제공함으로써
　　　③ 긍정적인 기능만 있는 것은 아니다 ④ 방해가 된다 ⑤ 우려도 있다
끝 ① 긍정적인 면과 부정적인 면을 ② 그러므로

유형 4 기본 연습 | 유형 4 실전 연습

01

다음을 참고하여 600~700자로 글을 쓰시오. 단, 문제를 그대로 옮겨 쓰지 마시오. (50점)

> 사람이 타지 않고 무선으로 조종할 수 있는 무인 항공기를 드론이라고 한다. 최근 드론에 대한 사람들의 관심이 높아지고 있다. 드론 사용의 긍정적 측면과 부정적 측면에 대해 아래의 내용을 중심으로 자신의 생각을 쓰라.

- 드론 사용의 긍정적인 측면은 무엇인가?
- 드론 사용의 부정적인 측면은 무엇인가?

※ 브레인스토밍으로 쓸 내용을 생각하면서 아래 개요를 작성해 봅시다.

개요 쓰기

	구 조	내 용
처음	주제 소개	
중간	긍정적 · 부정적 측면	
끝	태도 · 방향 제시	

02

다음을 참고하여 600~700자로 글을 쓰시오. 단, 문제를 그대로 옮겨 쓰지 마시오. (50점)

> 현대인들 대부분은 스트레스를 경험하며 살아가고 있다. 스트레스의 부정적 측면과 긍정적 측면에 대해 아래의 내용을 중심으로 자신의 생각을 쓰라.

- 스트레스의 부정적인 측면은 무엇인가?
- 스트레스가 가지고 있는 긍정적인 효과는 무엇인가?

※ 브레인스토밍으로 쓸 내용을 생각하면서 아래 개요를 작성해 봅시다.

개요 쓰기

	구조	내용
처음	주제 소개	
중간	긍정적·부정적 측면	
끝	태도·방향 제시	

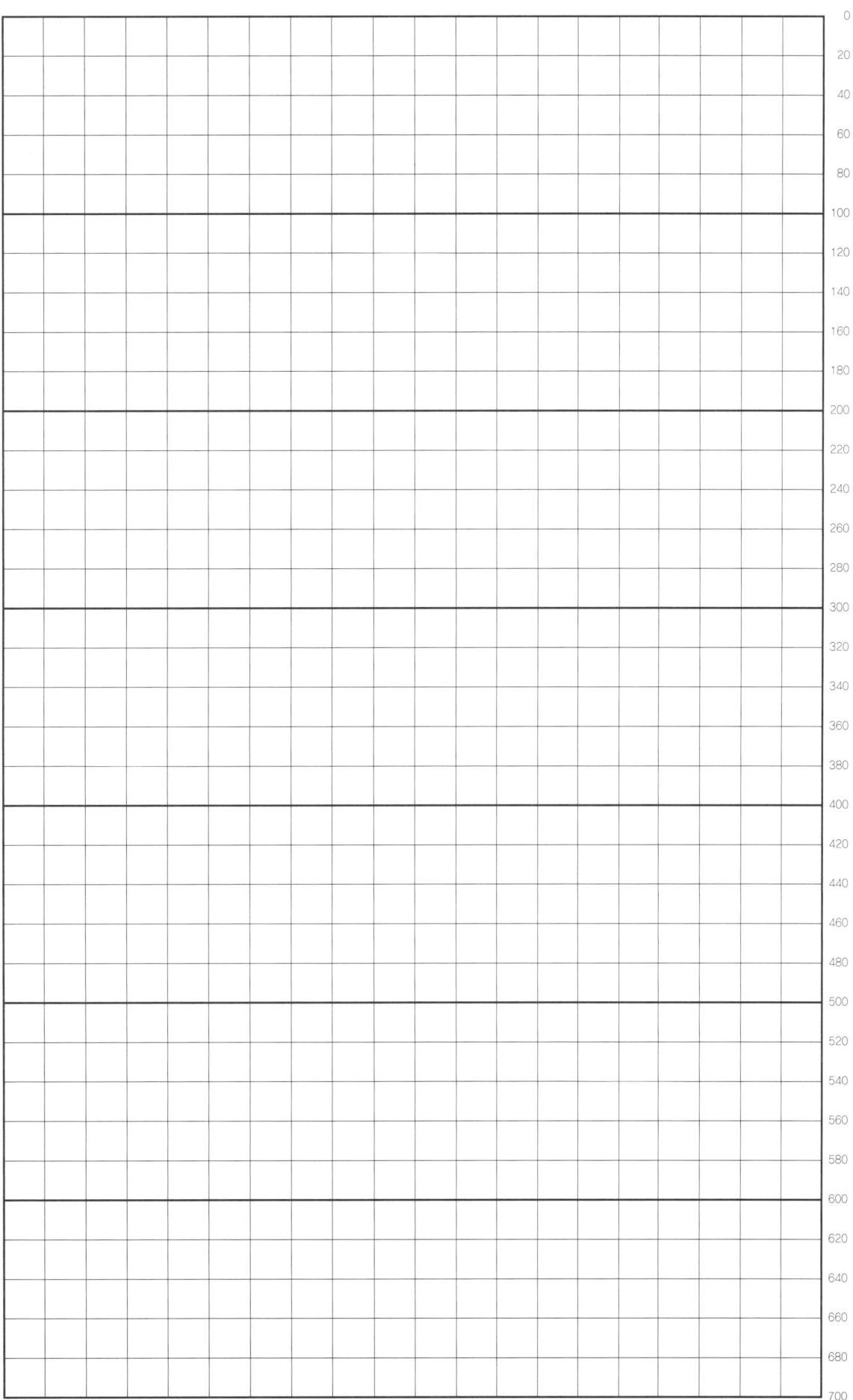

03

다음을 참고하여 600~700자로 글을 쓰시오. 단, 문제를 그대로 옮겨 쓰지 마시오. (50점)

> 한국에 거주하는 외국인의 수가 크게 늘면서 다문화 가정도 증가하고 있다. 다문화 사회의 긍정적 측면과 부정적 측면에 대해 아래의 내용을 중심으로 자신의 생각을 쓰라.

- 다문화 사회의 긍정적인 측면은 무엇인가?
- 다문화 사회의 부정적인 측면은 무엇인가?

※ 브레인스토밍으로 쓸 내용을 생각하면서 아래 개요를 작성해 봅시다.

개요 쓰기

	구조	내용
처음	주제 소개	
중간	긍정적 · 부정적 측면	
끝	태도 · 방향 제시	

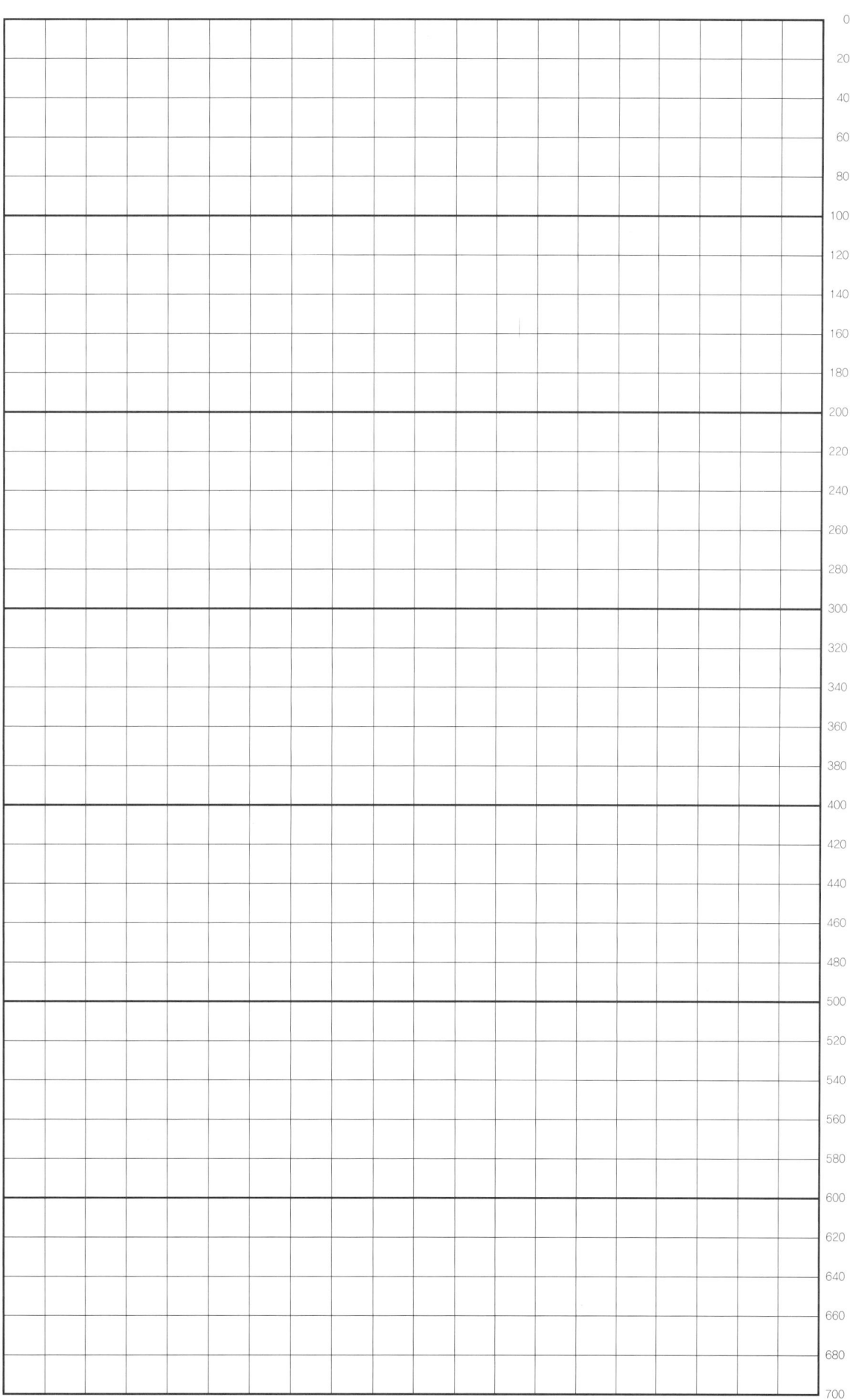

무엇이든 넓게 경험하고 파고들어
스스로를 귀한 존재로 만들어라.

– 세종대왕 –

PART 03

작문 표현 사전

CHAPTER 01 53번 필수 표현

찾아보기

- **그래프를 설명하는 표현** Expressions for describing a graph
  - (1) 조사 대상과 조사 내용을 말할 때 When explaining subjects and contents for research ···· 115
  - (2) 조사 대상별 결과를 말할 때 When explaining results for research subjects ···· 115
  - (3) 조사 결과를 비교할 때 When comparing research results ···· 116
  - (4) 조사한 내용을 밝힐 때 When presenting researched contents ···· 117
  - (5) 가장 높은 순위를 말할 때 When telling the highest ranking ···· 117
  - (6) 다음 순위를 말할 때 When telling the following ranking ···· 118
  - (7) 순위를 순서대로 말할 때 When telling the ranking in order ···· 119
  - (8) 숫자가 클 때 When the number is big ···· 119
  - (9) 숫자가 작을 때 When the number is small ···· 120
  - (10) 대략적으로 말할 때 When speaking broadly ···· 120
  - (11) 분석 결과를 말할 때 When providing analysis results ···· 121
  - (12) 변화의 추세를 말할 때 When describing the trend of change ···· 121
  - (13) 연도별 변화를 비교할 때 When comparing changes by year ···· 122
  - (14) 변화의 원인을 말할 때 When explaining the cause of change ···· 124
  - (15) 전망을 말할 때 When telling prospect ···· 125

- **说明图表时用的词汇**   グラフを説明する表現
  - (1) 讲调查的对象和内容时　調査対象と調査内容を言うとき ···· 115
  - (2) 讲不同调查对象的结果时　調査対象別の結果を言うとき ···· 115
  - (3) 比较调查结果时　調査の結果を比較するとき ···· 116
  - (4) 说明调查内容时　調査した内容を明らかにするとき ···· 117
  - (5) 说出最高排名时　1番高い順位を言うとき ···· 117
  - (6) 说出下一排名时　次の順位を言うとき ···· 118
  - (7) 按排名顺序说明时　順位を順番に言うとき ···· 119
  - (8) 数字大的时候　数字が大きいとき ···· 119
  - (9) 数字小的时候　数字が小さいとき ···· 120
  - (10) 大体说明时　大まかに言うとき ···· 120
  - (11) 说出分析结果时　分析の結果を言うとき ···· 121
  - (12) 谈变化趋势时　変化の傾向を言うとき ···· 121
  - (13) 比较每年度的变化　年度別の変化を比較するとき ···· 122
  - (14) 说明变化的原因时　変化の原因を言うとき ···· 124
  - (15) 讲前途时　見通しを言うとき ···· 125

그래프를 설명하는 표현

Expressions for describing a graph / 说明图表时用的词汇 / グラフを説明する表現

(1) 조사 대상과 조사 내용을 말할 때 When explaining subjects and contents for research / 讲调查的对象和内容时 / 調査対象と調査内容を言うとき

> • N을/를 대상으로 N에 대해 조사하였다
> • N에 대해 조사한 결과[N에 대해 살펴보면] ~ 나타났다

누구에게 무엇을 조사하였는지 소개하는 표현입니다. 조사 결과를 설명하는 글을 시작할 때 사용합니다.

 • 성인 남녀 1000명을 대상으로 선호하는 여가 활동에 대해 조사하였다.
• 청소년의 식습관에 대해 조사한 결과 식습관에 문제가 많은 것으로 나타났다.

• 위 표현을 사용하여 문장을 완성하십시오.

> 교사와 학생 500명 / 효과적인 작문 연습 방법

➡

(2) 조사 대상별 결과를 말할 때 When explaining results for research subjects / 讲不同调查对象的结果时 / 調査対象別の結果を言うとき

> N의 경우 A/V-다는 응답이 ~ 나타났다

조사 대상이 두 집단 이상일 때 사용하는 표현입니다. 어느 집단의 조사 결과인지 나타낼 때 사용합니다.

 • 남자의 경우 취미 용품을 구입한다는 응답이 45%로 가장 높게 나타났다.
• 여자의 경우 의류를 구입한다는 응답이 가장 높게 나타났다.

• 위 표현을 사용하여 문장을 완성하십시오.

> 교사 / 좋은 글을 많이 읽어야 한다 (45%)

➡

(3) 조사 결과를 비교할 때
When comparing research results / 比较调查结果时 / 調査の結果を比較するとき

반면에[이와 달리]

두 집단의 조사 결과가 차이를 보일 때 사용합니다.

> 예 남자의 경우 취미 용품을 구입한다는 응답이 45%로 가장 높게 나타났다. <u>반면에</u> 여자는 의류가 40%로 가장 높게 나타났다.

• 위 표현을 사용하여 문장을 완성하십시오.

> 학생 / 다양한 주제로 글을 써야 한다 (55%)

➡ 교사의 경우 좋은 글을 많이 읽어야 한다는 응답이 45%로 가장 높게 나타났다. _____

N와/과 N 모두

두 집단의 조사 결과가 동일하게 나타날 때 사용합니다.

> 예 • 남자<u>와</u> 여자 <u>모두</u> TV 시청을 가장 자주 하는 것으로 나타났다.
> • 한국인<u>과</u> 외국인 <u>모두</u> 불고기를 좋아하는 것으로 나타났다.

• 위 표현을 사용하여 문장을 완성하십시오.

> 학생 / 직장인 / 아침을 먹지 않는 사람이 더 많다

➡ _____

(4) 조사한 내용을 밝힐 때
When presenting researched contents / 说明调查内容时 / 調査した内容を明らかにするとき

- A/V-는가라는 질문에는 ~ 나타났다
- N(으)로는[N의 경우] ~ 나타났다

무엇에 대해 질문했는지 조사한 내용을 구체적으로 밝힐 때 사용합니다.

예
- 운동의 필요성을 느끼는가라는 질문에는 그렇다는 응답이 62%로 나타났다.
- 운동을 안 하는 이유로는 시간이 부족해서가 41%로 가장 높게 나타났다.
- 운동 횟수의 경우 운동을 전혀 하지 않는다는 응답이 40%로 가장 높게 나타났다.

- 위 표현을 사용하여 문장을 완성하십시오.

여가 시간에 무엇을 하는가

➡ _____ TV 시청을 한다는 응답이 41%로 나타났다.

(5) 가장 높은 순위를 말할 때
When telling the highest ranking / 说出最高排名时 / 1番高い順位を言うとき

- A/V-다는 응답이 ~%로 가장 높게 나타났다[1위를 차지하였다]
- 가장 V-는 N(으)로 N을/를 꼽았다

가장 높은 순위를 차지한 응답이 무엇인지 소개하는 표현입니다.

예
- 여자의 경우 온라인 쇼핑으로 의류를 구입한다는 응답이 40%로 가장 높게 나타났다.
- 여자는 온라인 쇼핑으로 가장 많이 구입하는 제품으로 의류를 꼽았다.

- 위 표현을 사용하여 문장을 완성하십시오.

여가 시간에 TV 시청을 한다 (41%)

➡ _____

(6) 다음 순위를 말할 때
When telling the following ranking / 说出下一排名时 / 次の順位を言うとき

N이/가 ~%로 그 뒤를 이었다

바로 다음 순위를 차지한 응답을 소개하는 표현입니다.

> 예 • 의류가 40%로 가장 높게 나타났으며 생활용품이 26%로 그 뒤를 이었다.
> • 생활용품이 26%로 2위를 차지하였으며 화장품이 20%로 그 뒤를 이었다.

• 위 표현을 사용하여 문장을 완성하십시오.

인터넷 검색 (27%)

➡ TV 시청이 41%로 가장 높게 나타났으며 _____

N은/는 ~%로 ~위를 차지하였다

각각의 응답이 몇 위를 차지했는지 소개하는 표현입니다

> 예 • 전자 제품을 구입한다는 응답은 10%로 4위를 차지하였다.
> • 전자 제품은 10%로 가장 낮은 순위를 차지하였다.

• 위 표현을 사용하여 문장을 완성하십시오.

3위 / 운동 (20%)

➡ _____

(7) 순위를 순서대로 말할 때
When telling the ranking in order / 按排名顺序说明时 / 順位を順番に言うとき

> - N와/과 N이/가 각각 ~%와 ~%로 나타났다[조사되었다]
> - N이/가 ~%, N이/가 ~%로 ~위와 ~위를 차지하였다
> - N, N의 순이었다

순위를 차례대로 나열해서 알려 주는 표현입니다.

- 화장품과 전자 제품이 각각 22%와 10%로 나타났다.
- 화장품이 22%, 전자 제품이 10%로 3위와 4위를 차지하였다.
- 화장품(22%), 전자 제품(10%)의 순이었다.

- 위 표현을 사용하여 문장을 완성하십시오.

> 운동 (20%) / 음악 감상 (12%)

➡ _____

(8) 숫자가 클 때
When the number is big / 数字大的时候 / 数字が大きいとき

> A/V-다는 응답이 ~%에 달했다

다수의 응답자가 답한 것을 소개하는 표현입니다.

- 수면 시간이 부족하다는 응답이 80%에 달했다.
- 운동의 필요성을 느낀다는 응답이 전체의 62%에 달했다.

- 위 표현을 사용하여 문장을 완성하십시오.

> 아침을 먹지 않는다 (71%)

➡ _____

(9) 숫자가 작을 때 When the number is small / 数字小的时候 / 数字が小さいとき

A/V-다는 응답은 ~%에 그쳤다[불과했다]

응답한 사람의 수가 아주 적은 것을 소개하는 표현입니다.

예
- 수면 시간이 충분하다는 응답은 20%에 그쳤다.
- 수면 시간이 7시간 이상이라는 응답은 11%에 불과했다.

- 위 표현을 사용하여 문장을 완성하십시오.

매일 아침을 먹는다 (10%)

➡ _____

(10) 대략적으로 말할 때 When speaking broadly / 大体说明时 / 大まかに言うとき

~명 중 ~명은

% 단위를 몇 명 중 몇 명에 해당하는 것인지 바꾸어 나타내는 표현입니다.

예
- 10명 중 8명은 수면 시간이 부족한 것으로 나타났다.
- 직장인 10명 중 4명은 운동을 전혀 하지 않는다고 답했다.

- 위 표현을 사용하여 문장을 완성하십시오.

10명 / 7명 / 아침을 먹지 않는다

➡ _____

(11) 분석 결과를 말할 때
When providing analysis results / 说出分析结果时 / 分析の結果を言うとき

이러한[이상의] (설문 조사) 결과를 통해 A/V-다는 사실[것]을 알 수 있다

조사 결과를 분석해서 알게 된 사실을 나타낼 때 사용합니다.

- 이러한 결과를 통해 고등학생의 수면 시간이 부족하다는 사실을 알 수 있다.
- 이상의 설문 조사 결과를 통해 남자와 여자가 선호하는 여가 활동에 차이가 있다는 것을 알 수 있다.

• 위 표현을 사용하여 문장을 완성하십시오.

> 아침을 먹지 않는 직장인이 많다

➡ _____

(12) 변화의 추세를 말할 때
When describing the trend of change / 谈变化趋势时 / 変化の傾向を言うとき

N이/가 꾸준히 증가[감소]하고 있다

증가나 감소를 보이는 현상을 언급할 때 사용합니다. 지속적인 변화인 경우 부사 '꾸준히, 계속, 점차'를 사용하며 변화의 폭이 큰 경우에는 '급격히'를 사용할 수 있습니다.

- 1인 가구의 수가 꾸준히 증가하고 있다.
- 한국에서 한 해 동안 태어나는 출생아 수가 점차 감소하고 있다.

• 위 표현을 사용하여 문장을 완성하십시오.

> 자전거 이용자 수 / 증가하다

➡ _____

(13) 연도별 변화를 비교할 때
When comparing changes by year / 比較每年度的變化 / 年度別の変化を比較するとき

- ~년에(는) N이/가 N에 불과했으나 ~년에(는) N에 도달하였다
- ~년에(는) N이/가 N이었으나 ~년에(는) N까지 증가[상승]하였다

점점 증가하는 상황을 설명하는 표현입니다.

예
- 2000년에는 친환경차 판매량이 7%에 불과했으나 2021년에는 15%에 도달하였다.
- 2000년에는 친환경차 판매량이 7%였으나 2021년에는 15%까지 증가하였다.

- 위 표현을 사용하여 문장을 완성하십시오.

유학생
2000년 4천 명 ⇒ 2018년 12만 명

- ~년에(는) N에 달했던 N이/가 ~년에(는) N(으)로 감소하였다
- ~년에(는) N이/가 N에 달했는데 ~년에(는) N(으)로 떨어졌다

점점 감소하는 상황을 설명하는 표현입니다.

예
- 2000년에는 120kg에 달했던 쌀 소비량이 2020년에는 62kg으로 감소하였다.
- 2000년에는 쌀 소비량이 120kg에 달했는데 2020년에는 62kg으로 떨어졌다.

- 위 표현을 사용하여 문장을 완성하십시오.

농촌 인구
1980년 전체 인구의 30% ⇒ 2020년 전체 인구의 5%

~년 ~에서 ~년에는 ~((으)로), ~년에는 ~(으)로 V-았/었다

여러 해의 변화를 연결해서 설명하는 표현입니다.

- 1인 가구는 2000년 15%에서 2015년에는 23%로, 2018년에는 29%로 계속 증가하였다.
- 출생아 수는 2015년 43만 명에서 2016년에는 40만 명, 2017년에는 35만 명으로 해마다 감소하였다.

• 위 표현을 사용하여 문장을 완성하십시오.

> 자전거 이용자 수
> 7만 명 (2005년) ⇒ 9만 명 (2010년) ⇒ 13만 명 (2015년)

➡ _____

- **N배 가까이**[이상] **증가한**
- **절반 가까이**[이상] **감소한**

증가나 감소의 폭이 어느 정도인지 알려 주는 표현입니다.

- 2000년 조사에서 15%에 불과했던 1인 가구의 비율이 2018년에는 2배 가까이 증가한 29%에 도달했다.
- 2000년 조사에서 67만 명이었던 출생아 수가 2020년에는 절반 이상 감소한 30만 명이 되었다.

• 위 표현을 사용하여 문장을 완성하십시오.

> 자전거 이용자 수
> 7만 명 (2005년) ⇒ 13만 명 (2015년)

➡ _____

- ~년 만에 N이/가 V-(으)ㄴ 것이다
- ~년 사이(에) N배 V-(으)ㄴ 것이다
- ~년 사이(에) 절반 수준으로 V-(으)ㄴ 것이다

변화하는 속도와 정도가 어느 정도인지 나타낼 때 사용하는 표현입니다. 증가한 경우에는 '늘다', '상승하다', 감소한 경우에는 '줄다', '하락하다' 등을 사용할 수 있습니다.

- 5년 만에 자전거 이용자 수가 120만 명 증가한 것이다.
- 3년 사이에 비만 인구가 2배 이상 증가한 것이다.
- 20년 사이 쌀 소비량이 절반 수준으로 감소한 것이다.

- 위 표현을 사용하여 문장을 완성하십시오.

출생아 수
2015년 43만 명 ⇒ 2020년 30만 명

➡ _____

(14) 변화의 원인을 말할 때
When explaining the cause of change / 说明变化的原因时 / 変化の原因を言うとき

N 증가[감소]의 원인으로 우선 N을/를 들 수 있다. 또한 N도 N 증가[감소]에 영향을 미친 것으로 보인다

증가나 감소의 원인 두 가지를 나열해서 설명할 때 사용합니다.

 1인 가구 증가의 원인으로 우선 결혼관의 변화로 인한 독신자 증가를 들 수 있다. 또한 노인 인구의 증가도 1인 가구 증가에 영향을 미친 것으로 보인다.

- 위 표현을 사용하여 문장을 완성하십시오.

자전거 이용자 수 증가 / 자전거 전용 도로 확대 / 건강에 대한 관심 증가

➡ _____

(15) 전망을 말할 때 When telling prospect / 讲前途时 / 見通しを言うとき

이러한 영향이 계속 이어진다면[이러한 원인으로] **~년에는 N이/가 V-(으)ㄹ 것으로 보인다**[전망된다/예상된다]

변화의 원인을 근거로 앞으로의 변화를 전망할 때 사용합니다.

 • <u>이러한 영향이 계속 이어진다면</u> <u>2035년에는</u> 1인 가구 비율<u>이</u> 전체 가구의 36%에 <u>달할 것으로 보인다</u>.
• <u>이러한 원인으로</u> <u>2030년에는</u> 출생아 수<u>가</u> 20만 명 이하로 <u>떨어질 것으로 전망된다</u>.

• 위 표현을 사용하여 문장을 완성하십시오.

자전거 이용자 수 / 35만 명 (2025년)

➡ _____

CHAPTER 02 54번 필수 표현

찾아보기

1. [처음]에 쓰는 표현 Expressions used in the [introduction]
- (1) 일반적인 사실이나 견해를 말할 때 When representing general facts or opinions ········ 128
- (2) 정의를 나타낼 때 When giving a definition ········ 129
- (3) 경향·현황을 나타낼 때 When explaining tendency and present condition ········ 129
- (4) 찬성·반대 의견을 소개할 때 When presenting pros and cons ········ 131
- (5) 자신의 찬반 입장을 밝힐 때 When making one's position on pros and cons ········ 133

2. [중간]에 쓰는 표현 Expressions used in the [body]
- (1) 반론을 제기할 때 When raising a counterargument ········ 134
- (2) 필요한 조건을 말할 때 When explaining required condition ········ 135
- (3) 원인을 말할 때 When telling a cause ········ 136
- (4) 문제점을 말할 때 When pointing out a problem ········ 137
- (5) 긍정적 측면을 설명할 때 When explaining a positive aspect ········ 138
- (6) 부정적 측면을 설명할 때 When explaining a negative aspect ········ 139
- (7) 전제나 가정을 나타낼 때 When representing premise or hypothesis ········ 140
- (8) 상반되는 내용을 제시할 때 When presenting a conflicting idea ········ 141
- (9) 예를 들 때 When giving an example ········ 142
- (10) 내용을 나열할 때 When listing ideas ········ 142
- (11) 내용을 추가할 때 When adding an idea ········ 143
- (12) 당연함을 나타낼 때 When showing obviousness ········ 144
- (13) 이유를 밝힐 때 When giving a reason ········ 145
- (14) 비교·대조를 할 때 When explaining by comparison or contrast ········ 145
- (15) 언급한 것을 다시 이야기할 때 When repeating in a nutshell ········ 146
- (16) 가능성을 이야기할 때 When talking about possibilities ········ 147

3. [끝]에 쓰는 표현 Expressions used in the [conclusion]
- (1) 앞에서 말한 내용을 요약할 때 When summarizing previous discussions ········ 147
- (2) 결론을 말할 때 When telling the conclusion ········ 148
- (3) 가져야 할 태도를 조언할 때 When advising attitudes to have ········ 148
- (4) 해결 방법·대책을 제안할 때 When suggesting solution plan ········ 149
- (5) 동시적인 상황에 대한 설명을 할 때 When explaining about simultaneous situation ········ 151

1. [开头]时用的词汇　　［序論］で使う表現

　　(1) 讲一般的事实或见解时　一般的な事実や見解を言うとき ········· 128

　　(2) 讲定义时　定義を表すとき ········· 129

　　(3) 讲倾向·现状时　傾向·現況を表すとき ········· 129

　　(4) 介绍赞·反意见时　賛成と反対の意見を紹介するとき ········· 131

　　(5) 提自己的赞·反意见时　賛成と反対の中から自分の立場を明らかにするとき ········· 133

2. [中间]用的词汇　　［本論］で使う表現

　　(1) 提反对意见时　反論を提起するとき ········· 134

　　(2) 讲必要条件时　必要な条件を言うとき ········· 135

　　(3) 讲原因时　原因を言うとき ········· 136

　　(4) 讲问题时　問題を言うとき ········· 137

　　(5) 讲正面内容时　肯定的な側面を説明するとき ········· 138

　　(6) 讲反面内容时　否定的な側面を説明するとき ········· 139

　　(7) 讲前提或假设时　前提や仮定を表すとき ········· 140

　　(8) 提出相反的内容时　相反する内容を提示するとき ········· 141

　　(9) 举例子时　例を挙げるとき ········· 142

　　(10) 罗列内容时　内容を羅列するとき ········· 142

　　(11) 添加内容时　内容を追加するとき ········· 143

　　(12) 表示理所当然时　当然であることを言うとき ········· 144

　　(13) 讲理由时　理由を言うとき ········· 145

　　(14) 当比较的时候　比較·対照をするとき ········· 145

　　(15) 当比较的时候　言及したことをもう一度言うとき ········· 146

　　(16) 当谈到可能性时　可能性を言うとき ········· 147

3. [结尾]用的词汇　　［結論］で使う表現

　　(1) 总结之前说的内容时　前述の内容を要約するとき ········· 147

　　(2) 讲结论的时候　結論を言うとき ········· 148

　　(3) 建议应有的态度时　持つべき態度を助言するとき ········· 148

　　(4) 提出解决方案·对策时　解決方法·対策を提案するとき ········· 149

　　(5) 讲两面性情况时　同時的な状況について説明をするとき ········· 151

1 [처음]에 쓰는 표현

Expressions used in the [introduction] / [开头]时用的词汇 / [序論]で使う表現

(1) 일반적인 사실이나 견해를 말할 때

When representing general facts or opinions / 讲一般的事实或见解时 / 一般的な事実や見解を言うとき

> - 사람들은 누구나
> - 인간은

모든 사람들에게 해당하는 일반적인 사실을 언급할 때 사용합니다. 또한, 주제에 대한 이해를 높이기 위해 글을 시작하는 부분에 사용합니다.

> - 사람들은 누구나 행복하게 살기를 원한다.
> - 인간은 사회 안에서 사람들과 함께 살아간다.

- 위 표현을 사용하여 문장을 완성하십시오.

> 건강하고 행복하게 노후를 보내기 원하다

➡

> 흔히 A/V-고 생각한다[생각하기 쉽다]

많은 사람들이 가지고 있는 일반적인 견해를 나타내는 표현입니다. 자신의 견해를 쓰기 전에 일반적인 견해를 먼저 언급할 경우 사용합니다.

> - 흔히 지도자는 일반적으로 명령을 내리는 사람이라고 생각한다.
> - 흔히 경제적 여유가 있으면 그만큼 더 행복해진다고 생각하기 쉽다.

- 위 표현을 사용하여 문장을 완성하십시오.

> 성공은 부와 명예를 얻는 것이다

➡

(2) 정의를 나타낼 때 When giving a definition / 讲定义时 / 定義を表すとき

- N은/는 N을/를 말한다
- N을/를 N(이)라고 한다

단어의 뜻을 나타내는 표현입니다. 주제를 이해하기 위해 용어의 의미를 설명할 필요가 있을 때 사용합니다.

예
- 인터넷 실명제는 인터넷 이용자의 신분이 확인되어야 글을 올릴 수 있는 제도를 말한다.
- 인터넷 이용자의 신분이 확인되어야 글을 올릴 수 있는 제도를 인터넷 실명제라고 한다.

- 위 표현을 사용하여 문장을 완성하십시오.

> 고령화 사회 / 전체 인구 중에서 65세 이상의 노인 인구가 차지하는 비율이 7% 이상인 사회

➡ _____

(3) 경향 · 현황을 나타낼 때
When explaining tendency and present condition / 讲倾向·现状时 / 傾向·現況を表すとき

최근 N이/가 증가하고[늘어나고] 있다 ↔ 감소하고[줄어들고] 있다

최근에 나타나는 증가와 감소의 경향을 언급할 때 사용합니다. 빠른 시간에 증가하는 경우에는 '급증하고 있다'를, 빠른 시간에 감소하는 경우에는 '급감하고 있다'를 사용할 수 있습니다.

예
- 최근 학교에서 괴롭힘과 폭행을 당하는 학생들이 증가하고 있다.
- 최근 악의적인 댓글로 인해 피해를 입는 사례가 늘어나고 있다.
- 최근 종이 신문을 구독해서 보는 사람들이 급격히 감소하고 있다.

- 위 표현을 사용하여 문장을 완성하십시오.

> 외국인 관광객 / 증가하다

➡ _____

- 과거에 비해 N이/가 V-고 있다
- 전 세계적으로 N이/가 V-고 있다

현대에 나타나는 현상이나 세계적인 현상을 언급할 때 사용합니다. 부사 '점점'을 함께 사용할 수 있습니다.

- 과거에 비해 노후에 대한 관심이 높아지고 있다.
- 전 세계적으로 인터넷을 사용하는 사람이 점점 늘어나고 있다.

- 위 표현을 사용하여 문장을 완성하십시오.

출산율 / 감소하다

➡

- V-(으)면서[N(으)로 인해] V-고 있다
- V-(으)ㅁ에 따라 V-게 되었다

원인으로 작용한 배경과 그 결과로 나타난 현황을 함께 언급할 때 사용합니다.

- 스마트폰의 보급률이 높아지면서 부작용도 함께 나타나고 있다.
- 과학 기술의 발달로 인해 인간의 생활이 점점 편리해지고 있다.
- 인구가 증가함에 따라 배출되는 쓰레기의 양도 급격하게 늘게 되었다.

- 위 표현을 사용하여 문장을 완성하십시오.

의료 기술이 발달하다 / 평균 수명이 높아지다

➡

- N은/는 여러 가지 문제를 낳고 있다
- N에서는 여러 가지 문제가 발생한다
- A/V-아/어(서) 사회적인[세계적인] 문제가 되고 있다

문제가 되는 현상을 언급할 때 사용하는 표현입니다.

예
- 스마트폰 중독 증상은 여러 가지 문제를 낳고 있다.
- 고령화 사회에서는 여러 가지 문제가 발생한다.
- 학교 폭력의 피해가 자살로 이어지는 경우도 있어 사회적인 문제가 되고 있다.

• 위 표현을 사용하여 문장을 완성하십시오.

지구 온난화

➡ _____

(4) 찬성·반대 의견을 소개할 때
When presenting pros and cons / 介绍赞·反意见时 / 賛成と反対の意見を紹介するとき

- N에 대한 찬반양론이 있다
- N에 대해 찬성하는 입장과 반대하는 입장이 맞서고 있다
- A/V-다는 의견과 A/V-다는 의견이 팽팽히 맞서고 있다

주제와 관련해서 찬성하는 입장과 반대하는 입장이 있다는 것을 나타내는 표현입니다. '팽팽히' 등의 부사를 사용할 수 있습니다.

예
- 동물 실험에 대한 찬반양론이 있다.
- 동물 실험에 대해 찬성하는 입장과 반대하는 입장이 맞서고 있다.
- 동물 실험을 허용해야 한다는 의견과 금지해야 한다는 의견이 팽팽히 맞서고 있다.

• 위 표현을 사용하여 문장을 완성하십시오.

자연 개발

➡ _____

N에 찬성하는 사람들은 A/V-다고 말한다[주장한다]

찬성하는 사람들이 말하는 이유를 밝힐 때 사용합니다.

- 안락사에 찬성하는 사람들은 환자의 고통을 덜어 주기 위해 안락사가 필요하다고 말한다.
- CCTV 설치에 찬성하는 사람들은 범죄 예방에 효과가 있기 때문에 설치해야 한다고 주장한다.

- 위 표현을 사용하여 문장을 완성하십시오.

> 성형 수술 / 성형 수술을 통해 자신감을 높일 수 있다

➡

- N에 반대하는 사람들은 N을/를 이유로 들며 반대한다
- N을/를 우려하는 사람들은 A/V-다고 목소리를 높이고 있다

반대하는 사람들이 말하는 이유를 밝힐 때 사용합니다.

- 자연 개발에 반대하는 사람들은 환경 오염을 이유로 들며 반대한다.
- 기술의 악용을 우려하는 사람들은 인간 복제를 금지해야 한다고 목소리를 높이고 있다.

- 위 표현을 사용하여 문장을 완성하십시오.

> 문화재 개방 / 문화재가 훼손된다는 것

➡

(5) 자신의 찬반 입장을 밝힐 때 When making one's position on pros and cons / 提自己的赞·反意见时 / 賛成と反対の中から自分の立場を明らかにするとき

> • N이/가 필요하다고 생각한다
> • N(으)로 얻을 수 있는 긍정적인 효과가 많기 때문에 N에 찬성한다

자신이 찬성하는 입장임을 밝힐 때 사용합니다.

예 • 자연 개발이 필요하다고 생각한다.
   • 자연 개발로 얻을 수 있는 긍정적인 효과가 많기 때문에 자연 개발에 찬성한다.

• 위 표현을 사용하여 문장을 완성하십시오.

동물 실험

➡ _____

> • N을/를 V-아/어서는 안 된다고 생각한다
> • N은/는 A/V-기 때문에 N에 반대한다

자신이 반대하는 입장임을 밝힐 때 사용합니다.

예 • 인간 복제를 허용해서는 안 된다고 생각한다.
   • 인간 복제는 사회적, 윤리적 문제를 야기하기 때문에 인간 복제에 반대한다.

• 위 표현을 사용하여 문장을 완성하십시오.

금연 구역 / 확대하다

➡ _____

> ### 다음과 같은 두 가지 이유에서 N에 찬성[반대]한다

이어질 내용이 찬성(반대)의 이유임을 알려 주는 표현입니다. 자신이 찬성(반대)하는 이유가 무엇인지 설명하기 전에 사용합니다.

> 예 • 다음과 같은 두 가지 이유에서 유기견 안락사에 찬성한다.
> • 다음과 같은 두 가지 이유에서 CCTV 설치를 확대하는 것에 반대한다.

• 위 표현을 사용하여 문장을 완성하십시오.

사형 제도

➡ _____

2 [중간]에 쓰는 표현

Expressions used in the [body] / [中间]用的词汇 / [本論]で使う表現

(1) 반론을 제기할 때 When raising a counterargument / 提反对意见时 / 反論を提起するとき

> ### 물론

앞에서 언급한 내용에 대해 일부 긍정하는 태도를 취할 때 사용합니다.

> 예 직장을 구할 때 연봉을 가장 중요하게 생각하는 사람이 많다. 물론 사람이 살아가는 데 경제적인 부분을 무시할 수는 없다.

• 위 표현을 사용하여 문장을 완성하십시오.

과학 기술의 발전 / 인간의 생활이 편리해진 것은 사실이다

➡ 과학 기술이 발전할수록 인간의 삶이 행복해진다고 생각하는 사람들이 있다. _____

- N이/가 A/V-는 것은 아니다
- A/V-다고 해서 A/V-는 것은 아니다
- 그렇다고 해서 V-는 것은 부당하다

앞에서 언급한 의견에 반대의 의견을 낼 때 사용합니다.

예
- 경제적 여유가 행복을 보장해 주는 것은 아니다.
- 성형 수술을 한다고 해서 심리적인 문제까지 해결되는 것은 아니다.
- 그렇다고 해서 모든 공공장소를 금연 구역으로 지정하는 것은 부당하다.

- 위 표현을 사용하여 문장을 완성하십시오.

사형 제도 / 범죄율을 낮추다

➡

(2) 필요한 조건을 말할 때
When explaining required condition / 讲必要条件时 / 必要な条件を言うとき

- N의 조건으로 N을/를 들 수 있다
- V-기 위해서는 N이/가 중요하다[필요하다]
- N도 N을/를 위해 필요한 조건 중 하나이다

필요한 조건에 대해 말할 때 사용하는 표현입니다.

예
- 일하고 싶은 직장의 조건으로 근무 시간을 들 수 있다.
- 의사소통이 제대로 이루어지기 위해서는 대화가 중요하다.
- 상대방을 배려하는 태도도 원만한 인간관계를 위해 필요한 조건 중 하나이다.

- 위 표현을 사용하여 문장을 완성하십시오.

현대 사회에 필요한 인재 / 창의성

- V-기 위해서는 N이/가 필수적으로 요구된다
- N은/는 V-는 데에 없어서는 안 될 중요한 조건이다

어떤 조건이 꼭 필요함을 강조할 때 사용합니다.

- 행복한 노후를 보내기 위해서는 건강이 필수적으로 요구된다.
- 공정한 태도는 좋은 지도자가 되는 데에 없어서는 안 될 중요한 조건이다.

- 위 표현을 사용하여 문장을 완성하십시오.

좋은 부모가 되다 / 자녀와의 대화

➡

(3) 원인을 말할 때 When telling a cause / 讲原因时 / 原因を言うとき

- N의 원인으로[원인 중 하나로] N을/를 들 수 있다
- N의 원인은 N에 있다
- N은/는 N에 그 원인이 있다고 할 수 있다

어떤 현상이 나타나게 된 원인을 말할 때 사용하는 표현입니다.

- 쓰레기 배출량 증가의 원인으로 일회용품 사용을 들 수 있다.
- 물 부족 현상의 원인은 인구 증가에 있다.
- 학교 폭력은 대중 매체의 폭력성에 그 원인이 있다고 할 수 있다.

- 위 표현을 사용하여 문장을 완성하십시오.

대기 오염 / 자동차 배기가스

➡

N이/가 N의 원인으로 꼽힌다[원인이 된다]

원인이 되는 것을 먼저 언급하고 그 결과로 나타나는 현상을 말할 때 사용합니다.

- 일회용품 사용이 쓰레기 배출량 증가의 원인으로 꼽힌다.
- 대중 매체의 폭력성이 학교 폭력의 원인이 된다.

- 위 표현을 사용하여 문장을 완성하십시오.

자동차 배기가스 / 대기 오염

➡

(4) 문제점을 말할 때 When pointing out a problem / 讲问题时 / 問題を言うとき

- N은/는 N에 악영향을 미친다
- N(으)로 (인해) 문제[갈등]가 야기된다

어떤 문제점이 발생하는지 설명할 때 사용하는 표현입니다.

- 스마트폰 중독은 건강에 악영향을 미친다.
- 고령화 현상으로 여러 가지 노인 문제가 야기된다.

- 위 표현을 사용하여 문장을 완성하십시오.

출산율 감소 / 국가 경제력

➡

N은/는 A/V-기 때문에[A/V-다는 점에서] 문제가 된다

어떤 점에서 문제가 되는지 구체적으로 설명하는 표현입니다. 부사 '더욱'을 사용해서 강조할 수 있습니다.

- 쓰레기 증가는 환경 오염을 가속화시키기 때문에 더욱 문제가 된다.
- 노인 인구의 증가는 사회 복지 비용의 증가로 이어진다는 점에서 문제가 된다.

- 위 표현을 사용하여 문장을 완성하십시오.

> 스마트폰 중독 / 각종 사고를 발생시키다

➡ _____

(5) 긍정적 측면을 설명할 때
When explaining a positive aspect / 讲正面内容时 / 肯定的な側面を説明するとき

N은/는 A/V-다는 점에서 긍정적인 면이 있다

긍정적인 측면을 가지고 있음을 나타낼 때 사용합니다.

- 대중문화의 발전은 삶의 질을 향상시킨다는 점에서 긍정적인 면이 있다.
- 대가족은 자녀들이 사회성을 기를 수 있다는 점에서 긍정적인 면이 있다.

- 위 표현을 사용하여 문장을 완성하십시오.

> 광고 / 소비자들에게 정보를 제공하다

➡ _____

- N은/는 V-는 데 도움이 된다[기여한다]
- N은/는 V-는 역할을 한다
- N은/는 V-(으)ㅁ으로써 V-도록 한다

장점이나 기능을 구체적으로 설명할 때 사용하는 표현입니다.

- 부모의 칭찬은 아이가 자신감 있는 사람으로 자라는 데 도움이 된다.
- 대중문화는 다양한 정보나 소식을 빠르게 전달해 주는 역할을 한다.
- 광고는 소비자들에게 정보를 제공함으로써 상품을 쉽게 구매할 수 있도록 한다.

- 위 표현을 사용하여 문장을 완성하십시오.

적당한 스트레스 / 집중력을 향상시키다

➡ _____

(6) 부정적 측면을 설명할 때
When explaining a negative aspect / 讲反面内容时 / 否定的な側面を説明するとき

- N에 긍정적인 면만 있는 것은 아니다
- N이/가 가지고 있는 부정적인 면도 있다
- N에서 나타나는 문제점도 있다

부정적인 측면을 가지고 있음을 나타낼 때 사용합니다.

- 인공 지능 발전에 긍정적인 면만 있는 것은 아니다.
- 경쟁이 가지고 있는 부정적인 면도 있다.
- 다문화 사회에서 나타나는 문제점도 있다.

- 위 표현을 사용하여 문장을 완성하십시오.

대중문화

➡ _____

N(으)로 인해[N 때문에] V-(으)ㄹ 우려[위험성]가 있다

단점이나 부작용을 구체적으로 설명할 때 사용하는 표현입니다.

예)
- 광고로 인해 상품 가격이 상승하고 품질 저하로 이어질 우려가 있다.
- 대중문화의 발달로 인해 사람들이 거짓 정보를 사실로 믿게 될 위험성이 있다.

- 위 표현을 사용하여 문장을 완성하십시오.

> 조기 교육 / 아이가 학습에 흥미를 잃다

➡ _____

(7) 전제나 가정을 나타낼 때
When representing premise or hypothesis / 讲前提或假设时 / 前提や仮定を表すとき

- A/V-다면 V-(으)ㄹ 것이다
- A/V-(으)ㄹ 경우 V-게 된다

어떤 상황을 먼저 내세울 때 사용하는 표현입니다. 가정을 하거나 조건을 달아서 예상되는 결과를 나타냅니다.

예)
- 서로의 차이를 인정하지 않는다면 갈등이 발생할 것이다.
- 칭찬을 받는 것이 목적이 될 경우 일의 결과만을 중시하게 된다.

- 위 표현을 사용하여 문장을 완성하십시오.

> 의사소통이 제대로 이루어지지 않다 / 오해와 불신이 생기다

➡ _____

(8) 상반되는 내용을 제시할 때

When presenting a conflicting idea / 提出相反的内容时 / 相反する内容を提示するとき

그러나 / 그렇지만 / 그럼에도 불구하고

앞에서 언급한 것과 상반되는 내용이 이어질 때 문장 앞에 사용합니다.

예
- 쓰레기 중에는 자원으로 재활용이 가능한 것이 있다. 그러나 제대로 분리해서 배출하지 않으면 자원으로 활용되지 못한다.
- 일회용품이 환경 오염의 원인이 된다는 것을 알고 있다. 그럼에도 불구하고 우리는 편리하다는 이유로 무분별하게 일회용품을 사용하고 있다.

- 위 표현을 사용하여 문장을 완성하십시오.

| 과학 기술이 발전하다 |

➡ 어떤 사람들은 과학 기술이 발전하면 환경 문제도 해결될 것이라고 말한다. _____ _____ 환경 문제는 해결되지 않는다.

오히려 / 반대로

일반적인 기준이나 예상과 다를 경우에 부사 '오히려'를 사용합니다. '반대로'는 앞에서 언급한 것과 상반되는 상황이나 내용을 쓸 때 사용하는 표현입니다.

예
- 스트레스가 없는 상태보다 적당한 스트레스가 있는 상태에서 오히려 집중력이 향상되고 능력이 발휘되기도 한다.
- 누구나 상대방의 의견을 존중해 주는 사람과 대화하기를 원한다. 반대로 자신의 말만 옳다고 생각하는 사람과는 대화를 지속하기 어렵다.

- 위 표현을 사용하여 문장을 완성하십시오.

| 부담감을 느끼다 |

➡ 칭찬을 들으면 자신감을 얻을 것이라 생각하지만 _____ 경우도 있다. 기대에 부응해야 한다는 생각 때문에 부담감을 느끼는 것이다.

(9) 예를 들 때 When giving an example / 举例子时 / 例を挙げるとき

> 예를 들어[들면]

예를 소개할 때 사용하는 표현입니다. 구체적인 예가 있으면 내용을 더 쉽게 이해할 수 있습니다.

> 예
> - 노년의 건강은 삶의 질에 영향을 준다. 예를 들어, 가고 싶은 곳이 있어도 다리가 불편하면 자유롭게 이동할 수 없다.
> - 스마트폰이 학습에 도움을 주는 경우도 있다. 예를 들면, 필요한 정보가 있을 때 학생들은 스마트폰으로 쉽게 정보를 찾는다.

• 위 표현을 사용하여 문장을 완성하십시오.

> 폭력적인 영상을 자주 접하다

➡ 대중매체의 폭력성도 학교 폭력의 원인이 된다. _____ 청소년은 그 심각성을 제대로 인지하지 못하게 된다.

(10) 내용을 나열할 때 When listing ideas / 罗列内容时 / 内容を羅列するとき

> 첫째[먼저] ~. 둘째[다음으로] ~. 마지막으로 ~.

여러 가지 내용을 순서대로 제시할 때 사용하는 표현입니다.

> 예 첫째, 대학은 학문을 연구하는 역할을 한다. 둘째, 연구 활동으로 쌓은 지식을 학생들에게 가르치는 역할을 한다. 마지막으로, 대학은 사회에 필요한 지식과 인재를 공급해서 사회를 발전시킨다.

• 위 표현을 사용하여 문장을 완성하십시오.

> 조기 교육은 아이의 재능을 일찍 발견하게 도와주다 / 학습 효과를 높여 주다
> / 아이에게 더 많은 기회와 경험을 제공해 주다

➡ _____

- A/V-고
- A/V-(으)며
- A/V-다든가 A/V-다든가 하다

둘 이상의 내용을 나열할 때 사용하는 표현입니다.

- 칭찬을 들으면 자신감이 생기<u>고</u> 더 좋은 결과를 내고 싶은 마음이 생긴다.
- 스마트폰은 학습과 업무에 방해가 되<u>며</u> 건강에도 악영향을 미친다.
- 인터넷에서 악의적인 댓글을 단<u>다든가</u> 거짓 정보를 올린<u>다든가 하는</u> 사람들이 있다.

• 위 표현을 사용하여 문장을 완성하십시오.

| 환경 보호를 위해서 가까운 거리는 걸어서 다니다 / 일회용품 사용을 줄이다 |

➡ _____

(11) 내용을 추가할 때 When adding an idea / 添加内容时 / 内容を追加するとき

그리고 / 또한 / 게다가 / 그 밖에도

앞에서 말한 내용 외에 다른 내용을 추가할 때 사용합니다.

- 인간 복제 기술은 질병 치료에 도움이 된다. <u>그리고</u> 아이를 갖지 못하는 불임 부부에게도 도움을 줄 수 있다.
- 일회용품의 사용은 쓰레기 배출량을 증가시키는 원인이다. <u>또한</u> 분리 배출을 제대로 하지 않는 것도 배출량 증가의 원인이 된다.

• 위 표현을 사용하여 문장을 완성하십시오.

| 범죄 사건을 해결하는 데 도움이 되다 |

➡ CCTV 설치는 범죄 예방에 효과가 있다. _____

_____

- A/V-(으)ㄹ 뿐만 아니라
- A/V-(으)ㄹ뿐더러
- A/V-(으)ㄴ/는 것은 물론(이고)

제시한 내용 외에 다른 것이 또 있음을 나타낼 때 사용합니다.

- 스트레스가 쌓이면 피로를 느낄 뿐만 아니라 수면 장애를 겪기도 한다.
- 스마트폰을 지나치게 사용하면 일에 집중할 수 없을뿐더러 건강도 나빠지게 된다.
- 아이를 낳은 후에 취업이 어려운 것은 물론 아이를 맡길 곳을 찾기도 힘들다.

- 위 표현을 사용하여 문장을 완성하십시오.

> 무분별한 개발로 자연이 훼손되다 / 인간의 생명까지 위협받게 되다

➡

(12) 당연함을 나타낼 때
When showing obviousness / 表示理所当然时 / 当然であることを言うとき

A/V-기 마련이다

당연함을 나타낼 때 사용하는 표현입니다.

- 사람의 인격은 그 사람의 말과 행동으로 드러나기 마련이다.
- 누구나 자신이 원하는 일을 할 때 즐거움을 느끼기 마련이다.

- 위 표현을 사용하여 문장을 완성하십시오.

> 칭찬을 들으면 자신감이 생기다

➡

(13) 이유를 밝힐 때 When giving a reason / 讲理由时 / 理由を言うとき

- 왜냐하면 A/V-기 때문이다
- V-는 이유는 A/V-기 때문이다
- V-(으)ㅁ으로써

자신의 의견을 뒷받침할 근거나 이유를 밝힐 때 사용합니다.

- 초등학생의 휴대폰 사용에 반대한다. 왜냐하면 학업에 방해가 되기 때문이다.
- 초등학생의 휴대폰 사용에 반대하는 이유는 시력 저하의 원인이 되기 때문이다.
- 초등학생들이 휴대폰을 사용함으로써 유해한 영상에 노출될 위험이 있다.

- 위 표현을 사용하여 문장을 완성하십시오.

> 문화재 개방에 찬성하다 / 문화재 개방은 지역 발전에 도움이 되다

➡ _____

(14) 비교·대조를 할 때
When explaining by comparison or contrast / 当比较的时候 / 比較・対照をするとき

- A/V-는 것보다는 A/V-는 것이 낫다[중요하다]
- N 못지않게 N이/가 중요하다
- N에 비해

두 가지를 비교하여 어떤 것이 더 중요하거나 낫다는 것을 강조할 때 사용합니다.

- 적성에 맞지 않는 일을 하는 것보다는 힘들어도 좋아하는 일을 하는 것이 낫다.
- 사회적인 성공 못지않게 개인적인 생활의 만족감이 중요하다.
- 스트레스가 없는 상태에 비해 적당한 스트레스가 있는 상태에서 집중력이 향상된다.

- 위 표현을 사용하여 문장을 완성하십시오.

> 실패가 두려워서 도전하지 않다 / 실패의 경험을 얻다

➡ _____

A/V-는 반면(에)

반대되는 두 가지 내용을 제시할 때 사용하는 표현입니다.

예 • 연봉이 많은 반면 야근이 잦아서 충분한 휴식을 취할 수 없는 직장도 있다.
• 인터넷에서는 사람들과 쉽게 어울리는 반면 실제로는 사람들을 대하기 어려워한다.

• 위 표현을 사용하여 문장을 완성하십시오.

노인 인구는 증가하고 있다 / 출산율은 감소하고 있다

➡ _____

(15) 언급한 것을 다시 이야기할 때
When repeating in a nutshell / 当比较的时候 / 言及したことをもう一度言うとき

즉 / 다시 말해

앞에서 자세하게 설명한 내용을 한 문장으로 요약, 정리할 때 사용합니다.

예 경쟁 상대가 있으면 상대를 이기기 위해 더욱 노력하게 되고 자신보다 나은 점이 무엇인지 찾게 된다. 즉, 경쟁을 통해 서로 발전할 수 있다.

• 위 표현을 사용하여 문장을 완성하십시오.

칭찬은 최선을 다하게 하는 힘이 되다

➡ 칭찬을 들으면 자신감이 생기고 더 잘하고 싶은 마음이 생겨서 열심히 하게 된다. _____

(16) 가능성을 이야기할 때
When talking about possibilities / 当谈到可能性时 / 可能性を言うとき

- A/V-(으)ㄹ 수 있다
- A/V-(으)ㄹ 가능성이 있다

어떠한 일이 발생할 가능성이 있음을 나타낼 때 사용합니다.

- 운전 중에 스마트폰을 보는 사람들로 인해 사고가 발생할 수 있다.
- 인터넷에서 유출된 개인 정보가 범죄에 악용될 가능성이 있다.

- 위 표현을 사용하여 문장을 완성하십시오.

> CCTV를 설치하다 / 개인의 사생활이 침해되다

➡

---

3 [끝]에 쓰는 표현

Expressions used in the [conclusion] / [结尾]用的词汇 / [結論]で使う表現

(1) 앞에서 말한 내용을 요약할 때
When summarizing previous discussions / 总结之前说的内容时 / 前述の内容を要約するとき

이처럼 / 이와 같이

앞에 나온 내용을 요약할 때 사용하는 표현입니다. 글의 일부나 전체 내용을 요약할 때 사용합니다.

예 아이에게 칭찬을 할 때 일의 결과가 아니라 과정을 칭찬하면 아이가 결과에 집착하지 않고 과정 자체를 즐기게 된다. 이처럼 칭찬을 하는 방식에 따라 아이의 태도가 달라진다.

- 위 표현을 사용하여 문장을 완성하십시오.

> 스트레스는 건강을 위협하는 원인이 되다

➡ 스트레스가 쌓이면 신경이 예민해지고 두통과 불면증을 겪기도 하지만 적당한 스트레스는 집중력을 향상시켜 준다. _____ 자신에게 도움이 되기도 한다.

(2) 결론을 말할 때 When telling the conclusion / 讲结论的时候 / 結論を言うとき

> 따라서 / 그러므로

앞에서 제시한 내용을 바탕으로 마지막 결론을 말할 때 사용합니다.

> 예) 이와 같이 자연을 개발함으로써 얻을 수 있는 경제적 이익은 매우 크다. <u>따라서</u> 지역 경제의 발전을 위해 자연을 개발해야 한다.

• 위 표현을 사용하여 문장을 완성하십시오.

> 환경 보호의 중요성을 깨닫고 환경 보호를 실천하다

➡ 이처럼 환경이 오염되면 동물과 식물이 살 수 없을 뿐만 아니라 인간의 삶도 위협을 받게 된다. _____

(3) 가져야 할 태도를 조언할 때
When advising attitudes to have / 建议应有的态度时 / 持つべき態度を助言するとき

> • V-는 태도[자세]를 가져야 한다
> • V-는 태도[자세]가 중요하다[필요하다]

주제와 관련해 가져야 할 태도나 자세를 제시할 때 사용합니다.

> 예) • 문화의 다양성을 인정하고 다른 문화를 존중하<u>는 태도를 가져야 한다</u>.
> • 모든 일을 긍정적으로 생각하<u>는 태도가 중요하다</u>.

• 위 표현을 사용하여 문장을 완성하십시오.

> 상대방의 입장을 배려하다

➡

- V-도록 노력해야 한다
- V-도록 주의를 기울여야 한다

어떤 노력이나 주의가 필요하다는 것을 나타낼 때 사용합니다.

- 아이를 낳고 키우기 좋은 환경을 만들도록 노력해야 한다.
- 수질 오염이 발생하지 않도록 주의를 기울여야 한다.

- 위 표현을 사용하여 문장을 완성하십시오.

| 부모와 자녀가 평소 대화를 많이 나누다 |

➡

(4) 해결 방법·대책을 제안할 때
When suggesting solution plan / 提出解决方案·对策时 / 解決方法·対策を提案するとき

V-기 위해서는 V-아/어야 한다[V-(으)ㄹ 필요가 있다]

문제를 해결할 수 있는 방법이나 대책, 대안을 제안할 때 사용합니다.

- 쓰레기 배출량을 줄이기 위해서는 일회용품의 사용을 자제해야 한다.
- 스마트폰 중독에서 벗어나기 위해서는 시간을 정해서 사용할 필요가 있다.

- 위 표현을 사용하여 문장을 완성하십시오.

| 물 부족 현상을 해결하다 / 생활 속에서 물을 절약하다 |

➡

- V-기 위해서는 N의 역할이 중요하다
- N에도 힘써야 할 것이다

문제 해결을 위해 필요한 역할이나 노력을 강조할 때 사용하는 표현입니다.

- 청소년들이 올바르게 성장하기 위해서는 가정과 사회의 역할이 중요하다.
- 쓰레기를 자원으로 활용할 수 있는 방법의 연구에도 힘써야 할 것이다.

- 위 표현을 사용하여 문장을 완성하십시오.

고령화 사회의 문제를 해결하다 / 정부

➡ _____

V-기 위한 제도를 강화[마련]해야 한다

문제 해결을 위해서 제도가 필요함을 나타낼 때 사용합니다.

- 일하는 여성들의 출산을 장려하기 위한 제도를 강화해야 한다.
- 학교 폭력을 예방하기 위한 제도를 마련해야 한다.

- 위 표현을 사용하여 문장을 완성하십시오.

인간 복제 기술의 악용을 막다

➡ _____

V-(으)ㄹ 수 있는 대책[방안]을 마련해야 한다

문제를 해결할 수 있는 대책이나 방안이 필요함을 나타낼 때 사용합니다.

예 • 환경 오염을 막을 수 있는 대책을 마련해야 한다.
  • 배출된 쓰레기를 친환경적으로 처리할 수 있는 방안을 마련해야 한다.

• 위 표현을 사용하여 문장을 완성하십시오.

물 부족 현상을 해결하다

➡ _____

(5) 동시적 상황에 대한 설명을 할 때
When explaining about simultaneous situation / 讲两面性情况时 / 同時的な状況について説明をするとき

• N은/는 ~와/과 ~을/를 함께 가지고 있다
• N은/는 V-기도 하고 V-기도 한다
• N은/는 V-는 동시에

긍정적인 면과 부정적인 면을 동시에 가지고 있음을 나타낼 때 사용합니다.

예 • 과학 기술의 발달은 긍정적인 측면과 부정적인 측면을 함께 가지고 있다.
  • 스트레스는 일을 할 때 방해가 되기도 하고 성과에 도움이 되기도 한다.
  • 다문화 사회로의 변화는 문화를 풍요롭게 만드는 동시에 갈등도 발생시킨다.

• 위 표현을 사용하여 문장을 완성하십시오.

경쟁 / 긍정적인 측면 / 부정적인 측면

➡ _____

기품을 지키되 사치하지 말 것이며
지성을 갖추되 자랑하지 말라.

– 신사임당 –

PART 04

주제 이해하기

주제 01 사형 제도

어휘와 표현

국가	범죄	생명	재판	효과	사회 질서
빼앗다	보호하다	억울하다	유지하다	폐지하다	함부로

1. 생각하기

- 여러분은 사형 제도를 어떻게 생각합니까?
- 다음은 사형 제도에 대한 사람들의 의견입니다. 사형 제도를 유지해야 한다는 입장과 폐지해야 한다는 입장 중에서 어느 쪽의 의견에 해당되는지 √표 하십시오.

의 견	유지해야 한다	폐지해야 한다
① 범죄를 예방하는 효과가 있다.		
② 국가가 인간의 생명을 함부로 빼앗을 수 없다.		
③ 잘못된 재판의 결과로 억울한 사람이 생길 수 있다.		
④ 사회 질서를 유지하고 흉악 범죄로부터 국민의 생명을 보호할 수 있다.		

- 여러분은 어느 쪽의 입장에 동의합니까?

2. 의견 쓰기 ('1. 생각하기'의 내용을 참고하여 문장을 완성해 보세요.)

(1) 사형 제도에 대한 사람들의 의견을 쓰십시오.

사형 제도를 _____ 의견과 _____ 의견이 있다.

(2) 사형 제도에 대한 자신의 입장을 쓰십시오.

나는 _____ 생각한다.

(3) 그렇게 생각하는 이유를 쓰십시오.

왜냐하면 _____ 때문이다.

그리고 _____.

따라서 사형 제도를 _____.

3. 지식 창고

- 사형 제도의 역사

  사형 제도는 흉악 범죄를 저지른 사람의 생명을 박탈해 그 사람을 사회에서 영원히 제거하는 형벌입니다. 기원전 18세기 함무라비 법전의 '눈에는 눈, 이에는 이'라는 말로 과거에도 사형 제도가 있었음을 알 수 있으며, 한국의 고조선 8조법에도 '사람을 살해한 자는 죽음으로 갚는다.'는 조항이 있어 사형 제도가 있었음을 추측할 수 있습니다.

- 한국의 사형 제도

  국제인권위원회는 10년 동안 사형을 집행하지 않은 나라는 비공식적으로 사형이 폐지된 국가로 인정합니다. 한국은 사형 제도가 있기는 하지만 1997년 이후로 지금까지 사형을 집행하지 않았기 때문에 사실상 사형 제도 폐지 국가로 분류되고 있습니다. 하지만 헌법재판소는 사형 제도가 합헌(헌법의 취지에 맞는 일)이라는 결정을 내렸는데 1999년 11월에는 재판관 9명 가운데 7명이, 2010년 2월에는 5명이 합헌이라고 보았습니다.

- 전세계 사형 집행 현황

  인권 단체인 국제앰네스티(Amnesty International)에 따르면 현재 전 세계의 2/3 이상 국가가 사형 제도를 폐지했으며, 특히 유럽 연합(EU)의 모든 국가를 포함한 140개 국가는 사형 제도가 없거나 10년 동안 집행하지 않았다고 합니다. 반면 미국, 중국, 일본, 대만, 싱가포르 등 58개 국가에서는 아직 사형 제도를 유지하고 있습니다.

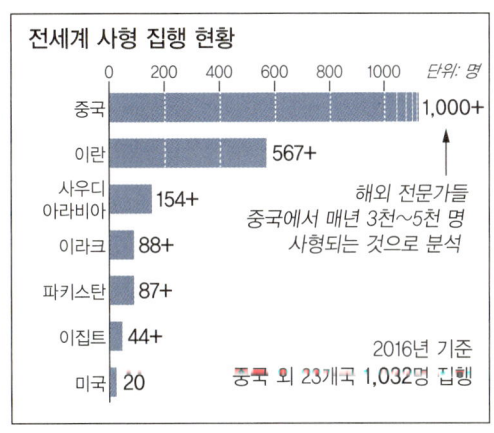

〈자료: 국제앰네스티〉

주제 02 장애인

어휘와 표현

| 인식 | 차별 | 편견 | 경사로 | 일자리 | 고용 기회 | 편의 시설 |
| 겪다 | 개선하다 | 실시하다 | 이동하다 | 확대하다 | 확충하다 | |

1. 생각하기

- 장애인들이 겪는 문제에는 어떤 것이 있습니까?
- 다음은 장애인들이 겪는 문제와 해결 방법입니다. 문제에 해당하는 해결 방법을 찾아서 연결하십시오.

〈문제〉   〈해결 방법〉

① 자유롭게 이동할 수 없다. •   • ㉮ 고용 기회를 확대한다.

② 일자리를 구하기 어렵다. •   • ㉯ 경사로 등의 이동 편의 시설을 확충한다.

③ 편견과 차별이 심하다. •   • ㉰ 장애인 인식 개선 교육을 실시한다.

2. 의견 쓰기

(1) 장애인들이 겪는 문제에 대해 쓰십시오.

장애인들이 겪는 어려움으로 이동권 보장 문제, 고용 문제, 차별 문제가 있다. 먼저, 시설 부족으로 장애인들이 _____ 경우가 많다. 그리고 취업을 원해도 _____.

무엇보다 장애인들을 힘들게 하는 것은 장애인을 대하는 사람들의 _____ 이다.

(2) 장애인 문제를 해결할 수 있는 방법을 쓰십시오.

이러한 장애인 문제를 해결하기 위해서는 _____ 한다.

그리고 _____ 위한 제도를 마련해야 한다.

또한 사람들의 인식을 개선할 수 있도록 _____ 필요가 있다.

3. 지식 창고

• 장애인의 취업 상황

보건복지부에 따르면 2017년 장애인의 수는 254만 6천 명입니다. 이는 2017년 전체인구수인 5천 136만 명 중 4.9%에 해당됩니다. 장애인들의 취업을 돕기 위해 국가에서는 '장애인 의무 고용 제도'를 운영하면서 의무고용률을 점차 높이고 있지만 2018년 고용노동부 자료에 따르면 2017년 장애인 고용률은 36.5%로 전체인구 고용률 61.3%와 비교해 낮은 편입니다. 참고로 경제협력개발기구(OECD) 기준 한국의 장애인 고용률은 49.2%이며, 회원국 평균인 47.6%보다는 높습니다.

장애인 의무고용률

2016년 / 2019년

- 국가·지자체(공무원) 공기업·준정부기관 기타공공기관·지방공기업: 3% → 3.4%
- 민간사업주: 2.7% → 3.1%
- 국가지자체(공무원 외): 2.7% → 3.4%

〈자료: 한국장애인고용공단, 2019〉

장애인 취업자·고용률 추이

취업자수 / 고용률

- 2013년: 88.5만 명, 36%
- 2014년: 90.6만 명, 37%
- 2015년: 85만 명, 34.8%
- 2016년: 88만 명, 36.1%
- 2017년: 89.8만 명, 36.5%

〈자료: 고용노동부, 2018〉

주제 03 노키즈존

어휘와 표현

| 겪다 | 소란 | 지정 | 출입 | 특정 | 안전사고 |
| 피우다 | 금지하다 | 차별하다 | 확산하다 | | |

1. 생각하기

- 여러분은 아이들의 출입을 금지하는 노키즈존(No Kids Zone)에 대해 어떻게 생각합니까?
- 다음은 노키즈존에 대한 사람들의 의견입니다. 노키즈존 지정에 찬성하는 입장과 반대하는 입장 중에서 어느 쪽의 의견에 해당되는지 √표 하십시오.

의견	찬성한다	반대한다
① 다른 손님들이 불편을 겪을 수 있다.		
② 모든 아이들이 소란을 피우는 것은 아니다.		
③ 특정 손님을 차별하는 문화가 확산될 수 있다.		
④ 아이들의 안전사고가 발생할 위험이 있다.		

- 여러분은 어느 쪽의 입장에 동의합니까?

2. 의견 쓰기

(1) 노키즈존에 대한 사람들의 의견을 쓰십시오.

　　식당이나 카페를 노키즈존으로 지정하는 것에 대해 _____ 의견과 _____ 의견이 있다.

(2) 노키즈존에 대한 자신의 입장을 쓰십시오.

　　나는 _____.

(3) 그렇게 생각하는 이유를 쓰십시오.

　　노키즈존 지정에 _____ 이유는 먼저, _____ 때문이다.

　　그리고 _____.

　　따라서 노키즈존 지정에 _____.

3. 지식 창고

- 노키즈존 확산 관련 사건

사건 1

2011년 부산의 한 식당에서 아이가 화상을 입은 사건

– 뜨거운 물을 들고 가던 종업원과 부딪혀서 10세 아이가 화상을 입음

법원의 판결

- 주의가 부족했던 종업원과 직원의 안전 교육을 소홀히 한 식당 주인의 책임을 70%로, 아이 부모의 책임을 30%로 판단함
- 식당 측이 총 4,100만 원을 지급해야 한다고 판결함

사건 2

2012년 9월 춘천의 한 식당에서 유모차에 있던 아기가 화상을 입은 사건

– 종업원이 된장찌개를 운반하다가 식당 내부의 통로에 있던 유모차에 찌개를 쏟아 아기가 허벅지에 화상을 입음

법원의 판결

- 식당 측은 유모차 반입을 금지한다는 안내문을 게시했으므로 책임이 없다고 주장했지만 받아들여지지 않음
- 식당의 책임을 70%로 판단해 치료비와 위자료를 포함한 총 1,170만 원을 지급해야 한다고 판결함

이와 같은 사건들을 계기로 노키즈존이 필요하다는 의견이 확산되었고 실제로 노키즈존을 시행하는 식당과 카페 등이 늘어났습니다.

주제 04 직업

🌱 **어휘와 표현**

| 급여 | 적성 | 전망 | 보람 | 경제적 | 발전 가능성 |
| 맞다 | 처하다 | 고려하다 | 떨어지다 | | |

1. 생각하기

- 여러분은 직업을 선택할 때 무엇이 중요하다고 생각합니까?
- 다음은 직업을 선택할 때 고려하는 조건입니다. 조건에 어울리는 이유를 찾아서 연결하십시오.

  〈조건〉　　　　　　　　　　〈이유〉

  ① 전 망 ・　　　　・ ㉮ 경제적으로 불안하지 않아야 일하는 보람을 느낄 수 있다.

  ② 적 성 ・　　　　・ ㉯ 자신에게 잘 맞는 일을 선택해야 즐기면서 일할 수 있다.

  ③ 급 여 ・　　　　・ ㉰ 발전 가능성이 떨어지면 현실적인 어려움에 처하게 된다.

- 여러분이 가장 중요하게 생각하는 조건은 무엇입니까?

2. 의견 쓰기

(1) 직업을 선택할 때 고려하는 조건을 쓰십시오.

　　일반적으로 직업을 선택할 때 고려하는 조건에는 ＿＿＿＿＿＿＿＿＿＿＿＿＿＿ 등이 있다.

(2) 가장 중요하게 생각하는 조건을 쓰십시오.

　　이러한 조건들 중에서 가장 중요한 조건은 ＿＿＿＿＿＿＿＿＿＿＿＿＿＿ 생각한다.

(3) 그렇게 생각하는 이유를 쓰십시오.

　　＿＿＿＿＿＿＿＿＿ 중요한 이유는 ＿＿＿＿＿＿＿＿＿＿＿＿＿＿ 때문이다.

　　따라서 직업을 선택할 때는 ＿＿＿＿＿＿＿＿＿＿＿＿＿＿ 직업을 선택해야 한다.

3. 지식 창고

- 직업가치관 검사

  만 15세 이상의 사람들이 중요하게 생각하는 직업에 대한 가치관을 알아보고 자신의 직업가치를 실현하기 위해 적합한 직업을 안내해 주는 심리 검사

  직업가치관 요소

  - 성취: 자신이 스스로 목표를 세우고 이를 달성하는 것을 중시함
  - 봉사: 남을 위해 일한다는 것을 중시함
  - 개별 활동: 여러 사람과 어울리기보다 혼자 일하는 것을 중시함
  - 직업 안정: 직업에서 얼마나 오랫동안 안정적으로 종사할 수 있는지를 중시함
  - 변화 지향: 업무가 고정되어 있지 않고 변화 가능한지를 중시함
  - 몸과 마음의 여유: 마음과 신체적인 여유를 가질 수 있는 업무나 직업을 중시함
  - 영향력 발휘: 타인에 대해 영향력을 발휘하는 것을 중시함
  - 지식 추구: 새로운 지식을 얻는 것을 중시함
  - 애국: 국가를 위해 도움이 되는 것을 중시함
  - 자율성: 자율적으로 업무를 해 나가는 것을 중시함
  - 금전적 보상: 금전적 보상을 중시함
  - 인정: 타인으로부터 인정받는 것을 중시함
  - 실내 활동: 신체 활동을 덜 요구하는 업무나 직업을 중시함

직업가치관 순위

순위	요소
1위	몸과 마음의 여유
2위	직업 안정성
3위	성취
4위	금전적 보상
5위	타인에게 인정받기

연령대별 직업가치관 1~3위

10·20대	순위	30·40대
몸과 마음의 여유	1위	직업 안정성
직업 안정성	2위	몸과 마음의 여유
성취	3위	성취

〈자료: 한국고용정보원, 2015〉

주제 05 성형 수술

어휘와 표현

개성	경쟁력	만족감	부작용	성형 중독
외모 지상주의	높이다	부추기다	사라지다	

1. 생각하기

- 여러분은 성형 수술에 대해 어떻게 생각합니까?
- 다음은 성형 수술에 대한 사람들의 의견입니다. 성형 수술을 해도 된다는 입장과 하면 안 된다는 입장 중에서 어느 쪽의 의견에 해당되는지 √표 하십시오.

의 견	해도 된다	하면 안 된다
① 개성이 사라지고 외모 지상주의를 부추긴다.		
② 자신감과 만족감을 높일 수 있다.		
③ 부작용이나 성형 중독의 가능성이 있다.		
④ 외모가 경쟁력이 되어 기회를 얻을 수 있다.		

- 여러분은 어느 쪽의 입장에 동의합니까?

2. 의견 쓰기

(1) 성형 수술에 대한 사람들의 의견을 쓰십시오.

성형 수술을 _____ 의견과 _____ 의견이 있다.

(2) 성형 수술에 대한 자신의 입장을 쓰십시오.

나는 _____ 생각한다.

(3) 그렇게 생각하는 이유를 쓰십시오.

성형 수술을 하면 _____ 때문이다.

그리고 _____ .

따라서 _____ .

3. 지식 창고

- 외모 지상주의

외모 지상주의는 외모가 인생의 성공과 실패를 좌우한다고 믿을 정도로 외모에 지나치게 집착하는 경향이나 사회 문화를 의미합니다. 다시 말해 연애, 취업, 결혼 등 삶에서 중요한 순간에 외모가 큰 영향을 미친다고 생각하고 성형이나 다이어트 등으로 외모를 가꾸는 데 많은 노력과 시간을 투자하는 문화입니다. 그러나 지나친 미용 성형이나 다이어트로 인한 부작용으로 심각한 병을 앓게 되거나 심할 경우 죽음에까지 이르게 되는 경우도 적지 않습니다. 무엇보다 외모 지상주의는 상업주의와 대중매체가 정해 놓은 외모 기준에 맞지 않으면 무시해도 된다는 사회적 분위기를 만드는 것에 큰 문제가 있습니다. 이런 문제를 해결하기 위해 우리는 사람의 외모는 모두 다를 수밖에 없으며 미의 기준은 상대적인 것임을 기억해야 합니다.

- 재건 성형

재건 성형은 귀가 없는 사람에게 귀를 만들어 주고, 사고로 얼굴이 망가진 사람의 얼굴을 고쳐 주고, 손가락의 수가 부족한 사람의 손에 손가락을 달아 주는 등의 작업을 통해 새로운 인생을 찾아 주는 수술입니다. 이런 점에 비추어 볼 때, 원래 성형 수술은 신체 기능상 불편함이 있거나 생김새 때문에 정신적인 고통을 받을 때 의사가 환자에게 제공하는 치료 방법 중 하나라고 할 수 있습니다.

주제 06 토론

어휘와 표현

| 갈등 | 과정 | 논점 | 상황 | 구성원 | 상대방 |
| 겪다 | 경청하다 | 설득하다 | 통합하다 | 파악하다 | 이루어지다 |

1. 생각하기

- 여러분은 토론이 어떤 역할을 한다고 생각합니까?
- 다음은 토론의 역할과 토론을 잘하기 위해 필요한 조건에 대한 설명입니다. 〈보기〉에서 알맞은 말을 골라 빈칸에 쓰십시오.

> **보기**
>
> 갈등   경청   파악   통합   문제 상황

> 토론은 구성원 간에 발생하는 (①   )을/를 해결하고 의견을 (②   )하는 과정이다. 토론을 잘하기 위해서는 (③   )을/를 정확하게 이해하고 상대방의 말을 (④   )하며 논점을 (⑤   )하는 것이 중요하다.

2. 의견 쓰기

(1) 토론이 하는 역할을 쓰십시오.

여러 사람이 함께 생활하다 보면 의사소통이 제대로 이루어지지 않아서 갈등을 겪는 경우가 있다.

이때 _____ 것이 토론이다.

토론은 구성원들이 가진 _____ 과정이자 문제를 해결하는 과정이기 때문이다.

(2) 토론을 잘하기 위해 필요한 조건을 쓰십시오.

토론을 잘하기 위해서는 먼저 _____ 한다.

문제가 발생한 원인과 상황을 정확하게 알아야 토론이 가능하기 때문이다. 또한 토론은 상대방을 설득하는 과정이므로 먼저 서로의 생각을 알 수 있도록 _____.

3. 지식 창고

- 틀리다? 다르다?

  당신은 나와 생각이 (   ).

  위 문장의 빈칸에 들어갈 말은 '틀리군요'일까요, '다르군요'일까요? 우리는 종종 '다르다'와 '틀리다'를 혼동해서 쓰는 경우가 많습니다. 어쩌면 나와 다른 것은 잘못된 것이라는 자기중심적인 생각을 무의식적으로 하고 있기 때문일지도 모릅니다. 그렇지만 사람의 생각은 각자 살아온 환경이나 경험 등에 따라 형성되기 때문에 서로 다를 수밖에 없습니다. 서로의 다름을 인정하고 존중하는 것은 다른 사람을 이해하는 첫걸음입니다. 토론에서 역시 마찬가지입니다. 상대방의 의견을 비판적으로 듣고 반박하는 것도 중요하지만, 그 전에 상대방의 생각이 나와 다를 수 있고, 나아가 그것이 옳은 것일 수도 있다고 생각하는 열린 자세를 가지는 것이 결국은 우리 모두가 발전할 수 있는 길일 것입니다. 즉, 나와 사고방식이나 가치관이 같지 않음을 나타내는 단어는 '틀리다'가 아닌, '다르다'입니다.

주제 07 초등학생의 휴대폰 사용

어휘와 표현

| 방해 | 영상 | 우려 | 학업 | 보호자 | 손쉽다 |
| 취하다 | 긴급하다 | 노출되다 | 소지하다 | 유해하다 | 집중하다 |

1. 생각하기

- 여러분은 초등학생의 휴대폰 사용에 대해 어떻게 생각합니까?
- 다음은 초등학생의 휴대폰 사용에 대한 사람들의 의견입니다. 초등학생에게 휴대폰이 필요하다는 입장과 필요 없다는 입장 중에서 어느 쪽의 의견에 해당되는지 √ 표 하십시오.

의 견	필요하다	필요 없다
① 긴급한 상황에서 보호자에게 연락을 취할 수 있다.		
② 수업에 집중하는 데 방해가 된다.		
③ 유해한 영상에 노출될 우려가 있다.		
④ 학업에 필요한 정보를 손쉽게 찾을 수 있다.		

- 여러분은 어느 쪽의 입장에 동의합니까?

2. 의견 쓰기

(1) 초등학생의 휴대폰 사용에 대한 사람들의 의견을 쓰십시오.

　　초등학생에게 휴대폰이 _____ 입장과 _____ 입장이 있다.

(2) 초등학생의 휴대폰 사용에 대한 자신의 입장을 쓰십시오.

　　나는 _____ 생각한다.

(3) 그렇게 생각하는 이유를 쓰십시오.

　　초등학생이 휴대폰을 소지하고 있으면 _____.

　　그리고 _____.

　　그러므로 _____.

3. 지식 창고

- 학교 안 스마트폰 사용이 법으로 금지된 프랑스

  프랑스에서는 2010년부터 수업 중 스마트폰 사용을 법으로 금지해 왔으며, 2018년 9월부터는 스마트폰, 태블릿PC 등 전자기기를 가지고 학교에 갈 수도 없게 되었습니다. 즉 교육 활동, 특별 외부 활동, 장애 학생 지도 같은 예외적인 경우에만 전자기기를 활용할 수 있게 된 것입니다.

- 인터넷·스마트폰 이용 습관 진단 조사

  여성가족부의 조사 결과에 따르면 인터넷과 스마트폰 중 하나 이상에서 과의존 위험군(위험할 정도로 지나치게 의지하는 집단)으로 진단된 청소년은 약 19만 6천여 명입니다. 특히 초등학교 4학년의 경우, 2017년에 이어 인터넷 및 스마트폰 모두 위험군 수가 증가하였습니다.

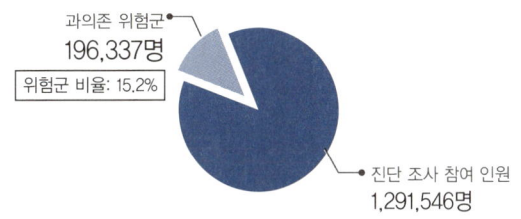

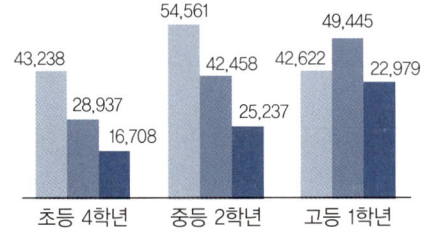

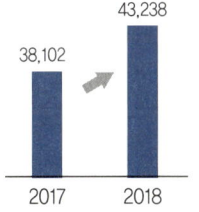

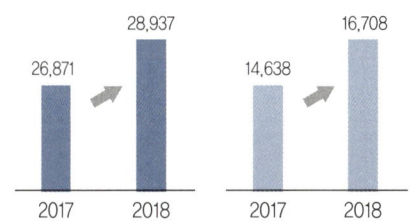

- 스마트폰 중독의 주요 증상

  > - 스마트폰이 없으면 불안하다.
  > - 스마트폰을 오래 사용하는 것이 습관이 되었다.
  > - '그만해야지'라고 생각하면서도 멈추지 못한다.
  > - 스마트폰을 사용하다가 다른 사람에게 지적을 받은 적이 있다.
  > - 스마트폰이 공부나 일을 하는 데 방해가 된다.

주제 08 선의의 거짓말

🌱 어휘와 표현

| 상대 | 의도 | 진실 | 인간관계 | 깊다 | 속이다 |
| 전하다 | 배려하다 | 원만하다 | 관계를 맺다 | | |

1. 생각하기

- 여러분은 선의의 거짓말에 대해 어떻게 생각합니까?
- 다음은 선의의 거짓말에 대한 의견입니다. 긍정적인 면과 부정적인 면 중 어디에 속하는지 알맞은 곳에 번호를 쓰십시오.

> ① 진실을 전하지 않아서 더 나은 결과를 얻는 경우가 있다.
> ② 불편한 진실이라고 해서 전하지 않으면 깊은 관계를 맺을 수 없다.
> ③ 진실을 알기 원하는 상대에게 거짓말을 하는 것은 상대방을 속이는 것이다.
> ④ 상대를 배려하기 위한 거짓말은 원만한 인간관계를 만든다.

긍정적인 면	부정적인 면

2. 의견 쓰기

(1) 선의의 거짓말에 대한 긍정적인 측면을 쓰십시오.

상대를 배려하기 위한 거짓말이나 좋은 의도에서 하는 거짓말을 선의의 거짓말이라고 한다.

선의의 거짓말은 _____ 점에서 긍정적인 면이 있다.

그리고 _____.

(2) 선의의 거짓말에 대한 부정적인 측면을 쓰십시오.

그렇지만 선의의 거짓말이 이러한 긍정적인 면만 가지고 있는 것은 아니다. _____

_____. 또한 _____.

이처럼 선의를 가진 거짓말이라도 문제점이 있으므로 주의가 필요하다.

3. 지식 창고

- 플라시보 효과(Placebo effect)

    의사가 효능이 없는 가짜 약이나 치료법을 환자에게 주었는데, 환자가 긍정적으로 믿는 것으로 인해 병이 낫는 현상을 말합니다. 환자가 평소 의사를 믿고 따를수록, 똑같은 약이라도 비싸다는 것을 알고 있을수록 그리고 그 약을 먹고 효과를 본 경험이 있을수록 플라시보 효과는 커진다고 합니다.

- 피그말리온 효과(Pygmalion effect)

    긍정적인 기대나 관심이 사람에게 좋은 영향을 미치는 효과를 말합니다. 실제로 미국의 초등학교 학생들을 대상으로 피그말리온 효과에 대한 실험을 진행한 결과도 있습니다. 교사에게 특정 아이들이 똑똑하다고 알려주자 몇 개월 후 그 아이들은 다른 학생들보다 지능이 높게 나오고 학교 성적도 크게 올랐다고 합니다. 교사의 긍정적인 기대와 관심이 학생들에게 좋은 영향을 미친 것입니다.

- 버스가 오지 않는 버스 정류장

    독일에는 버스가 오지 않는 버스 정류장이 있습니다.

    이 정류장은 요양원과 치매 시설 앞에 설치되어 있습니다. 집으로 돌아가기 위해 시설을 뛰쳐나온 치매 노인들이 길을 잃고 실종되는 일이 많아지자 고민하던 요양원에서 다음의 사실을 근거로 한 가지 방안을 생각해 낸 것입니다.

    '요양원을 나온 노인들은 집으로 가기 위해 본능적으로 버스나 전철 등 대중교통을 찾아간다.'

    이렇게 해서 만들어진 가짜 정류장 앞에 노인들이 앉아 있으면 요양원 직원들은 다가가 "버스가 조금 늦어지는 것 같은데, 커피라도 한 잔 하시면 어떨까요?"라고 말을 건네면서 노인들을 안전하게 시설로 데려올 수 있었습니다.

    그리고 이제는 유럽의 다른 나라들도 가짜 정류장을 만들고 있다고 합니다.

    가짜 정류장에서 매번 거짓말을 하는 직원들. 하지만 이 거짓말은 노인들을 위한 세상에서 가장 착한 거짓말 아닐까요?

주제 09 CCTV 설치

어휘와 표현

검거	범인	범죄	비용	설치	우려
예방	침해	확대하다			

1. 생각하기

- 여러분은 CCTV 설치를 확대하는 것에 대해 어떻게 생각합니까?
- 다음은 CCTV 설치에 대한 사람들의 의견입니다. CCTV 설치를 확대해야 한다는 입장과 확대하면 안 된다는 입장 중에서 어느 쪽의 의견에 해당되는지 √표 하십시오.

의 견	확대해야 한다	확대하면 안 된다
① 사생활 침해의 우려가 있다.		
② 범죄를 예방하는 데 효과가 있다.		
③ 범죄가 발생했을 때 범인 검거에 도움이 된다.		
④ 설치 비용에 비해 범죄 예방 효과가 크지 않다.		

- 여러분은 어느 쪽의 입장에 동의합니까?

2. 의견 쓰기

(1) CCTV 설치에 대한 사람들의 의견을 쓰십시오.

　　CCTV 설치를 _____ 의견과 _____ 의견이 있다.

(2) CCTV 설치에 대한 자신의 입장을 쓰십시오.

　　나는 _____ 생각한다.

(3) 그렇게 생각하는 이유를 쓰십시오.

　　CCTV 설치를 _____ 이유는 먼저, _____ 때문이다.

　　그리고 _____.

　　그러므로 CCTV 설치를 _____.

3. 지식 창고

- 개인정보보호법이란

    개인정보를 수집하고 활용하는 것을 금지하고 개인의 자유와 권리를 보호하기 위해 만든 법률을 개인정보보호법이라고 합니다. 개인정보보호법 제25조에는 CCTV와 같은 영상정보처리 기기의 설치와 운영에 관한 내용이 있습니다.

- CCTV 설치가 가능한 경우
    - 범죄의 예방 및 수사를 위하여 필요한 경우
    - 시설 안전 및 화재 예방을 위하여 필요한 경우
    - 교통단속을 위하여 필요한 경우
    - 교통 정보의 수집·분석 및 제공을 위하여 필요한 경우

- CCTV를 설치할 수 없는 곳

    여러 사람이 이용하는 목욕실, 화장실, 탈의실 등 개인의 사생활 침해가 우려되는 장소의 내부에는 CCTV를 설치해서는 안 됩니다. 다만, 교도소, 정신보건 시설 등은 예외입니다.

- CCTV를 설치할 때 유의할 점
    - CCTV 운영자는 설치 이외의 목적으로 CCTV를 조작하거나 다른 곳을 촬영해서는 안 됩니다. CCTV의 녹음 기능은 사용할 수 없습니다.
    - CCTV 운영자는 개인정보가 분실·도난·유출·위조·변조 또는 훼손되지 않도록 안전성 확보에 필요한 조치를 해야 합니다.
    - CCTV 운영자는 촬영 사실을 인식할 수 있도록 다음과 같은 내용이 포함된 안내판을 설치하는 등 필요한 조치를 해야 합니다.

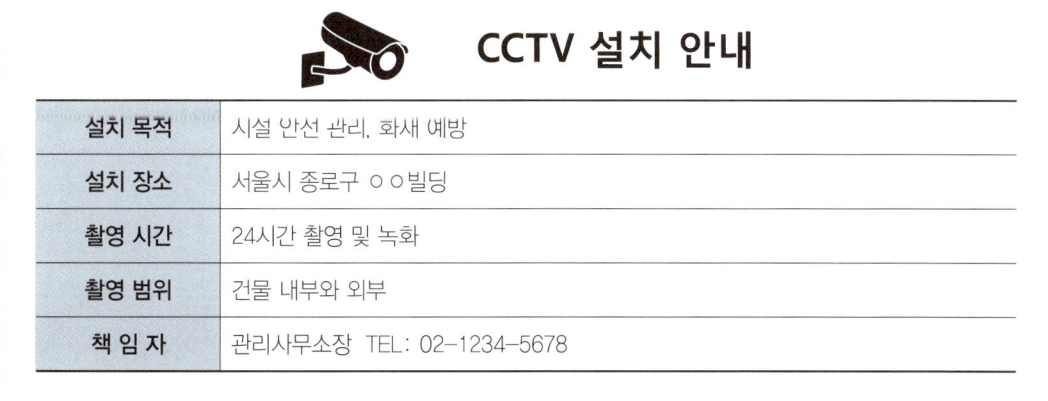

	CCTV 설치 안내
설치 목적	시설 안전 관리, 화재 예방
설치 장소	서울시 종로구 ○○빌딩
촬영 시간	24시간 촬영 및 녹화
촬영 범위	건물 내부와 외부
책 임 자	관리사무소장 TEL: 02-1234-5678

주제 10 대학

어휘와 표현

기여	깊이	업적	연구	인재	학문	교수진
학구적	쌓이다	공급하다	육성하다	조성하다	창출하다	확보하다

1. 생각하기

- 여러분은 대학이 어떤 역할을 해야 한다고 생각합니까?
- 다음은 대학이 담당하는 역할입니다. 역할에 어울리는 설명을 찾아서 연결하십시오.

〈역 할〉	〈설 명〉
① 학문 연구 •	• ㉮ 연구 활동으로 쌓인 업적을 가르친다.
② 학생 교육 •	• ㉯ 사회에 필요한 지식과 인재를 공급해서 발전시킨다.
③ 사회 기여 •	• ㉰ 학문을 깊이 있게 연구하고 지식을 창출한다.

2. 의견 쓰기

(1) 대학이 수행하는 역할 중 학문 연구에 대해 쓰십시오.

사회가 발전하기 위해서는 대학의 역할이 중요하다. 대학의 역할은 학문 연구, 학생 교육, 사회 기여로 볼 수 있다. 먼저, 대학은 ______________________________.

(2) 대학이 수행하는 역할 중 학생 교육에 대해 쓰십시오.

그리고 대학의 또 다른 역할은 ______________________________ 것이다.

이를 위해서 우수한 교수진을 확보하고 자유롭고 학구적인 분위기를 조성해야 한다.

(3) 대학이 수행하는 역할 중 사회 기여에 대해 쓰십시오.

마지막으로 대학은 ______________________________ 한다.

이처럼 대학의 역할은 학문을 연구하고 인재를 육성해서 사회를 발전시키는 것이라 할 수 있다.

3. 지식 창고

- 오늘날 대학의 기능

미래학자들의 예측에 따르면 지금 젊은이들은 살면서 적어도 대여섯 번은 직업을 바꾸게 될 것이라고 합니다. 지식의 수명이 짧아졌기 때문입니다. 그러나 직업이 바뀔 때마다 대학에 다시 가서 새로운 지식을 배울 수는 없습니다. 그 결과 오늘날 대학은 예전과 같은 지식 탐구의 장소가 아닌, 첫 직장을 얻는 간판에 불과해졌습니다. 그렇다면 대학은 어떻게 변화해야 할까요? 이제 대학은 지식을 전달하는 것을 넘어서 그 지식을 어떻게 활용할 것인지를 가르쳐야 합니다. 학생들 역시 지식을 습득한 것에 그치지 말고 그 지식을 어떻게 정리하고 연결해서 새로운 지식으로 발전시킬 것인가를 연구하고 배워야 합니다. 지식의 연결과 융합이야말로 미래 사회에서 가장 필요한 능력이기 때문입니다.

청년들이 첫 직장을 잘 얻고 직장생활을 잘하기 위해 필요한 것은 무엇일까

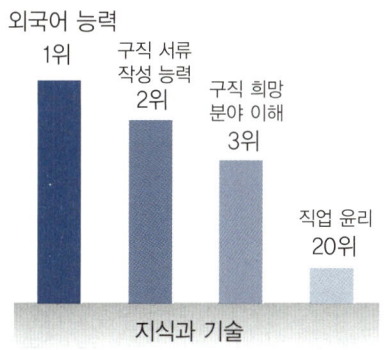

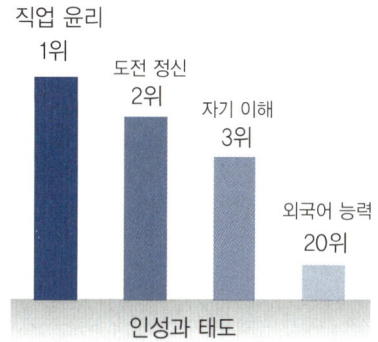

대학생 "취업을 위해서는 외국어 능력과 구직 서류 작성 능력 같은 구직 지식이나 기술이 더 중요합니다."

기업체 인사담당자 "직업 윤리나 도전 정신 같은 인성과 태도를 갖추는 데 초점을 맞춰야 합니다."

⇨ 한국고용정보원 연구위원 "대학생들이 공인 영어 성적과 이력서, 자기 소개서 작성 등 구직 지식 및 기술 관련 스펙 쌓기에만 지나치게 몰두하지 않고 직업 윤리와 도전 정신, 문제 해결력 등 구직 태도 및 적응 관련 역량을 키울 수 있도록 대학에서 적극 지원해야 합니다."

〈자료: 한국고용정보원〉

주제 11. 연예인의 사생활 보호

어휘와 표현

| 권리 | 대중 | 별개 | 보호 | 사적 | 영역 |
| 사생활 | 서다 | 택하다 | 노출되다 | 존재하다 | |

1. 생각하기

- 여러분은 연예인의 사생활 보호에 대해 어떻게 생각합니까?
- 다음은 연예인의 사생활 보호에 대한 사람들의 의견입니다. 연예인의 사생활이 보호되어야 한다는 입장과 노출될 수밖에 없다는 입장 중에서 어느 쪽의 의견에 해당되는지 √ 표 하십시오.

의 견	보호되어야 한다	노출될 수밖에 없다
① 연예인은 대중 앞에 서는 직업을 택한 사람이다.		
② 누구나 사적인 영역을 보호받을 권리가 있다.		
③ 연예 활동과 사생활은 별개의 문제이다.		
④ 연예인은 대중의 관심이 없으면 존재할 수 없다.		

- 여러분은 어느 쪽의 입장에 동의합니까?

2. 의견 쓰기

(1) 연예인의 사생활 보호에 대한 사람들의 의견을 쓰십시오.

연예인의 사생활이 _____ 입장과 _____ 입장이 있다.

(2) 연예인의 사생활 보호에 대한 자신의 입장을 쓰십시오.

나는 _____ 생각한다.

(3) 그렇게 생각하는 이유를 쓰십시오.

왜냐하면 _____ 때문이다.

그리고 _____.

따라서 _____.

3. 지식 창고

배우 'ㅇㅇㅇ 아들'의 퇴사 소식
가수 '△△△ 남편' 신상 공개
연예인 커플 ㅁㅁㅁ과 ☆☆☆ 목격담

사생활 침해일까, 알권리일까

연예인의 사생활 보호가 중요	국민의 알권리와 표현의 자유가 중요
[헌법 제17조] 모든 국민은 사생활의 비밀과 자유를 침해받지 아니한다. 문제는 이 내용을 보장하기 위한 구체적인 법은 없어서 어디까지가 사생활 침해인지 기준에 대한 논란이 있습니다.	[언론중재법 제4조] 언론의 보도는 공정하고 객관적이어야 하고, 국민의 알권리와 표현의 자유를 보호·신장하여야 한다. 언론·표현의 자유가 실현되기 위해서는 국민의 알권리가 더 보장되어야 한다는 의견이 많아지고 있습니다.

한편, 2018년 3월 26일 정부에서 내놓은 '헌법 개헌안'에는 알권리와 함께 자기정보통제권도 담겼습니다.

[정부 개헌안 제22조]
① 모든 국민은 알권리를 가진다.
② 모든 사람은 자신에 관한 정보를 보호받고 그 처리에 관하여 통제할 권리를 가진다.

주제 12 저출산

어휘와 표현

강화	경력	저하	지원	양육비	재취업
출산율	보육 시설	사회 활동	육아 휴직	맡기다	단절되다

1. 생각하기

- 출산율이 낮아지는 원인은 무엇이라고 생각합니까?
- 다음은 저출산의 원인과 해결 방법입니다. 원인에 맞는 해결 방법을 찾아서 연결하십시오.

〈원 인〉   〈해결 방법〉

① 자녀 양육에 따른 경제적 부담이 크다. •   • ㉮ 보육 시설의 설치 확대

② 출산과 양육으로 여성의 경력이 단절된다. •   • ㉯ 양육비 및 교육비 지원

③ 아이들을 맡길 만한 시설이 부족하다.   •   • ㉰ 재취업 지원과 육아 휴직 제도 강화

2. 의견 쓰기

(1) 저출산 문제의 원인을 쓰십시오.

저출산 문제가 점점 심각해지고 있다. 출산율 저하의 원인은 먼저, _____ 것을 들 수 있다. 그리고 _____ 것도 원인으로 꼽힌다. 마지막으로 _____ 것도 원인 중 하나이다.

(2) 저출산 문제를 해결할 수 있는 방안을 쓰십시오.

이러한 저출산 문제를 해결하기 위해서는 부모들의 경제적 부담을 덜어 줄 수 있도록 _____ 한다.

그리고 여성들이 사회 활동을 계속할 수 있도록 _____ 한다.

또한 아이를 맡길 곳이 부족하지 않도록 _____ 필요가 있다.

3. 지식 창고

- 연령 구조의 변화
  - 0~14세 유소년인구 비중은 감소
  - 15~64세 생산연령인구 비중은 감소
  - 65세 이상 고령인구 비중은 증가

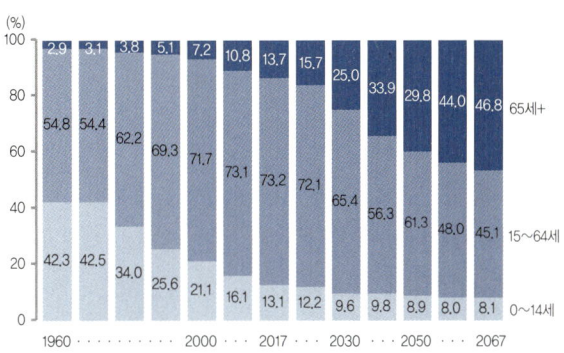

연령별 인구구성비, 1960~2067년

- 여성의 경력 단절 이유

  2018년 4월 기준 15~64세 경력 단절 여성은 184만 7천 명으로 2017년보다 1만 5천 명(0.8%) 증가하였습니다. 이들이 직장을 그만둔 이유는 결혼(34.4%), 육아(33.5%), 임신·출산(24.1%), 가족 돌봄(4.2%), 자녀 교육(3.8%) 순으로 나타났습니다.

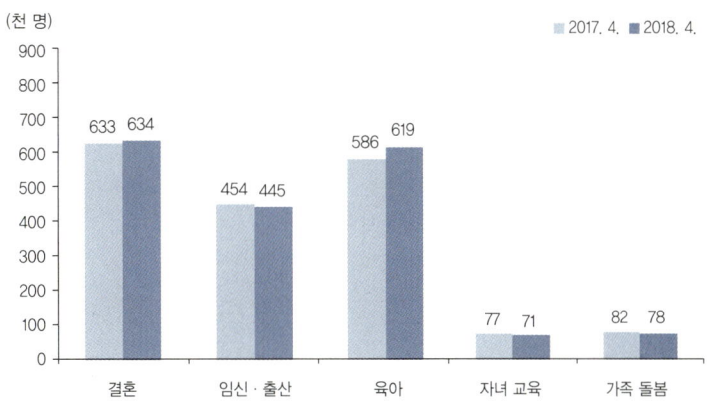

- 정부의 지원

  정부는 저출산이 심각한 요즘, 출산을 장려하고 양육 부담을 덜어 주기 위하여 출산 장려금, 육아 휴직 급여, 출산 휴가 급여, 아동 수당, 양육 수당, 자녀 장려금 등의 제도를 새로 만들거나 강화하고 있습니다.

주제 13 인간 복제

🌱 어휘와 표현

| 가치 | 고유 | 불임 | 소지 | 악용 | 장애 |
| 허용 | 존엄성 | 훼손하다 | | | |

1. 생각하기

- 여러분은 인간 복제를 허용하는 것에 대해 어떻게 생각합니까?
- 다음은 인간 복제에 대한 사람들의 의견입니다. 인간 복제를 허용해야 한다는 입장과 허용하면 안 된다는 입장 중에서 어느 쪽의 의견에 해당되는지 √ 표 하십시오.

의 견	허용해야 한다	허용하면 안 된다
① 인간 고유의 가치와 존엄성을 훼손한다.		
② 질병이나 장애를 가진 사람에게 도움이 된다.		
③ 복제 기술이 범죄에 악용될 소지가 있다.		
④ 불임 부부가 아이를 가질 수 있게 해 준다.		

- 여러분은 어느 쪽의 입장에 동의합니까?

2. 의견 쓰기

(1) 인간 복제에 대한 사람들의 의견을 쓰십시오.

　　인간 복제를 _____ 의견과 _____ 의견이 있다.

(2) 인간 복제에 대한 자신의 입장을 쓰십시오.

　　나는 _____ 생각한다.

(3) 그렇게 생각하는 이유를 쓰십시오.

　　왜냐하면 인간 복제는 _____ 때문이다.

　　그리고 _____.

　　그러므로 인간 복제를 _____.

3. 지식 창고

- 복제 기술이란?

   복제 기술은 생명체의 체세포를 분열시켜 유전적으로 동일한 또 하나의 개체를 만드는 기술입니다.

- 복제양 돌리의 탄생

   1997년에 영국 이언 윌머트는 다 자란 양의 체세포에서 유전자를 채취해서 새끼 양 돌리를 낳게 하는 데 성공했습니다. 복제양 돌리는 세계 최초의 포유동물 복제의 성공이며 돌리의 탄생으로 복제 기술의 발전과 인간 복제의 가능성에 대한 기대가 한층 높아졌습니다.

- 복제 기술의 이점과 문제점

   복제 기술을 이용하면 세포를 복구하거나 생성시킬 수 있기 때문에 인간의 질병을 치료할 수 있고 장기 이식이 필요한 사람에게 도움이 됩니다. 그러나 복제는 아직 부작용과 위험이 따릅니다. 또한 복제 기술을 이용한 인간 복제는 윤리적 문제를 야기하기 때문에 종교계와 시민 단체에서 인간 복제에 대한 우려와 반대의 목소리를 내고 있으며 유엔(UN)과 같은 국제기구들도 금지를 촉구하고 있습니다.

- 인간복제금지협정

   2001년 3월 1일에 발효된 인간복제금지협정은 인간 복제를 금지한 최초의 국제협정입니다. 유럽회의(EC) 41개 회원국 중 과반수를 차지하는 24개국이 이 협정에 동의했습니다. 이들 나라는 동일한 유전자를 가진 또 다른 인간을 만드는 인간 복제를 원칙적으로 금지하고 연구 목적의 세포 및 조직 복제만을 엄격한 기준 아래 허용하기로 했습니다.

주제 14 의사소통

어휘와 표현

| 입장 | 자세 | 타인 | 현상 | 바라보다 | 존중하다 |
| 배려하다 | 요구되다 | 원만하다 | 원활하다 | | |

1. 생각하기

- 여러분은 의사소통 능력이 중요하다고 생각합니까?
- 다음은 의사소통의 역할과 의사소통에 필요한 자세에 대한 설명입니다. 〈보기〉에서 알맞은 말을 골라 빈칸에 쓰십시오.

┤ 보 기 ├

　　　　　　　　배려　　소통　　입장　　존중　　인간관계

　　의사소통 능력은 타인과 (① 　　　)하는 과정에서 요구되며 (② 　　　)에서 중요한 능력 중 하나이다. 원활한 의사소통을 위해서는 상대의 말을 (③ 　　　)하고 상대의 (④ 　　　)에서 현상을 바라보고 (⑤ 　　　)하면서 말하는 자세가 필요하다.

2. 의견 쓰기

(1) 의사소통의 역할을 쓰십시오.

다른 사람들과 원만한 관계를 만들기 위해서는 대화가 필요하다.

그런데 대화를 통해 타인과 소통하기 위해서는 _____.

의사소통이 제대로 이루어지지 않으면 오해가 생길 수 있기 때문이다.

따라서 의사소통 능력은 _____.

(2) 원활한 의사소통을 위해 필요한 자세를 쓰십시오.

원활한 의사소통을 하기 위해서는 다음과 같은 노력이 필요하다.

우선 함께 대화하고 있는 _____ 한다.

다음으로 서로 오해가 생기지 않도록 _____ 필요가 있다.

마지막으로 상대의 기분과 감정을 _____ 자세가 필요하다.

3. 지식 창고

- 대화의 원리
  - 공손성의 원리: 상대방을 배려하고 존중하면서, 예절 바르게 말해야 합니다.
  - 협력의 원리: 지금 이야기 중인 대화의 목적이나 요구에 맞도록 말해야 합니다.

- 대화의 기술
  - 대화의 차례를 지키세요.

    상대방의 말을 잘 들어 주고 자기 말만 하지 않도록 주의합니다. 상대방이 말하는 도중에 끼어들지 않아야 하며, 대화의 주제를 바꾸고 싶을 때는 제안하는 말로 표현합니다.
  - 상대방을 따라해 보세요.

    대화를 할 때 상대방의 행동을 따라하거나 상대방의 말을 반복하면서 맞장구를 치면, 친근감을 느끼고 자신의 말에 주의를 기울인다는 느낌을 줍니다.
  - 상대방과 적당한 거리를 유지해 주세요.

    보통 동양인들은 25~30cm 정도는 떨어져야 편안하게 여기고, 남미인들은 그것보다 더 가까이에서 이야기하는 것을 좋아합니다. 따라서 대화를 할 때 상대가 뒤로 물러난다면 몸을 옆으로 약간 기울여 공간을 만드는 것이 좋습니다.

주제 15 대가족

🌱 어휘와 표현

갈등	부담	육아	자녀	제약	충돌
구성원	사회성	세대 차이	줄다	돌보다	발달하다

1. 생각하기

- 여러분은 대가족에 대해 어떻게 생각합니까?
- 다음은 대가족에 대한 사람들의 의견입니다. 긍정적인 면과 부정적인 면 중 어디에 속하는지 알맞은 곳에 번호를 쓰십시오.

> ① 개인의 행동과 생활에 제약이 많다.
> ② 가족 구성원이 많아서 자녀의 사회성이 발달한다.
> ③ 세대 차이로 인한 의견 충돌과 갈등이 발생할 수 있다.
> ④ 가족들과 함께 아이를 돌볼 수 있어 육아 부담이 준다.

긍정적인 면	부정적인 면

2. 의견 쓰기

(1) 대가족의 긍정적인 측면을 쓰십시오.

대가족은 결혼한 부부가 부모, 자녀와 함께 사는 3대 이상의 가족을 말한다.

대가족은 _____ 점에서 긍정적인 면이 있다.

또한 _____.

(2) 대가족의 부정적인 측면을 쓰십시오.

그렇지만 대가족에 긍정적인 면만 있는 것은 아니다. 대가족은 _____

뿐만 아니라 _____.

이처럼 대가족은 긍정적인 면과 부정적인 면을 동시에 가지고 있다.

3. 지식 창고

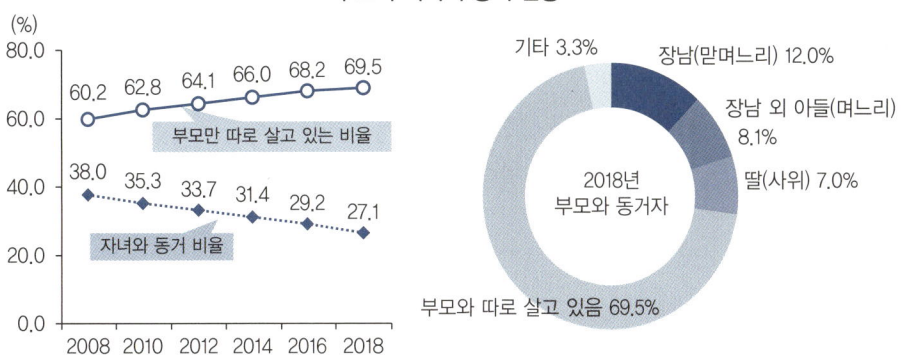

- 가족 형태의 변화

  대가족과 핵가족 외에도 할아버지 혹은 할머니와 손자 혹은 손녀가 함께 사는 '조손 가족'도 있으며, 엄마 또는 아빠 혼자 아이를 기르는 '한부모 가족'도 있습니다. 그리고 부모가 없는 아이들을 입양해서 기르는 가정도 늘고 있으며, 결혼을 하지 않고 혼자 살거나 결혼을 해도 일부러 아이를 낳지 않는 부부도 있습니다.

조손 가족

한부모 가족

입양 가족

주제 16 지도자

어휘와 표현

| 소통 | 위기 | 차별 | 최선 | 독단적 | 공정하다 |
| 발휘하다 | 신뢰하다 | 직면하다 | 책임지다 | 회피하다 | 귀를 기울이다 |

1. 생각하기

- 여러분은 좋은 지도자가 어떤 사람이라고 생각합니까?
- 다음은 좋은 지도자가 되기 위한 조건입니다. 조건에 어울리는 설명을 찾아서 연결하십시오.

〈조건〉 〈설명〉

① 책임감 • • ㉮ 구성원들의 의견에 귀를 기울인다.

② 공정함 • • ㉯ 능력을 발휘할 수 있는 공정한 기회를 준다.

③ 소통 능력 • • ㉰ 위기에 직면해도 회피하지 않고 결과에 책임진다.

2. 의견 쓰기

(1) 좋은 지도자의 조건 중 책임감에 대해 쓰십시오.

조직이 발전하기 위해서는 조직을 이끌어가는 지도자의 역할이 중요하다. 좋은 지도자가 되기 위한 조건으로 먼저 책임감을 들 수 있다. 지도자는 최종 결정을 하는 위치에 있기 때문에 _____ _____ 한다.

(2) 좋은 지도자의 조건 중 공정함에 대해 쓰십시오.

그리고 지도자는 구성원들이 _____ 한다.

지도자가 구성원을 차별하지 않고 공정한 태도를 유지할 때 구성원들은 지도자를 신뢰하고 최선을 다할 수 있다.

(3) 좋은 지도자의 조건 중 소통 능력에 대해 쓰십시오.

마지막으로 항상 _____ 한다.

좋은 지도자는 구성원들과 끊임없이 소통하면서 무엇을 원하는지 알기 위해서 노력한다.

3. 지식 창고

지도자의 유형과 특성

권위형 지도자

조직 구성원들의 의견을 듣지 않고 지도자가 목표와 운영 방침 등을 독단적으로 판단하고 결정합니다. 자신이 내린 결정을 구성원들이 따르게 하며, 성과와 업적에 대하여 주관적으로 평가합니다.

민주형 지도자

조직을 운영하는 계획과 방침을 지도자가 조언하고 조직 구성원들의 토의를 거쳐 결정합니다. 구성원들의 창의력과 의욕이 향상된다는 장점이 있습니다. 객관적인 자료에 근거해서 성과와 업적을 평가합니다.

자유방임형 지도자

지도자가 조직의 운영과 결정에 관여하지 않고 수동적인 태도를 보입니다. 조직 구성원들이 판단하고 결정하여 조직을 운영하도록 합니다. 구성원들 개개인의 능력이 뛰어난 조직에 적합한 지도자의 유형입니다.

〈화이트와 리퍼트(R.K.White & R.Lippitt)의 리더십 유형 분류〉

주제 17 인공 지능

어휘와 표현

| 노동 | 사고 | 지배 | 학습 | 일자리 | 자동화 |
| 갖추다 | 대신하다 | 사라지다 | 절감하다 | 오히려 | |

1. 생각하기

- 여러분은 인간과 같은 학습 능력과 사고 능력을 갖춘 인공 지능을 어떻게 생각합니까?
- 다음은 인공 지능에 대한 사람들의 의견입니다. 긍정적인 면과 부정적인 면 중 어디에 속하는지 알맞은 곳에 번호를 쓰십시오.

> ① 인간의 일자리가 사라질 수도 있다.
> ② 노동 시간과 비용을 절감할 수 있다.
> ③ 인간을 대신해서 힘들고 위험한 일을 해 준다.
> ④ 인간이 오히려 인공 지능에 지배당할 수 있다.

긍정적인 면	부정적인 면

2. 의견 쓰기

(1) 인공 지능의 긍정적인 측면을 쓰십시오.

인간과 같은 학습 능력과 사고 능력을 갖춘 컴퓨터 시스템을 인공 지능이라고 한다.

인공 지능은 _____ 점에서 긍정적인 면이 있다.

그리고 _____.

(2) 인공 지능의 부정적인 측면을 쓰십시오.

그렇지만 인공 지능에 긍정적인 면만 있는 것은 아니다.

인공 지능으로 인해 _____.

또한 _____.

3. 지식 창고

- 인공 지능 기술의 원칙

   경제협력개발기구(OECD)는 2019년 5월 22일에 인공 지능 기술의 연구와 활용의 지침이 될 수 있는 '인공 지능(AI) 이사회 권고안'을 공식 채택하였습니다. 이것은 국제기구에서 최초로 수립한 인공 지능(AI)에 대한 권고안이며 다음과 같은 다섯 가지 일반 원칙과 정책 권고로 구성되어 있습니다.

5대 일반 원칙

1. 포용성과 지속 가능성
2. 인간 가치와 공정성
3. 투명성과 설명 가능성
4. 강인성과 안전성
5. 책임성

5대 정책 권고

1. 연구 개발에 대한 투자
2. 디지털 생태계 조성
3. 혁신을 위한 유연한 정책 환경
4. 인적 역량 배양 및 일자리 변혁 대응
5. 국제 협력

주제 18 인터넷 실명제

어휘와 표현

수사	신분	예방	개인 정보	사이버 범죄	책임 의식
표현의 자유	밝히다	올리다	악용되다	유출되다	침해하다

1. 생각하기

- 인터넷에서 자신의 신분을 밝혀야 글을 올릴 수 있는 제도를 인터넷 실명제라고 합니다. 여러분은 인터넷 실명제에 대해 어떻게 생각합니까?
- 다음은 인터넷 실명제에 대한 사람들의 의견입니다. 인터넷 실명제 시행에 찬성하는 입장과 반대하는 입장 중에서 어느 쪽의 의견에 해당되는지 √ 표 하십시오.

의 견	찬성한다	반대한다
① 표현의 자유를 침해할 수 있다.		
② 개인 정보가 범죄에 악용될 수 있다.		
③ 사이버 범죄의 수사와 예방에 도움이 된다.		
④ 자신의 글에 대한 책임 의식을 가지게 된다.		

- 여러분은 어느 쪽의 입장에 동의합니까?

2. 의견 쓰기

(1) 인터넷 실명제에 대한 사람들의 의견을 쓰십시오.

　　인터넷 실명제에 대해 _____ 의견과 _____ 의견이 있다.

(2) 인터넷 실명제에 대한 자신의 입장을 쓰십시오.

　　나는 _____.

(3) 그렇게 생각하는 이유를 쓰십시오.

　　인터넷 실명제를 시행하면 _____ 때문이다.

　　그리고 _____.

　　따라서 _____.

3. 지식 창고

인터넷 실명제의 도입과 폐지

2007년 7월 인터넷 실명제 도입	익명성을 악용한 악성 댓글 피해가 커지면서 인터넷 실명제의 필요성이 제기되었습니다. 2007년 7월에 이용자의 이름과 주민 등록 번호를 공개한 후 인터넷 게시판을 이용할 수 있도록 하는 '제한적 본인 확인제'를 도입하였습니다.
2009년 1월 적용 확대	인터넷 실명제의 적용 범위를 확대해 하루 평균 이용자 수가 10만 명 이상인 인터넷 사이트에서 게시글을 올리거나 댓글을 쓸 때는 이용자의 이름과 주민 등록 번호를 공개하도록 하였습니다.
2010년 4월 헌법 소원 제기	인터넷 이용자와 시민 단체가 인터넷 실명제 시행에 반대하며 인터넷 실명제가 헌법이 보장하는 국민의 기본권을 침해하고 있다는 점을 들어 위헌 소송을 제기하였습니다.
2012년 8월 인터넷 실명제 폐지	인터넷 실명제는 표현의 자유, 개인 정보 자기 결정권 등의 기본권을 침해하고 제도 시행으로 얻을 수 있는 공익적 효과도 미미하다는 점 등을 이유로 위헌 판결을 받고 시행 5년 만에 폐지되었습니다.
인터넷 실명제 필요성 주장	최근 악성 댓글 피해가 심각해지면서 인터넷 실명제를 다시 시행해야 한다는 주장이 나오고 있습니다.

주제 19 경쟁

어휘와 표현

동기　　　성과　　　수단　　　내다　　　가리다　　　이기다
분발하다　　중시하다　　지나치다

1. 생각하기

- 여러분은 경쟁에 대해 어떻게 생각합니까?
- 다음은 경쟁에 대한 사람들의 의견입니다. 긍정적인 면과 부정적인 면 중 어디에 속하는지 알맞은 곳에 번호를 쓰십시오.

① 더욱 분발해서 발전하는 동기가 된다.
② 결과만 중시하는 태도를 가질 우려가 있다.
③ 수단과 방법을 가리지 않고 이기려고 한다.
④ 경쟁 상대가 있을 때 더 좋은 성과를 내게 된다.

긍정적인 면	부정적인 면

2. 의견 쓰기

(1) 경쟁의 긍정적인 측면을 쓰십시오.

현대 사회에서 사람들은 다른 사람과 경쟁을 하며 살아가게 된다.

경쟁은 _____ 점에서 긍정적인 면이 있다.

또한 _____.

(2) 경쟁의 부정적인 측면을 쓰십시오.

그렇지만 경쟁에 긍정적인 면만 있는 것은 아니다.

경쟁이 지나치게 되면 _____.

그리고 _____.

3. 지식 창고

- 메기 효과 (Catfish effect)

과거 노르웨이 어부들은 멀리 떨어진 바다에서 청어를 잡아 수조에 담아 육지로 가져왔는데 운반 도중에 청어들이 죽어 비싸게 팔 수가 없었습니다. 그러나 한 어부의 청어만은 항상 싱싱하게 유지되었는데 그 비결은 수조 안에 청어의 천적인 메기를 넣는 것이 었습니다. 청어들이 메기에게 잡아먹히지 않기 위해 필사적으로 움직였기 때문에 육지까지 싱싱하게 살아서 도착할 수 있었던 것입니다. 이처럼 강한 경쟁자의 등장으로 인해 다른 경쟁자들이 살아남기 위해 열심히 노력하게 되는 것을 메기 효과(catfish effect)라고 합니다.

- N 효과 (The N-effect)

행동 심리학자 가르시아(Stephen M. Garcia)와 토르(Avishalom Tor)는 학생들을 A, B 두 그룹으로 나눠서 각자의 방에서 문제를 풀게 하는 실험을 했습니다. 가장 빨리 문제를 푼 상위 20%의 학생들에게 상금이 수여된다고 설명하면서 A 그룹의 학생들에게는 경쟁자가 10명이라고 말하고 B 그룹에게는 경쟁자가 100명이라고 말했습니다. 실험 결과 10명의 경쟁자가 있다고 알고 있는 A 그룹의 학생들이 더 빨리 문제를 풀었습니다. 이처럼 같은 과제나 게임을 수행할 때 경쟁자의 수가 많아질수록 업무 수행 동기와 성과가 떨어지는 것을 N 효과라고 하는데 N 효과는 남들과 자신을 비교하는 성향이 강할수록 더 높게 나타납니다. 즉, 성과를 높이기 위해 경쟁을 강조하는 경우가 많지만 경우에 따라서는 경쟁이 오히려 성과를 떨어뜨릴 수도 있는 것입니다.

주제 20 유기견 안락사

어휘와 표현

| 생명 | 편의 | 근본적 | 해결책 | 들다 | 여기다 |
| 감당하다 | 급증하다 | 소중하다 | | | |

1. 생각하기

- 여러분은 유기견을 안락사시키는 것에 대해 어떻게 생각합니까?
- 다음은 유기견 안락사에 대한 사람들의 의견입니다. 유기견 안락사에 찬성하는 입장과 반대하는 입장 중에서 어느 쪽의 의견에 해당되는지 √표 하십시오.

의 견	찬성한다	반대한다
① 동물의 생명도 소중하게 여겨야 한다.		
② 편의를 위한 것일 뿐 근본적인 해결책이 아니다.		
③ 해마다 급증하는 유기견 수를 감당할 수 없다.		
④ 유기견의 보호와 관리에 많은 비용이 든다.		

- 여러분은 어느 쪽의 입장에 동의합니까?

2. 의견 쓰기

(1) 유기견 안락사에 대한 사람들의 의견을 쓰십시오.

　　유기견을 안락사시키는 것에 대해 _____ 의견과 _____ 의견이 있다.

(2) 유기견 안락사에 대한 자신의 입장을 쓰십시오.

　　나는 _____.

(3) 그렇게 생각하는 이유를 쓰십시오.

　　유기견 안락사에 _____ 이유는 먼저, _____ 때문이다.

　　그리고 _____.

　　따라서 유기견을 안락사시키는 것에 _____.

3. 지식 창고

- 유실 · 유기동물의 보호
  - 「동물보호법」 제17조에 따라 유기 · 유실동물을 보호하고 있는 경우에는 소유자 등이 보호조치 사실을 알 수 있도록 7일 동안 공고하여야 합니다.
  - 동물의 소유자는 해당 시군구 및 동물보호센터에 문의해서 동물을 찾아가야 합니다. 「동물보호법」 제19조에 따라 소유자에게 보호 비용이 청구될 수 있습니다.
  - 10일이 경과하여도 소유자 등을 알 수 없는 경우에는 해당 시 · 도지사 또는 시장 · 군수 · 구청장이 그 동물의 소유권을 취득하게 됩니다.

- 입양 안내

  시 · 군 · 구청에서 보호하고 있는 유기동물 중 공고한 지 10일이 지나도 주인이 나타나지 않는 경우 일반인에게 분양할 수 있습니다. 미성년자에게는 반려동물을 분양하지 않으며 분양을 원하는 미성년자는 부모님의 허락을 얻어 반드시 부모님과 함께 방문해야 합니다.

입양 전 진지하게 점검해야 할 체크리스트

- ☑ 반려동물을 맞이할 환경적 준비, 마음의 각오는 되어 있습니까?
- ☑ 개, 고양이는 10~15년 이상 삽니다. 결혼, 임신, 유학, 이사 등으로 가정 환경이 바뀌어도 한번 인연을 맺은 동물은 끝까지 책임지고 보살피겠다는 결심이 섰습니까?
- ☑ 모든 가족과의 합의는 되어 있습니까?
- ☑ 반려동물을 기른 경험이 있습니까? 내 동물을 위해 공부할 각오가 되어 있습니까?
- ☑ 아플 때 적절한 치료를 해주고, 중성화 수술(불임 수술)을 실천할 생각입니까?
- ☑ 입양으로 인한 경제적 부담을 짊어질 의사와 능력이 있습니까?
- ☑ 우리 집에서 키우는 다른 동물과 잘 어울릴 수 있을지 고민해 보았습니까?

〈출처: 동물보호관리시스템〉

알면서 실천하지 않는 것은
참된 앎이 아니다.

– 이황 –

PART 05

실전 모의고사

혼자 TOPIK 공부를 하기 힘들다면?
www.youtube.com ➔ TOPIK STUDY 구독 ➔ TOPIK 한 번에 통과하기 클릭!
www.youtube.com ➔ 시대에듀 구독 ➔ TOPIK 한국어능력시험 학습 특강 클릭!

한국어능력시험 TOPIK II
실전 모의고사 답안지
1 교시(쓰기)

※ 주관식 답안은 반드시 정해진 답란에 맞추어 작성해야 합니다. 정해진 답란을 벗어나거나 바꾸어 쓰면 무효처리가 되니 주의하십시오.

51. ㉠
    ㉡

52. ㉠
    ㉡

53. 띄어쓰기를 포함한 200~300자 내외의 답을 아래 빈칸에 작성하십시오.

54

띄어쓰기를 포함한 600~700자 내외의 답을 아래 빈칸에 작성하십시오.

※ 주어진 답란의 방향을 바꿔서 답안을 쓰면 '0'점 처리됩니다.

한국어능력시험 TOPIK II
실전 모의고사 답안지
1교시 (쓰기)

※ 주관식 답안은 반드시 정해진 답란에 맞추어 작성해야 합니다. 정해진 답란을 벗어나거나 바꾸어 쓰면 무효처리가 되니 주의하십시오.

51. ㉠
    ㉡

52. ㉠
    ㉡

53. (띄어쓰기를 포함한 200~300자 내외의 답을 아래 빈칸에 작성하십시오.)

| 54 | 띄어쓰기를 포함한 600~700자 내외의 답을 아래 빈칸에 작성하십시오. |

※ 주어진 답란의 방향을 바꿔서 답안을 쓰면 '0'점 처리됩니다.

한국어능력시험 TOPIK II
실전 모의고사 답안지
1교시(쓰기)

51. ㉠
    ㉡

52. ㉠
    ㉡

53. 띄어쓰기를 포함한 200~300자 내외의 답을 아래 빈칸에 작성하십시오.

| 54 | 띄어쓰기를 포함한 600~700자 내외의 답을 아래 빈칸에 작성하십시오. |

※ 주어진 답란의 방향을 바꿔서 답안을 쓰면 '0'점 처리됩니다.

본 답안지는 연습용 모의답안지입니다.

한국어능력시험 TOPIK Ⅱ
실전 모의고사 답안지
1 교시(쓰기)

성 명 (Name)	한 국 어 (Korean)	
	영 어 (English)	

문제지 유형 (Type)	홀수형	○
	짝수형	○

수험번호											
					0						
⓪	⓪	⓪	⓪	⓪	●	⓪	⓪	⓪	⓪	⓪	⓪
①	①	①	①	①		①	①	①	①	①	①
②	②	②	②	②		②	②	②	②	②	②
③	③	③	③	③		③	③	③	③	③	③
④	④	④	④	④		④	④	④	④	④	④
⑤	⑤	⑤	⑤	⑤	–	⑤	⑤	⑤	⑤	⑤	⑤
⑥	⑥	⑥	⑥	⑥		⑥	⑥	⑥	⑥	⑥	⑥
⑦	⑦	⑦	⑦	⑦		⑦	⑦	⑦	⑦	⑦	⑦
⑧	⑧	⑧	⑧	⑧		⑧	⑧	⑧	⑧	⑧	⑧
⑨	⑨	⑨	⑨	⑨		⑨	⑨	⑨	⑨	⑨	⑨

※ 실제 시험에서는 모든 표기가 바르게 되었는지 감독위원이 확인 후 서명을 합니다.

※ 답안 작성은 반드시 제공된 컴퓨터용 사인펜을 사용해야 합니다.

※ 위 사항을 지키지 않아 발생하는 불이익은 응시자에게 있습니다.

※ 주관식 답안은 반드시 정해진 답란에 맞추어 작성해야 합니다. 정해진 답란을 벗어나거나 바꾸어 쓰면 무효처리가 되니 주의하십시오.

51	㉠	
	㉡	
52	㉠	
	㉡	
53	띄어쓰기를 포함한 200~300자 내외의 답을 아래 빈칸에 작성하십시오.	

50

100

150

200

250

300

절취선

54	띄어쓰기를 포함한 600~700자 내외의 답을 아래 빈칸에 작성하십시오.

※ 주어진 답란의 방향을 바꿔서 답안을 쓰면 '0'점 처리됩니다.

한국어능력시험 TOPIK II
실전 모의고사 답안지
1교시(쓰기)

| 54 | 띄어쓰기를 포함한 600~700자 내외의 답을 아래 빈칸에 작성하십시오. |

※ 주어진 답란의 방향을 바꿔서 답안을 쓰면 '0'점 처리됩니다.

한국어능력시험 TOPIK II
실전 모의고사 답안지
1교시 (쓰기)

※ 주관식 답안은 반드시 정해진 답란에 맞추어 작성해야 합니다. 정해진 답란을 벗어나거나 바꾸어 쓰면 무효처리가 되니 주의하십시오.

51. ㉠
    ㉡

52. ㉠
    ㉡

53. 띄어쓰기를 포함한 200~300자 내외의 답을 아래 빈칸에 작성하십시오.

| 54 | 띄어쓰기를 포함한 600~700자 내외의 답을 아래 빈칸에 작성하십시오. |

※ 주어진 답란의 방향을 바꿔서 답안을 쓰면 '0'점 처리됩니다.

빠르게 돌아보는 유형별 문제 풀이

1 51번: 빈칸에 알맞은 말 쓰기 1

단 계	풀이 과정
step 1	글의 대상과 목적 파악하기
step 2	앞뒤 문장의 내용 확인하기
step 3	어울리는 문법을 떠올리기

2 52번: 빈칸에 알맞은 말 쓰기 2

단 계	풀이 과정
step 1	접속어, 지시어 찾기
step 2	앞뒤 문장의 내용 확인하기
step 3	어울리는 문법을 떠올리기

3 53번: 자료를 설명하는 글 쓰기

[유형 1] 조사 결과 비교(조사 대상 및 조사 내용, 조사 결과 비교, 알게 된 점)
[유형 2] 두 가지 조사(조사 대상 및 조사 내용, 두 가지 조사 내용, 알게 된 점)
[유형 3] 변화의 원인 설명(변화, 원인, 전망 또는 관련 조사 내용)

단 계	풀이 과정
step 1	유형 파악하기
step 2	알맞은 표현 떠올리기
step 3	원고지에 내용 쓰기

4 54번: 주제에 대해 글 쓰기

[유형 1] N을 위해 필요한 것(주제 소개, 필요한 조건, 태도·방향 조언)
[유형 2] N의 문제점과 해결 방법(주제 소개, 문제점 또는 원인, 해결 방법 제시)
[유형 3] N에 대한 찬성 또는 반대(주제 소개 및 입장 선택, 입장에 대한 근거, 요약 및 입장 강조)
[유형 4] N의 긍정적 측면과 부정적 측면(주제 소개, 긍정적·부정적 측면, 태도·방향 제시)

단 계	풀이 과정
step 1	유형 파악하기
step 2	내용 생각하기(브레인스토밍)
step 3	개요 쓰기
step 4	알맞은 표현 떠올리기
step 5	원고지에 내용 쓰기

제 1 회 쓰기 모의고사

※ [51~52] 다음 글의 ㉠과 ㉡에 알맞은 말을 각각 쓰시오. (10점)

51

e-mail

제니 씨, 안녕하세요?
알려 드릴 것이 있어서 연락드렸습니다.
지난번에 제니 씨가 독서 모임에 관심이 있다고 해서 제가 친구에게 물어봤습니다.
외국인도 우리 학교의 독서 모임에 (㉠   ).
지금 회원을 (㉡   ) 저에게 연락해 주십시오.
자세한 것을 알려 드리겠습니다.

지훈

52

    사람이 먹는 음식 중에는 강아지가 (㉠   ) 것들이 있다. 그중 하나가 초콜릿인데 초콜릿에 들어 있는 카페인은 강아지가 구토와 설사를 하는 원인이 되고 심장 건강에도 악영향을 미친다. 사람에게는 해롭지 않은 음식이 강아지에게는 치명적인 위험이 될 수 있다. 따라서 강아지를 키우는 사람은 강아지가 음식을 몰래 먹지 못하도록 높은 곳이나 눈에 안 띄는 곳에 음식을 (㉡   ).

53 다음은 '부모님께 드리고 싶은 선물'에 대한 자료이다. 이 내용을 200~300자의 글로 쓰시오. 단, 글의 제목은 쓰지 마시오. (30점)

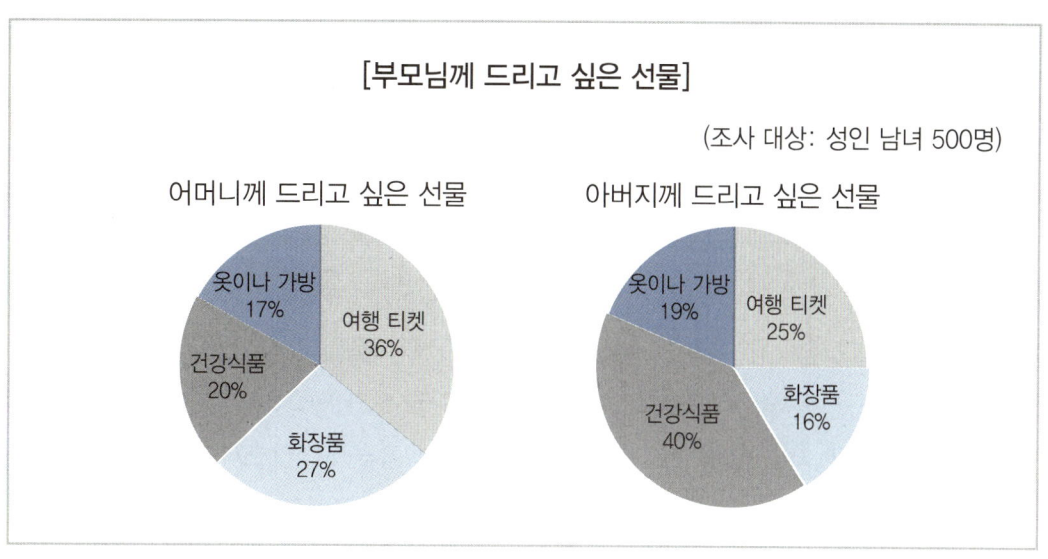

54 다음을 참고하여 600~700자로 글을 쓰시오. 단, 문제를 그대로 옮겨 쓰지 마시오. (50점)

우리는 대화를 통해 다른 사람과 소통한다. 좋은 대화를 하기 위해 필요한 것은 무엇인가? '대화의 중요성과 방법'에 대해 아래의 내용을 중심으로 자신의 생각을 쓰라.

- 대화가 중요한 이유는 무엇인가?
- 좋은 대화를 나누는 방법은 무엇인가?
- 대화를 할 때 가져야 할 태도는 무엇인가?

* 원고지 쓰기의 예

	많	은		사	람	들	이		성	공	을		꿈	꾼	다	.		그	러	나
성	공	의		기	준	에		대	해	서	는		사	람	마	다		생	각	

제2회 쓰기 모의고사

※ [51~52] 다음 글의 ㉠과 ㉡에 알맞은 말을 각각 쓰시오. (10점)

51

언어 교환 친구 구함

안녕하십니까? 저는 중국어를 배우고 있는 대학생입니다.
한국어 공부에 관심이 있는 중국인 친구를 찾고 있습니다. 저에게 중국어를 가르쳐 주시면 저는 한국어를 (㉠). 저와 함께 공부하지 않으시겠습니까?
저는 (㉡) 3개월이 되었습니다. 아직 중국어로 말하는 것이 서투르지만 자주 만나서 연습하고 싶습니다.

이민호 010-1212-3434

52

　태풍이 오면 강한 바람이 불어 건물이 파괴되고 사람이 죽거나 다치는 등의 피해를 입게 된다. 그러나 태풍이 우리에게 (㉠). 태풍은 많은 양의 비를 내려 물이 부족한 지역의 가뭄 해소를 돕기도 한다. 또한 열대 지방의 뜨거운 공기를 북쪽으로 순환시켜서 지구의 온도가 적절하게 유지될 수 있게 도와준다. 즉, 태풍은 우리에게 피해를 주기도 하고 (㉡).

53 다음은 '한국의 쌀 소비량'에 대한 자료이다. 이 내용을 200~300자의 글로 쓰시오. 단, 글의 제목은 쓰지 마시오. (30점)

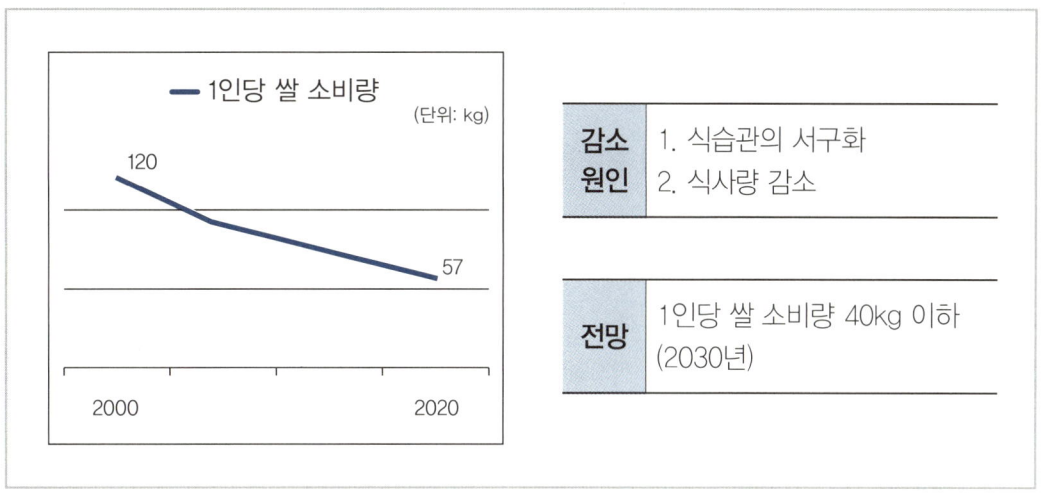

54 다음을 참고하여 600~700자로 글을 쓰시오. 단, 문제를 그대로 옮겨 쓰지 마시오. (50점)

> 유전자를 편집해서 태어나게 하는 아이를 맞춤형 아기라고 한다. 얼마 전 특정 질병에 걸리지 않도록 유전자를 편집한 맞춤형 아기가 태어나서 논란이 되었다. '맞춤형 아기'에 대해 아래의 내용을 중심으로 자신의 생각을 쓰라.
>
> • 맞춤형 아기를 허용해야 한다고 생각하는가, 금지해야 한다고 생각하는가?
> • 그렇게 생각하는 이유는 무엇인가? (2가지 이상)

* 원고지 쓰기의 예

	많	은		사	람	들	이		성	공	을		꿈	꾼	다	.		그	러	나
성	공	의		기	준	에		대	해	서	는		사	람	마	다		생	각	

※ [51~52] 다음 글의 ㉠과 ㉡에 알맞은 말을 각각 쓰시오. (10점)

51

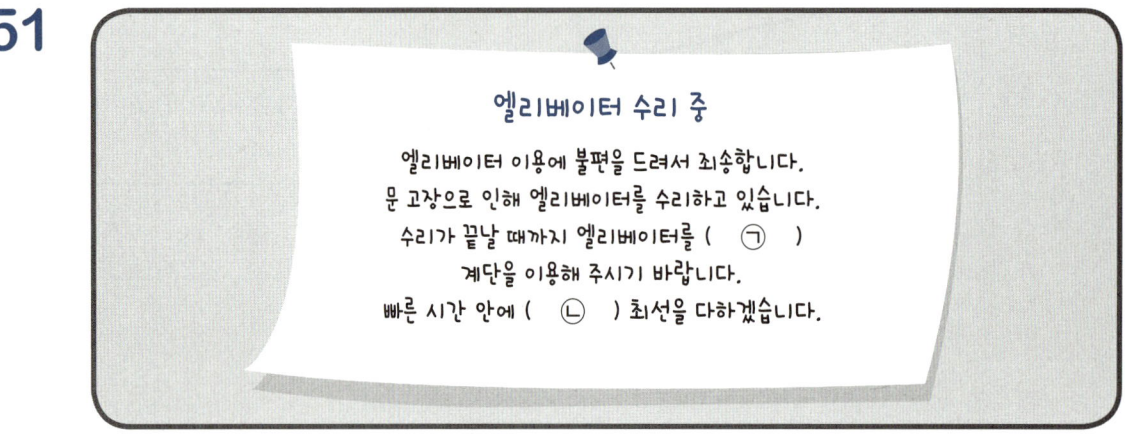

엘리베이터 수리 중

엘리베이터 이용에 불편을 드려서 죄송합니다.
문 고장으로 인해 엘리베이터를 수리하고 있습니다.
수리가 끝날 때까지 엘리베이터를 (㉠)
계단을 이용해 주시기 바랍니다.
빠른 시간 안에 (㉡) 최선을 다하겠습니다.

52

　부탁을 쉽게 (㉠). 그런 사람들은 남의 부탁을 들어주느라 자신의 일을 하지 못하는데도 부탁을 받으면 거절하지 못한다. 거절을 하면 상대방과의 관계가 멀어진다고 생각하기 때문이다. 그러나 거절을 한다고 해서 (㉡). 부탁을 들어줄 수 없는 상황을 잘 설명한다면 상대방도 충분히 이해해 줄 것이다.

53 다음은 '남성 흡연율'에 대한 자료이다. 이 내용을 200~300자의 글로 쓰시오. 단, 글의 제목은 쓰지 마시오. (30점)

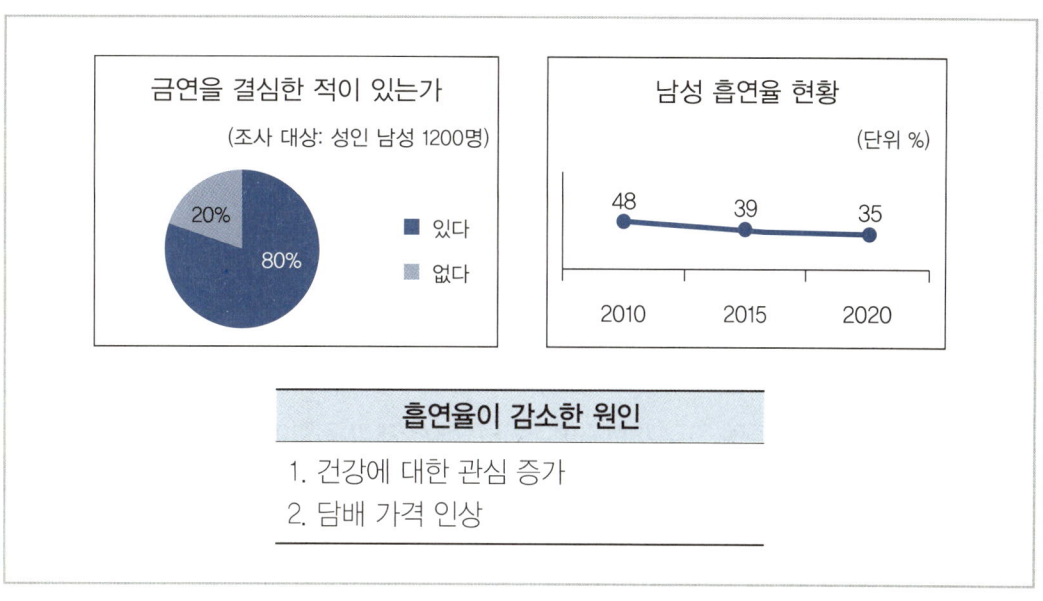

54 다음을 참고하여 600~700자로 글을 쓰시오. 단, 문제를 그대로 옮겨 쓰지 마시오. (50점)

현대 사회에서는 대중문화를 쉽게 접하고 많은 영향을 받고 있다. 대중문화의 긍정적 측면과 부정적 측면에 대해 아래의 내용을 중심으로 자신의 생각을 쓰라.

• 대중문화의 긍정적인 측면은 무엇인가?
• 대중문화의 부정적인 측면은 무엇인가?

* 원고지 쓰기의 예

	많	은		사	람	들	이		성	공	을		꿈	꾼	다	.		그	러	나
성	공	의		기	준	에		대	해	서	는		사	람	마	다		생	각	

제4회 쓰기 모의고사

※ [51~52] 다음 글의 ㉠과 ㉡에 알맞은 말을 각각 쓰시오. (10점)

51

e-mail

사장님께

안녕하세요? 오후 아르바이트생 파비앙입니다. 아르바이트 시간 때문에 연락드렸습니다. 다음 주에 친구가 한국에 온다고 해서 제가 공항에 나가기로 했습니다. 아르바이트가 (㉠) 가면 늦지 않을 거라고 생각했는데 더 일찍 출발해야 할 것 같습니다. 혹시 다음 주 화요일에 1시간만 일찍 아르바이트를 끝낼 수 있습니까?
친구와 약속하기 전에 시간을 잘 (㉡) 확인하지 않고 약속을 해 버려서 죄송합니다. 그날 아르바이트 시간을 바꿀 수 있는지 알려 주시면 감사하겠습니다.

52

　우리가 쉽게 구해서 먹고 있는 식품들이 미래에는 식탁에서 사라질지도 모른다. 왜냐하면 지구 온난화와 기후 변화가 심각해지면서 멸종 위기에 처한 식품들도 점점 (㉠). 특히 식량 생산량의 감소는 인류의 미래를 위협하는 심각한 문제이다. 연구 결과에 따르면 지구의 평균 온도가 1도 상승할 때마다 옥수수의 생산량이 7% 이상 (㉡).

53 다음은 '가정간편식 판매 현황'에 대한 자료이다. 이 내용을 200~300자의 글로 쓰시오. 단, 글의 제목은 쓰지 마시오. (30점)

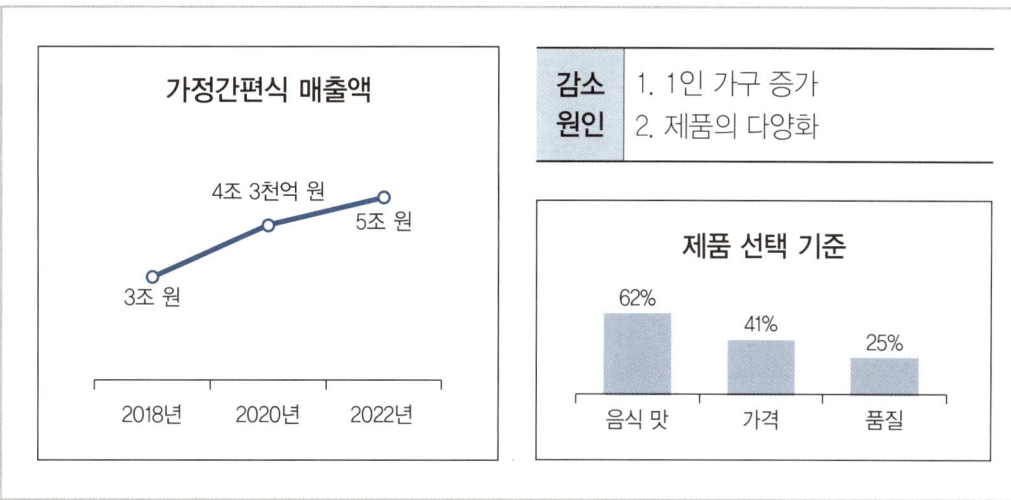

54 다음을 참고하여 600~700자로 글을 쓰시오. 단, 문제를 그대로 옮겨 쓰지 마시오. (50점)

얼마 전 한 중학생이 '소년법'을 악용해 편의점 주인을 폭행한 사건이 발생했다. 14세 미만은 형사 처벌을 받지 않는 '소년법'에 대해 아래의 내용을 중심으로 자신의 생각을 쓰라.

- 소년법을 폐지해야 한다고 생각하는가, 유지해야 한다고 생각하는가?
- 그렇게 생각하는 이유는 무엇인가? (2가지 이상)

* 원고지 쓰기의 예

	많	은		사	람	들	이		성	공	을		꿈	꾼	다	.		그	러	나
성	공	의		기	준	에		대	해	서	는		사	람	마	다		생	각	

제5회 쓰기 모의고사

※ [51~52] 다음 글의 ㉠과 ㉡에 알맞은 말을 각각 쓰시오. (10점)

51

게시판

제목: [인터넷 설치 문의] 주말에도 신청이 가능합니까?

안녕하세요?
금요일에 이사를 (㉠   ) 시간이 안 맞아서 토요일에 이사를 하게 되었습니다. 주말에 인터넷을 사용하고 싶은데 혹시 토요일에 인터넷을 설치하러 와 주실 수 있습니까?
그리고 친구들한테 물어보니 인터넷과 케이블 TV 방송을 같이 신청하면 (㉡   ) 두 가지를 함께 신청하는 경우에 요금이 얼마나 할인됩니까? 할인 가격이 궁금합니다.

52

'펭귄 효과'라는 말은 남극에 사는 펭귄의 행동에서 유래된 것이다. 펭귄들은 바다 속에 펭귄을 잡아먹는 바다표범이 있기 때문에 바다에 들어가기를 두려워한다. 그러나 (㉠   ) 먹이를 구해서 살아갈 수 있다. 펭귄들이 쉽게 바다에 들어가지 못하고 망설일 때 한 마리가 먼저 바다에 들어가면 다른 펭귄들도 줄줄이 따라서 바다로 들어가게 된다. 이처럼 상품을 보고 (㉡   ) 하면서 망설이던 사람이 누군가 상품을 사면 따라서 구매하게 되는 것을 '펭귄 효과'라고 한다.

53 다음은 '성인 독서 현황'에 대한 자료이다. 이 내용을 200~300자의 글로 쓰시오. 단, 글의 제목은 쓰지 마시오. (30점)

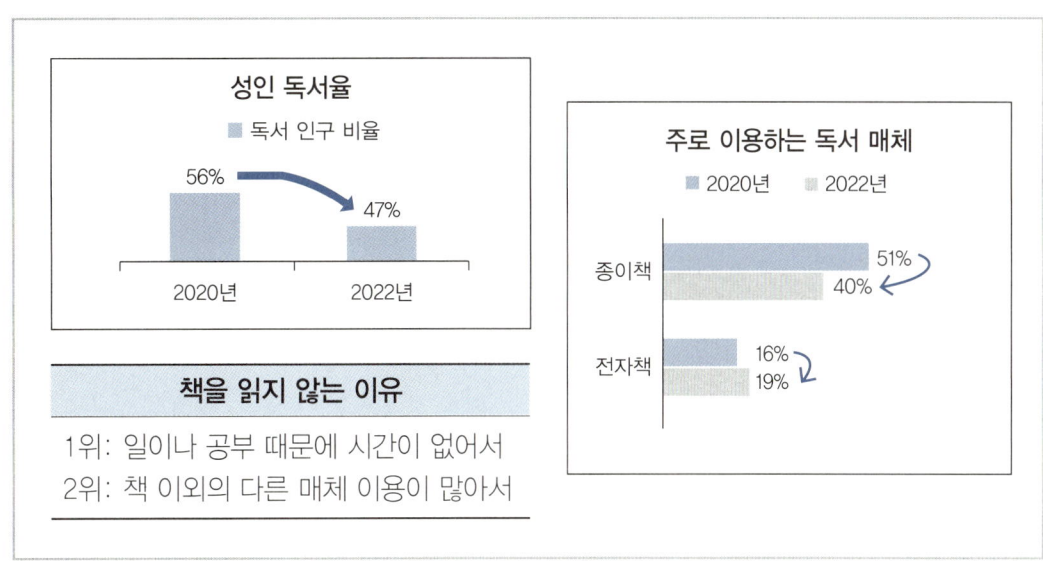

54 다음을 참고하여 600~700자로 글을 쓰시오. 단, 문제를 그대로 옮겨 쓰지 마시오. (50점)

과거에 비해 사람들의 어휘력이 부족해졌으며 특히 아이들의 어휘력 저하가 심각하다고 한다. 아이들의 어휘력 저하 현상과 대책에 대해 아래의 내용을 중심으로 자신의 생각을 쓰라.

• 아이들의 어휘력이 저하되면 어떤 문제가 생기는가?
• 아이들의 어휘력 저하 현상의 원인은 무엇인가?
• 아이들의 어휘력 저하 현상을 어떻게 해결해야 하는가?

* 원고지 쓰기의 예

많	은		사	람	들	이		성	공	을		꿈	꾼	다	.		그	러	나
성	공	의		기	준	에		대	해	서	는		사	람	마	다		생	각

죽는 날까지 하늘을 우러러
한 점 부끄럼이 없기를.

– 윤동주의 '서시' 중 –

PART 06

실제 기출문제

혼자 TOPIK 공부를 하기 힘들다면?
www.youtube.com ➔ TOPIK STUDY 구독 ➔ TOPIK 한 번에 통과하기 클릭!
www.youtube.com ➔ 시대에듀 구독 ➔ TOPIK 한국어능력시험 학습 특강 클릭!

한국어능력시험 TOPIK II
실전 모의고사 답안지
1교시 (쓰기)

54 띄어쓰기를 포함한 600~700자 내외의 답을 아래 빈칸에 작성하십시오.

※ 주어진 답란의 방향을 바꿔서 답안을 쓰면 '0'점 처리됩니다.

한국어능력시험 TOPIK II
실전 모의고사 답안지
1 교시(쓰기)

| 54 | 띄어쓰기를 포함한 600~700자 내외의 답을 아래 빈칸에 작성하십시오. |

※ 주어진 답란의 방향을 바꿔서 답안을 쓰면 '0'점 처리됩니다.

한국어능력시험 TOPIK II
실전 모의고사 답안지
1교시 (쓰기)

※ 주관식 답안은 반드시 정해진 답란에 맞추어 작성해야 합니다. 정해진 답란을 벗어나거나 바꾸어 쓰면 무효처리가 되니 주의하십시오.

51. ㉠
    ㉡

52. ㉠
    ㉡

53. (띄어쓰기를 포함한 200~300자 내외의 답을 아래 빈칸에 작성하십시오.)

| 54 | 띄어쓰기를 포함한 600~700자 내외의 답을 아래 빈칸에 작성하십시오. |

빠르게 돌아보는 유형별 답안 작성 방법

1 51, 52번: 빈칸에 알맞은 말 쓰기

- 답안을 작성할 때는 담화의 앞뒤 내용을 잘 파악하는 것이 중요합니다. ㉠과 ㉡의 앞이나 뒤에 있는 문장들을 잘 살펴보고 내용이 자연스럽게 이어지도록 해야 합니다.
- 담화의 문맥에 적합하지 않은 어휘나 문법을 사용하면 감점이 됩니다.
- 불필요한 내용이 추가되어 원래의 의미를 해치는 경우 감점이 됩니다.
- 철자법이 정확하지 않거나 글의 형식과 격식에 맞지 않으면 감점이 됩니다.
- 답안에 빈칸 앞뒤의 어구를 포함해서 쓰지 않도록 주의하십시오.
- 답안을 한 문장 이상으로 쓰지 않도록 주의하십시오.

2 53번: 자료를 설명하는 글 쓰기

- 문제에서 요구한 과제를 모두 수행하고 내용이 풍부하게 표현되어야 합니다.
- 글을 조리 있게 전개해야 하며, 200~300자 내에 도입-전개-마무리 구조를 갖추어야 합니다.
- 주어진 자료를 정확하게 이해하고 해석해서 기술해야 하며, 결과의 내용은 자료를 바탕으로 해야 합니다. 자료를 임의로 해석하거나 자료와 관계없는 자신의 주장을 쓰지 않도록 합니다.
- 중급 이상의 어휘, 문법으로 문장을 구성해서 언어를 다양하고 풍부하게 사용해야 합니다.
- 글의 형식과 격식에 맞게 써야 합니다. 구어적인 표현을 사용하거나 종결형으로 '-ㅂ/습니다, -아/어요'를 사용하면 감점이 됩니다.
- 글에 번호를 붙여 가며 짧게 끊어서 쓰면 안 됩니다.

3 54번: 주제에 대해 글 쓰기

- 문제에서 요구한 과제를 모두 수행하고 내용이 풍부하게 표현되어야 합니다.
- 글을 조리 있게 전개해야 하며, 600~700자 내에 도입-전개-마무리 구조를 갖추어야 합니다.
- 중고급 수준의 어휘, 문법으로 문장을 구성해서 언어를 다양하고 풍부하게 사용해야 합니다. 같은 내용이라도 수준 높은 언어를 사용해서 기술하면 '언어 사용'에서 높은 점수를 받을 수 있습니다.
- 글의 형식과 격식에 맞게 써야 합니다. 구어적인 표현을 사용하거나 종결형으로 '-ㅂ/습니다, -아/어요'를 사용하면 감점이 됩니다.
- 글에 번호를 붙여 가며 짧게 끊어서 쓰면 안 됩니다.

※ [51~52] 다음 글의 ㉠과 ㉡에 알맞은 말을 각각 쓰시오. (각 10점)

51

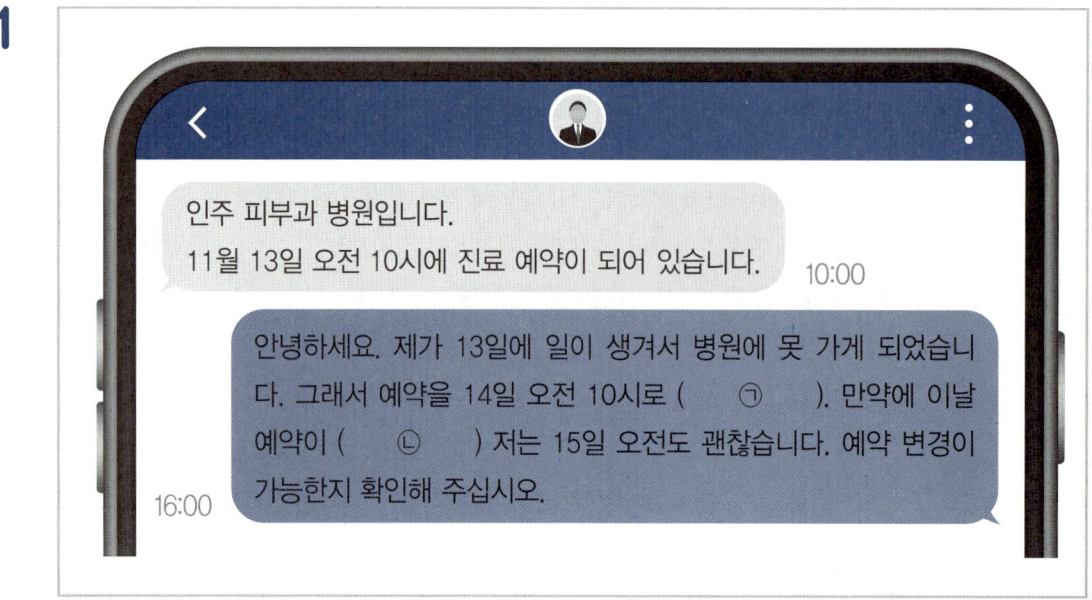

인주 피부과 병원입니다.
11월 13일 오전 10시에 진료 예약이 되어 있습니다.

안녕하세요. 제가 13일에 일이 생겨서 병원에 못 가게 되었습니다. 그래서 예약을 14일 오전 10시로 (㉠). 만약에 이날 예약이 (㉡) 저는 15일 오전도 괜찮습니다. 예약 변경이 가능한지 확인해 주십시오.

52

    스트레스를 받았을 때 사탕이나 과자와 같이 단 음식을 먹으면 기분이 좋아진다. 단 음식으로 인해 뇌에서 기분을 좋게 만드는 호르몬이 나오기 때문이다. 그런데 전문가들은 사람들이 술이나 담배에 중독되는 것처럼 단맛에도 (㉠). 따라서 평소에 단 음식을 지나치게 많이 (㉡) 주의할 필요가 있다.

53 다음은 '편의점 매출액 변화'에 대한 자료이다. 이 내용을 200~300자의 글로 쓰시오. 단, 글의 제목은 쓰지 마시오. (30점)

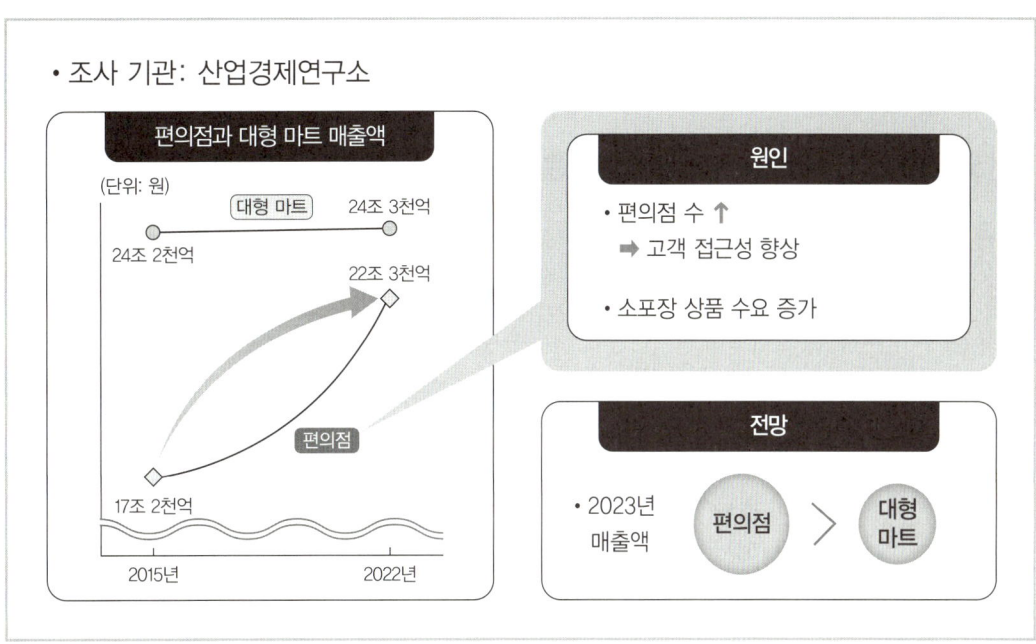

54 다음을 참고하여 600~700자로 글을 쓰시오. 단, 문제를 그대로 옮겨 쓰지 마시오. (50점)

> 오늘날 우리는 정보 통신 기술의 발달로 누구나 쉽게 정보를 생산하고 대중에게 전달할 수 있다. 그런데 정보의 생산과 유통을 통해 개인과 집단이 이익을 얻을 수도 있게 되면서 사실과 다른 가짜 뉴스가 늘어나고 있다. 아래의 내용을 중심으로 '가짜 뉴스의 등장이 사회에 미치는 영향'에 대한 자신의 생각을 쓰라.
>
> • 가짜 뉴스가 생겨나는 사회적 배경은 무엇인가?
> • 가짜 뉴스로 인해 어떤 문제가 생길 수 있는가?
> • 이런 문제들을 해결하기 위해서 어떤 방안이 필요한가?

* 원고지 쓰기의 예

	스	트	레	스	를		받	았	을		때		사	탕	이	나		과	자
와		같	이		단		음	식	을		먹	으	면		기	분	이		좋

제83회 쓰기 기출문제

※ [51~52] 다음 글의 ㉠과 ㉡에 알맞은 말을 각각 쓰시오. (각 10점)

51

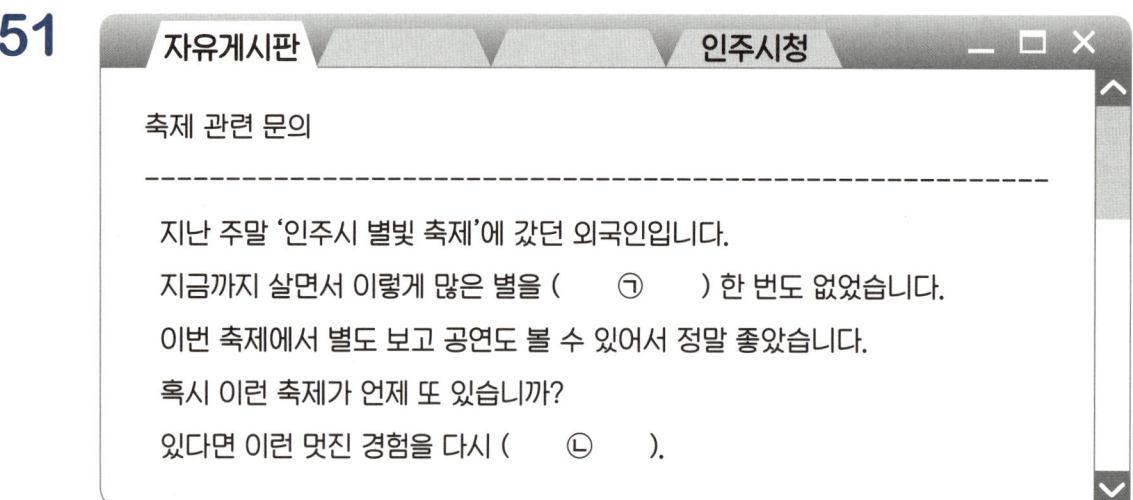

```
자유게시판                           인주시청         _  □  ×

축제 관련 문의
-----------------------------------------------------------
지난 주말 '인주시 별빛 축제'에 갔던 외국인입니다.
지금까지 살면서 이렇게 많은 별을 (   ㉠   ) 한 번도 없었습니다.
이번 축제에서 별도 보고 공연도 볼 수 있어서 정말 좋았습니다.
혹시 이런 축제가 언제 또 있습니까?
있다면 이런 멋진 경험을 다시 (   ㉡   ).
```

52

　식물은 다양한 방법으로 자신을 보호한다. 덩굴성 야자나무는 빈 줄기를 개미에게 집으로 제공한다. 이 나무에 다른 동물이 다가오면 줄기 속에 있던 개미들은 밖으로 나온다. 이때 개미들의 움직임으로 소리가 생긴다. 이 소리는 동물을 깜짝 (㉠   ). 결국 놀란 동물은 나뭇잎을 먹지 못하고 달아나 버린다. 식물학자들은 이것이 바로 이 나무가 자신을 보호하는 (㉡   ).

53 다음은 '인주시의 가구 수 변화'에 대한 자료이다. 이 내용을 200~300자의 글로 쓰시오. 단, 글의 제목은 쓰지 마시오. (30점)

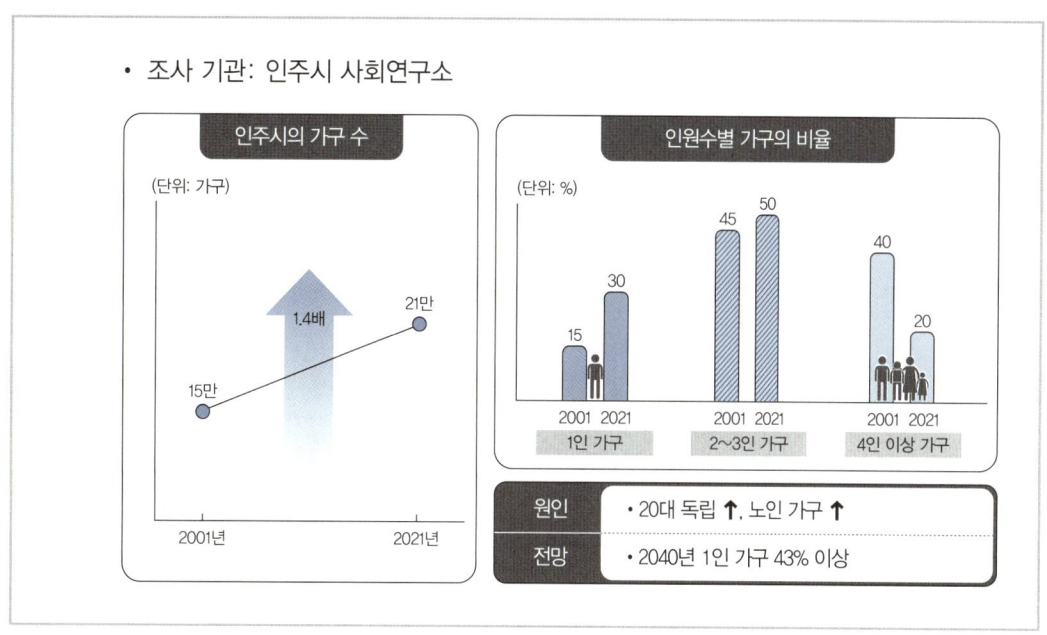

54 다음을 참고하여 600~700자로 글을 쓰시오. 단, 문제를 그대로 옮겨 쓰지 마시오. (50점)

창의력은 새로운 것을 생각해 내는 능력이다. 현대 사회는 개인에게 창의력을 더 많이 요구하고 있다. 아래의 내용을 중심으로 '창의력의 필요성과 이를 기르기 위한 노력'에 대한 자신의 생각을 쓰라.

• 창의력이 필요한 이유는 무엇인가?
• 창의력을 발휘했을 때 얻을 수 있는 성과는 무엇인가?
• 창의력을 기르기 위해 어떤 노력을 할 수 있는가?

* 원고지 쓰기의 예

	식	물	은		다	양	한		방	법	으	로		자	신	을		보	호
한	다	.		덩	굴	성		야	자	나	무	는		빈		줄	기	를		개

쓰기 기출문제

※ [51~52] 다음 글의 ㉠과 ㉡에 알맞은 말을 각각 쓰시오. (각 10점)

51

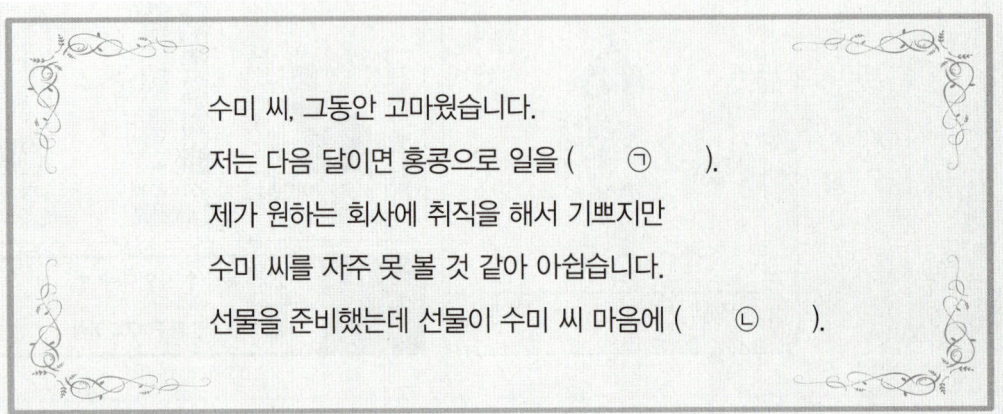

수미 씨, 그동안 고마웠습니다.
저는 다음 달이면 홍콩으로 일을 (㉠).
제가 원하는 회사에 취직을 해서 기쁘지만
수미 씨를 자주 못 볼 것 같아 아쉽습니다.
선물을 준비했는데 선물이 수미 씨 마음에 (㉡).

52

별은 지구에서 멀리 떨어져 있다. 그래서 별빛이 지구까지 오는 데 많은 시간이 걸린다. 지구와 가장 가까운 별의 빛도 지구까지 오는 데 4억 년이 걸린다. 만약 우리가 이 별을 본다면 우리는 이 별의 현재 모습이 아니라 4억 년 전의 (㉠). 이처럼 별빛은 오랜 시간이 지나야 지구에 도달한다. 그래서 어떤 별이 사라져도 우리는 그 사실을 바로 알지 못하고 오랜 시간이 (㉡).

53 다음은 '온라인 쇼핑 시장의 변화'에 대한 자료이다. 이 내용을 200~300자의 글로 쓰시오. 단, 글의 제목은 쓰지 마시오. (30점)

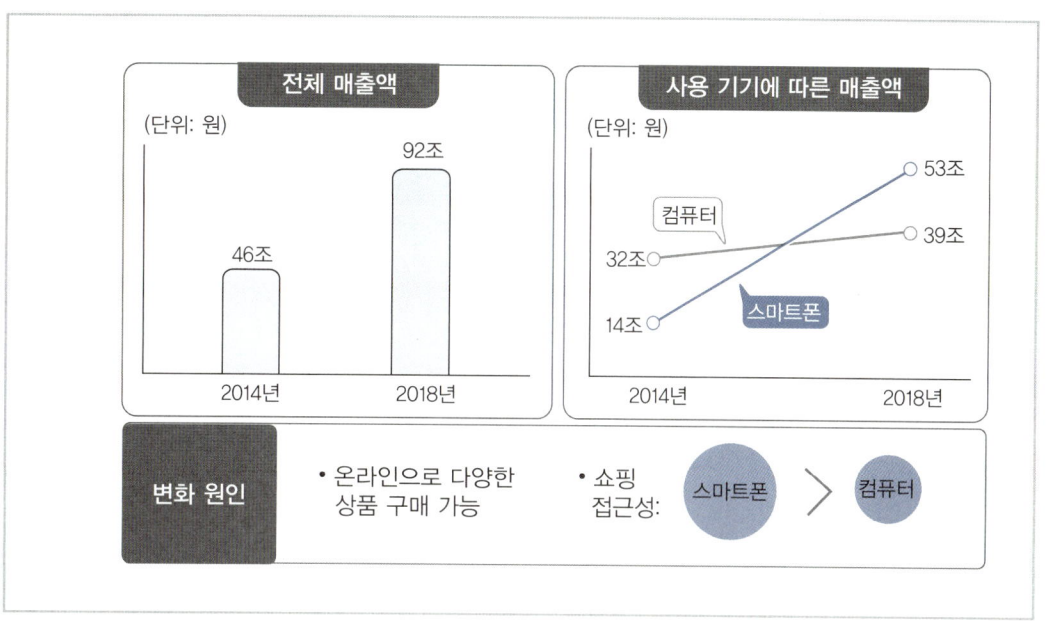

54 다음을 참고하여 600~700자로 글을 쓰시오. 단, 문제를 그대로 옮겨 쓰지 마시오. (50점)

> 사람은 누구나 청소년기를 거쳐 어른이 된다. 아동에서 어른으로 넘어가는 이 시기에 많은 청소년들은 혼란과 방황을 겪으며 성장한다. 아래의 내용을 중심으로 '청소년기의 중요성'에 대한 자신의 생각을 쓰라.
>
> • 청소년기가 중요한 이유는 무엇인가?
> • 청소년들은 이 시기에 주로 어떤 특징을 보이는가?
> • 청소년의 올바른 성장을 돕기 위해 어떤 노력이 필요한가?

* 원고지 쓰기의 예

별	은		지	구	에	서		멀	리		떨	어	져		있	다	.		그
래	서		별	빛	이		지	구	까	지		오	는		데		많	은	

TOPIK 완벽 대비, 한 번에 제대로 공부하자!

TOPIK 전문 교수와 함께하는
〈토픽 Ⅰ·Ⅱ 한 번에 통과하기〉 무료 동영상 강의

영역별 공략 비법 ＋ 핵심 이론 ＋ 문제 풀이

강의 도서

〈TOPIK Ⅰ 한 번에 통과하기〉

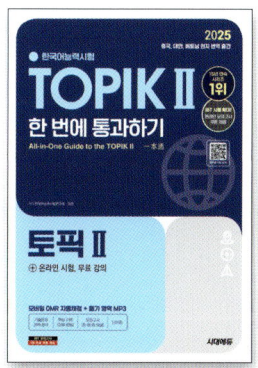
〈TOPIK Ⅱ 한 번에 통과하기〉

수강 방법

시대에듀 홈페이지(sdedu.co.kr) 접속 → 무료 강의 → 자격증/면허증 → 언어/어학 → TOPIK 클릭 → 'TOPIK Ⅰ·Ⅱ 한 번에 통과하기' 클릭

※ 임준 선생님의 YouTube 채널 'TOPIK STUDY'에서도 동일한 강의가 무료로 제공됩니다.

※ 강의 제목 및 커리큘럼은 바뀔 수 있습니다.

진정한 한국인이 되기 위한
합격의 공식

POINT 1   어휘력 향상을 위한 가장 효율적인 방법

어휘로 기초 다지기 문법으로 실력 다지기

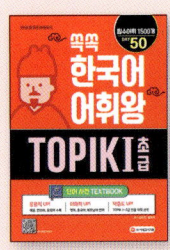  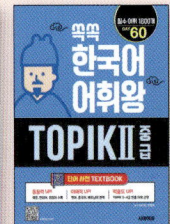    

- 체계적으로 익히는
  쏙쏙 한국어 어휘왕 TOPIK Ⅰ·Ⅱ

- 한국어 선생님과 함께하는
  TOPIK 한국어 문법 Ⅰ·Ⅱ

POINT 2   출제 경향에 맞추어 공부하는 똑똑한 학습법

핵심 이론 실전 모의고사 최신 기출문제 수록

  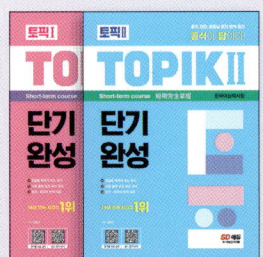

- 영역별 무료 동영상 강의로 공부하는
  TOPIK Ⅰ·Ⅱ 한 번에 통과하기, 실전 모의고사, 쓰기, 말하기 표현 마스터, 읽기 전략·쓰기 유형·기출 유형 문제집

- 저자만의 특별한 공식 풀이법으로 공부하는
  TOPIK Ⅰ·Ⅱ 단기완성

TOPIK 완벽 대비, 한 번에 제대로 공부하자!

TOPIK 전문 교수와 함께하는
<토픽 I · II 한 번에 통과하기> 무료 동영상 강의

영역별 공략 비법 ➕ **핵심 이론** ➕ **문제 풀이**

강의 도서

〈TOPIK I 한 번에 통과하기〉

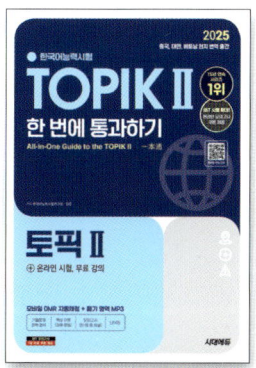
〈TOPIK II 한 번에 통과하기〉

※ 임준 선생님의 YouTube 채널 'TOPIK STUDY'에서도 동일한 강의가 무료로 제공됩니다.

수강 방법

시대에듀 홈페이지(sdedu.co.kr) 접속 → 무료 강의 → 자격증/면허증 → 언어/어학 → TOPIK 클릭 →
'TOPIK I · II 한 번에 통과하기' 클릭

자격증/면허증 > 언어/어학 > TOPIK

TOPIK II 한 번에 통과하기!
교 수 : 임준
강의수 : 14강 수강기간 : 30일 수강료 : 0원

TOPIK I 한 번에 통과하기!
교 수 : 임준
강의수 : 9강 수강기간 : 30일 수강료 : 0원

[토픽] TOPIK 영역별 공략강의
교 수 : 임준
강의수 : 8강 수강기간 : 30일 수강료 : 0원

※ 강의 제목 및 커리큘럼은 바뀔 수 있습니다.

진정한 한국인이 되기 위한
합격의 공식

POINT 1 — 어휘력 향상을 위한 가장 효율적인 방법

어휘로 기초 다지기 문법으로 실력 다지기

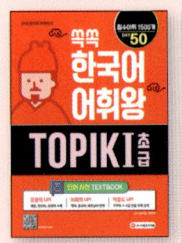  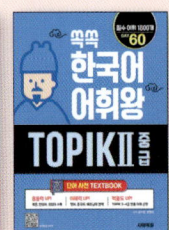    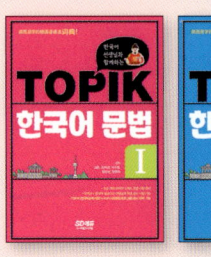

- 체계적으로 익히는
  쏙쏙 한국어 어휘왕 TOPIK Ⅰ·Ⅱ

- 한국어 선생님과 함께하는
  TOPIK 한국어 문법 Ⅰ·Ⅱ

POINT 2 — 출제 경향에 맞추어 공부하는 똑똑한 학습법

핵심 이론 실전 모의고사 최신 기출문제 수록

- 영역별 무료 동영상 강의로 공부하는
  TOPIK Ⅰ·Ⅱ 한 번에 통과하기, 실전 모의고사, 쓰기, 말하기 표현 마스터, 읽기 전략·쓰기 유형·기출 유형 문제집

- 저자만의 특별한 공식 풀이법으로 공부하는
  TOPIK Ⅰ·Ⅱ 단기완성

최신개정판

● 한국어능력시험

TOPIK II
쓰기 유형 MASTER

Writing 写作

15년 연속 시리즈 **1위**

TOPIK IBT 시행 확대!

저자 김지민

토픽 II

정답 및 해설

시대에듀

사각사각 매일 쓰는
한국어 일기 한 조각

지루한 한국어 글쓰기는 이제 그만!

매일 다양한 주제를 읽으며,
선생님의 글쓰기 Tip을 따라 꾸준히,
매일 조금씩 딱 10분만!

배워서 바로 써먹는
찰떡 한국어 시리즈

한국에서의 생존을 위한 　　재미있는 한국 생활을 위한 　　한국에서의 자아실현을 위한
필수 회화　　　　　　　　　**꿀잼 회화**　　　　　　　　　**맞춤 회화**

(출간 예정)

PART 02~06

정답 및 해설

02 문제 분석과 연습

01 빈칸에 알맞은 말 쓰기 1 (51번 유형)

유형 1 실용문 ▶ 실전 연습

01

단계	풀이 과정	㉠	㉡
step 1	글의 대상과 목적 파악하기	선배에게 보내는 문자 메시지	
step 2	앞뒤 문장의 내용 확인하기	회의가 이렇게 늦게 / 지금 가고 있는데	기다려 주시겠습니까 / 식당에 / 연락드리겠습니다
step 3	어울리는 문법을 떠올리기	–(으)ㄹ 줄 모르다	–는 대로

🔓 **모범 답안**
- ㉠: 끝날 줄 몰랐습니다
- ㉡: 도착하는 대로 [도착하자마자 / 도착하면]

📋 **채점 기준 체크리스트**
- ㉠ 내용: '회의가'와 어울리는 어휘 '끝나다'를 사용했나요?
  - 형식: '이렇게 늦게'와 어울리는 표현 '–(으)ㄹ 줄 모르다'를 사용했나요?
- ㉡ 내용: '식당에'와 어울리는 어휘 '도착하다'를 사용했나요?
  - 형식: '연락드리겠습니다'와 어울리는 표현 '–는 대로'를 사용했나요?

02

단계	풀이 과정	㉠	㉡
step 1	글의 대상과 목적 파악하기	빵을 보관해서 먹는 법 안내	
step 2	앞뒤 문장의 내용 확인하기	당일에 빵을 모두 / 냉동실에 보관하는 것이 좋습니다	냉동실에 보관한 빵 / 오븐에서 / 전자레인지로 데우면
step 3	어울리는 문법을 떠올리기	–지 못하다 + –(으)ㄹ	–(으)시– + –기 바라다

🔓 **모범 답안**
- ㉠: 드시지 못할
- ㉡: 데우시기 바랍니다 [데우십시오]

📋 **채점 기준 체크리스트**
- ㉠ 내용: '빵을'과 어울리는 어휘 '드시다'를 사용했나요?
  - 형식: 불가능을 나타내는 표현 '–지 못하다'와 앞말을 수식어로 만드는 표현 '–(으)ㄹ'을 사용했나요?
- ㉡ 내용: '오븐에서'와 어울리는 어휘 '데우다'를 사용했나요?
  - 형식: 정중하게 요청하는 표현 '–(으)시기 바라다'를 사용했나요?

03

단 계	풀이 과정	㉠	㉡
step 1	글의 대상과 목적 파악하기	신입 회원을 모집하는 안내문	
step 2	앞뒤 문장의 내용 확인하기	한 번도 등산을 / 분	다음 달에는 / 한라산에
step 3	어울리는 문법을 떠올리기	–아/어 보다 + –(으)ㄴ 적이 없다 + –(으)시–	–(으)ㄹ 예정이다

🔒 모범 답안
㉠: 해 본 적이 없으신 [해 보지 않으신]
㉡: 갈 예정입니다 [가려고 합니다]

📝 채점 기준 체크리스트
㉠ 내용: '등산을'과 어울리는 어휘 '하다'를 사용했나요?
　형식: '한 번도'와 어울리는 경험 표현 '–아/어 보다'와 '–(으)ㄴ 적이 없다', 높임 표현 '–(으)시–'를 사용했나요?
㉡ 내용: '한라산에'와 어울리는 어휘 '가다'를 사용했나요?
　형식: 계획을 나타내는 표현 '–(으)ㄹ 예정이다'를 사용했나요?

04

단 계	풀이 과정	㉠	㉡
step 1	글의 대상과 목적 파악하기	회사 동료에게 주는 감사 카드	
step 2	앞뒤 문장의 내용 확인하기	홍콩에 돌아가지만 / 홍콩에 여행을	한국에서 안내해 주신 것처럼 / 멋진 곳들을
step 3	어울리는 문법을 떠올리기	–(으)면	–아/어 드리다 + –겠습니다

🔒 모범 답안
㉠: 오시면
㉡: 안내해 드리겠습니다

📝 채점 기준 체크리스트
㉠ 내용: '홍콩에 여행을'과 어울리는 어휘 '오다'를 사용했나요?
　형식: 조건을 나타내는 표현 '–(으)면'을 사용했나요?
㉡ 내용: '홍콩의 멋진 곳들을'과 어울리는 어휘 '안내하다'를 사용했나요?
　형식: 높임 표현 '–아/어 드리다'와 의지를 나타내는 표현 '–겠습니다'를 사용했나요?

05

단 계	풀이 과정	㉠	㉡
step 1	글의 대상과 목적 파악하기	물건을 판매하는 글	
step 2	앞뒤 문장의 내용 확인하기	직접 가져가셔야 합니다 / 이번 달 말까지 / 식탁과 의자를	구입하실 분 / 제 연락처
step 3	어울리는 문법을 떠올리기	–(으)ㄹ 수 있다 + –는	–아/어 주다 + –(으)시– + –기 바라다

🔒 모범 답안

㉠: 가져가실 수 있는
㉡: 연락해 주시기 바랍니다 [연락해 주십시오]

📝 채점 기준 체크리스트

㉠ 내용: '식탁과 의자를'과 어울리는 어휘 '가져가다'를 사용했나요?
　형식: 가능을 나타내는 표현 '-(으)ㄹ 수 있다'를 사용했나요?
㉡ 내용: '구입하실 분'과 어울리는 어휘 '연락하다'를 사용했나요?
　형식: 정중하게 요청하는 표현 '-아/어 주시기 바라다'를 사용했나요?

06

단계	풀이 과정	㉠	㉡
step 1	글의 대상과 목적 파악하기	호텔 인터넷 게시판에 문의하는 글	
step 2	앞뒤 문장의 내용 확인하기	예약한 날에 여행을 못 가게 되었습니다 / 다른 날로 / 변경이 가능합니까	만약 2박 3일 동안 묵을 방을 / 1박 2일도 괜찮습니다
step 3	어울리는 문법을 떠올리기	-고 싶다	-(으)ㄹ 수 없다 + -(으)면

🔒 모범 답안

㉠: 바꾸고 싶습니다 [변경하고 싶습니다]
㉡: 예약할 수 없으면

📝 채점 기준 체크리스트

㉠ 내용: '예약일을 다른 날로'와 어울리는 어휘 '바꾸다'를 사용했나요?
　형식: 희망을 나타내는 표현 '-고 싶다'를 사용했나요?
㉡ 내용: '방을'과 어울리는 어휘 '예약하다'를 사용했나요?
　형식: 불가능함을 나타내는 표현 '-(으)ㄹ 수 없다'와 조건을 나타내는 표현 '-(으)면'을 사용했나요?

07

단계	풀이 과정	㉠	㉡
step 1	글의 대상과 목적 파악하기	무인 매장 이용 안내문	
step 2	앞뒤 문장의 내용 확인하기	범죄 피해를	함께 사용하는 공간 / 매장을 깨끗하게
step 3	어울리는 문법을 떠올리기	-기 위해(서)	-아/어 주다 + -(으)시- + -기 바라다

🔒 모범 답안

㉠: 막기 위해 [예방하기 위해]
㉡: 사용해 주시기 바랍니다

📝 채점 기준 체크리스트

㉠ 내용: '피해'와 어울리는 어휘 '막다'를 사용했나요?
　형식: 목적을 나타내는 표현 '-기 위해(서)'를 사용했나요?
㉡ 내용: '매장을 깨끗하게'와 어울리는 어휘 '사용하다'를 사용했나요?
　형식: 정중하게 요청하는 표현 '-아/어 주시기 바라다'를 사용했나요?

08

단계	풀이 과정	㉠	㉡
step 1	글의 대상과 목적 파악하기	선배를 초대하는 이메일	
step 2	앞뒤 문장의 내용 확인하기	선배님을 저희 모임에 / 연락을 드렸습니다	이번 주 금요일 저녁에 / 유학생 모임 / 선배님도 꼭 같이 가셨으면 좋겠습니다
step 3	어울리는 문법을 떠올리기	-고 싶다 + -아/어서	-(으)십니까

🔒 모범 답안

㉠: 초대하고 싶어서

㉡: 시간이 있으십니까

📝 채점 기준 체크리스트

㉠ 내용: '저희 모임에'와 어울리는 어휘 '초대하다'를 사용했나요?

　형식: 희망을 나타내는 표현 '-고 싶다'와 이유를 나타내는 표현 '-아/어서'를 사용했나요?

㉡ 내용: '이번 주 금요일 저녁에'와 어울리는 어휘 '시간이 있다'를 사용했나요?

　형식: 높임 표현 '-(으)십니까'를 사용했나요?

09

단계	풀이 과정	㉠	㉡
step 1	글의 대상과 목적 파악하기	전시회를 알리는 안내문	
step 2	앞뒤 문장의 내용 확인하기	문을 / 10년이 되었습니다	행사 참여를 원하시는 분 / 신청 방법을 확인하신 후
step 3	어울리는 문법을 떠올리기	-(으)ㄴ 지	-아/어 주다 + -(으)시- + -기 바라다

🔒 모범 답안

㉠: 연 지

㉡: 신청해 주시기 바랍니다 [신청해 주십시오]

📝 채점 기준 체크리스트

㉠ 내용: '문을'과 어울리는 어휘 '열다'를 사용했나요?

　형식: 기간을 나타내는 표현 '-(으)ㄴ 지'를 사용했나요?

㉡ 내용: '참여를 원하시는 분'과 어울리는 어휘 '신청하다'를 사용했나요?

　형식: 정중하게 요청하는 표현 '-아/어 주시기 바라다'를 사용했나요?

10

단계	풀이 과정	㉠	㉡
step 1	글의 대상과 목적 파악하기	잃어버린 강아지를 찾는 글	
step 2	앞뒤 문장의 내용 확인하기	잡고 있던 목줄을 / 잃어버렸습니다	강아지를 / 도와주십시오
step 3	어울리는 문법을 떠올리기	-는 바람에	-(으)ㄹ 수 있다 + -도록

🔒 모범 답안

㉠: 놓치는 바람에 [놓쳐 버려서 / 놓쳐서]

㉡: 찾을 수 있도록 [찾을 수 있게]

채점 기준 체크리스트

㉠ 내용: '목줄을'과 어울리는 어휘 '놓치다'를 사용했나요?
  형식: 예상하지 못한 이유를 나타내는 표현 '-는 바람에'를 사용했나요?
㉡ 내용: '강아지를'과 어울리는 어휘 '찾다'를 사용했나요?
  형식: 가능함을 나타내는 표현 '-(으)ㄹ 수 있다'와 목적 표현 '-도록'을 사용했나요?

11

단계	풀이 과정	㉠	㉡
step 1	글의 대상과 목적 파악하기	인터넷 게시판에 문의하는 글	
step 2	앞뒤 문장의 내용 확인하기	여러 가지를 / 관심이 생겼습니다 / 수업	현재 / 회사에
step 3	어울리는 문법을 떠올리기	-(으)ㄹ 수 있다 + -다고 하다 + -아/어서	-고 있다

🔒 모범 답안

㉠: 배울 수 있다고 해서
㉡: 다니고 있습니다

채점 기준 체크리스트

㉠ 내용: '여러 가지를', '수업'과 어울리는 어휘 '배우다'를 사용했나요?
  형식: 가능함을 나타내는 표현 '-(으)ㄹ 수 있다'와 간접 화법 '-다고 하다', 이유 표현 '-아/어서'를 사용했나요?
㉡ 내용: '회사'와 어울리는 어휘 '다니다'를 사용했나요?
  형식: 현재의 일을 나타내는 표현 '-고 있다'를 사용했나요?

12

단계	풀이 과정	㉠	㉡
step 1	글의 대상과 목적 파악하기	선생님께 부탁하는 메일	
step 2	앞뒤 문장의 내용 확인하기	내년에 / 대학원에	추천서가 필요한데 / 추천서를 / 괜찮으신지
step 3	어울리는 문법을 떠올리기	-(으)려고 하다	-아/어 주다 + -(으)시- + -(으)ㄹ 수 있습니까

🔒 모범 답안

㉠: 진학하려고 합니다 [가려고 합니다]
㉡: 써 주실 수 있습니까

채점 기준 체크리스트

㉠ 내용: '대학원에'와 어울리는 어휘 '진학하다'를 사용했나요?
  형식: '내년에'와 어울리는 계획 표현 '-(으)려고 하다'를 사용했나요?
㉡ 내용: '추천서'와 어울리는 어휘 '쓰다'를 사용했나요?
  형식: 정중하게 부탁하는 표현 '-아/어 주실 수 있습니까'를 사용했나요?

13

단 계	풀이 과정	㉠	㉡
step 1	글의 대상과 목적 파악하기	반려견 동반 안내문	
step 2	앞뒤 문장의 내용 확인하기	모든 반려견은 목줄을 / 목줄 착용을 확인해 주시기 바랍니다	반려견으로 인해 / 불편을 / 협조해 주시기 바랍니다
step 3	어울리는 문법을 떠올리기	–아/어야 하다	–지 않도록

🔒 모범 답안

㉠: 착용해야 합니다
㉡: 겪지 않도록 [느끼지 않도록]

📝 채점 기준 체크리스트

㉠ 내용: '목줄을'과 어울리는 어휘 '착용하다'를 사용했나요?
　　형식: 의무를 나타내는 표현 '–아/어야 하다'를 사용했나요?
㉡ 내용: '불편을'과 어울리는 어휘 '겪다'를 사용했나요?
　　형식: '협조해 주시기 바랍니다'와 어울리는 표현 '–지 않도록'을 사용했나요?

14

단 계	풀이 과정	㉠	㉡
step 1	글의 대상과 목적 파악하기	축제 안내문	
step 2	앞뒤 문장의 내용 확인하기	한복을 / 한복 체험	해설사에게 / 설명을
step 3	어울리는 문법을 떠올리기	–아/어 보다 + –(으)ㄹ 수 있다	–(으)시– + –(으)ㄹ 수 있다

🔒 모범 답안

㉠: 입어 볼 수 있는 [입어 보는]
㉡: 들으실 수 있습니다

📝 채점 기준 체크리스트

㉠ 내용: '한복'과 어울리는 어휘 '입다'를 사용했나요?
　　형식: '체험'과 어울리는 표현 '–아/어 보다'와 가능함을 나타내는 표현 '–(으)ㄹ 수 있다'를 사용했나요?
㉡ 내용: '설명'과 어울리는 어휘 '듣다'를 사용했나요?
　　형식: 높임 표현 '–(으)시–'와 가능함을 나타내는 표현 '–(으)ㄹ 수 있나'를 사용했나요?

02 빈칸에 알맞은 말 쓰기 2 (52번 유형)

유형 1 설명문 ▶ 실전 연습

01

단계	풀이 과정	㉠	㉡
step 1	접속어, 지시어 찾기	그리고	그런데
step 2	앞뒤 문장의 내용 확인하기	어렸을 때 / 강으로 되돌아온다	이동 중에 죽는다 / 사람들에게 / 다른 동물들의 먹이가 되기도 한다
step 3	어울리는 문법을 떠올리기	-던	-기도 하다

🔒 **모범 답안**

㉠: 살던 [살았던]
㉡: 잡히기도 하고

📝 **채점 기준 체크리스트**

㉠ 내용: '강으로'와 의미가 어울리는 어휘 '살다'를 사용했나요?
　 형식: '어렸을 때'와 어울리는 표현 '-던'을 사용했나요?
㉡ 내용: '사람들에게'와 어울리는 어휘 '잡히다'를 사용했나요?
　 형식: '먹이가 되기도 한다'와 어울리는 표현 '-기도 하다'를 사용했나요?

02

단계	풀이 과정	㉠	㉡
step 1	접속어, 지시어 찾기	그래서, 먼저	그리고
step 2	앞뒤 문장의 내용 확인하기	운전자가 지켜야 하는 몇 가지 규정 / 30km 이하로 / 제한 속도에 맞춰서 / 운전해야	주차도 금지하고 있기 / 어린이보호구역에 차를
step 3	어울리는 문법을 떠올리기	-(으)라는	-아/어서는 안 되다

🔒 **모범 답안**

㉠: 운전하라는 [운전해야 한다는]
㉡: 주차해서는 안 된다 [주차하면 안 된다]

📝 **채점 기준 체크리스트**

㉠ 내용: '30km 이하로'와 의미가 어울리는 어휘 '운전하다'를 사용했나요?
　 형식: '의미이다'와 어울리는 표현 '-(으)라는'을 사용했나요?
㉡ 내용: '차를'과 어울리는 어휘 '주차하다'를 사용했나요?
　 형식: 금지를 나타내는 표현 '-아/어서는 안 되다'를 사용했나요?

03

단계	풀이 과정	㉠	㉡
step 1	접속어, 지시어 찾기	이와 마찬가지이다	그리고
step 2	앞뒤 문장의 내용 확인하기	어떤 일을 시작할 때는 목표를 세울 필요가 있다 / 독서의 경우 / 책을 읽기 전에 / 좋다	쉽게 / 끝까지 그 책을 읽으려는 의지가 생긴다
step 3	어울리는 문법을 떠올리기	–는 것이 좋다	–지 않다

🔒 모범 답안
㉠: 목표를 세우는 것이
㉡: 포기하지 않고

📝 채점 기준 체크리스트
㉠ 내용: '책을 읽기 전에'와 의미가 어울리는 어휘 '목표를 세우다'를 사용했나요?
　형식: 조언을 나타내는 표현 '–는 것이 좋다'를 사용했나요?
㉡ 내용: '쉽게'와 어울리는 어휘 '포기하다'를 사용했나요?
　형식: '끝까지'와 어울리는 표현 '–지 않다'를 사용했나요?

04

단계	풀이 과정	㉠	㉡
step 1	접속어, 지시어 찾기	예를 들어	반대로
step 2	앞뒤 문장의 내용 확인하기	움직임을 방해하는 힘 / 마찰력이 커져서 / 산을 오를 때 / 설거지를 할 때 미끄러워서	마찰력이 작아서 편리한 물건 / 무거워서 / 의자에 바퀴를 달면 / 쉽게 옮길 수 있다
step 3	어울리는 문법을 떠올리기	–지 않다	–기 어렵다

🔒 모범 답안
㉠: 미끄럽지 않다
㉡: 옮기기 어려운

📝 채점 기준 체크리스트
㉠ 내용: '산을 오를 때'와 의미가 어울리는 어휘 '미끄럽다'를 사용했나요?
　형식: 부정을 나타내는 표현 '–지 않다'를 사용했나요?
㉡ 내용: '의자'와 어울리는 어휘 '옮기다'를 사용했나요?
　형식: '무거워서'와 어울리는 표현 '–기 어렵다'를 사용했나요?

05

단계	풀이 과정	㉠	㉡
step 1	접속어, 지시어 찾기	그래서	그러나, 이런
step 2	앞뒤 문장의 내용 확인하기	제품의 / 판매량이 줄어들게 된다 / 가격 인상으로 인한 판매량 감소를 피하면서 / 가격 인상의 효과	소비자들에게 피해를 줄 수 있다 / 기업이 제품의 크기나 양을 / 모르고 제품을 구매하는 사람
step 3	어울리는 문법을 떠올리기	–(으)면	–(으)ㄴ 줄

🔒 모범 답안

㉠: 가격을 인상하면
㉡: 줄인 줄

📝 채점 기준 체크리스트

㉠ 내용: '제품의'와 의미가 어울리는 어휘 '가격', '인상하다'를 사용했나요?
　　형식: 조건을 나타내는 표현 '-(으)면'을 사용했나요?
㉡ 내용: '기업이 제품의 크기나 양을'과 어울리는 어휘 '줄이다'를 사용했나요?
　　형식: '모르고 제품을 구매하는'과 어울리는 표현 '-(으)ㄴ 줄'을 사용했나요?

06

단계	풀이 과정	㉠	㉡
step 1	접속어, 지시어 찾기	그런	그러나
step 2	앞뒤 문장의 내용 확인하기	탄수화물을 섭취하면 체중이 증가한다고 생각하는 사람 / 다이어트를 위해 / 가능하면	탄수화물을 섭취한다고 해서 항상 / 자신한 섭취한 칼로리에 비해 소비가 칼로리가 적은 경우에만
step 3	어울리는 문법을 떠올리기	-(으)려고 하다	-다고 해서 - 는 것은 아니다

🔒 모범 답안

㉠: 섭취하지 않으려고
㉡: 체중이 증가하는 것은 아니다

📝 채점 기준 체크리스트

㉠ 내용: '다이어트', '탄수화물'과 의미가 어울리는 어휘 '섭취하지 않다'를 사용했나요?
　　형식: '가능하면'과 어울리는 표현 '-(으)려고 하다'를 사용했나요?
㉡ 내용: '탄수화물을 섭취하다'와 어울리는 어휘 '체중이 증가하다'를 사용했나요?
　　형식: '항상'과 어울리는 표현 '-다고 해서 - 는 것은 아니다'를 사용했나요?

07

단계	풀이 과정	㉠	㉡
step 1	접속어, 지시어 찾기	그런데	그런
step 2	앞뒤 문장의 내용 확인하기	컴퓨터를 / 연필로 글을 쓰는 사람	종이에 연필로 글을 / 과정을 반복하면서
step 3	어울리는 문법을 떠올리기	-는 대신(에)	-았/었다가

🔒 모범 답안

㉠: 사용하는 대신 [사용하지 않고]
㉡: 썼다가 지웠다가

📝 채점 기준 체크리스트

㉠ 내용: '컴퓨터를'과 의미가 어울리는 어휘 '사용하다'를 사용했나요?
　　형식: '연필로 글을 쓰는'과 어울리는 표현 '-는 대신(에)'를 사용했나요?
㉡ 내용: '연필로 글을'과 어울리는 어휘 '쓰다', '지우다'를 사용했나요?
　　형식: '반복하면서'와 어울리는 표현 '-았/었다가'를 사용했나요?

08

단계	풀이 과정	㉠	㉡
step 1	접속어, 지시어 찾기	그러나	그래서
step 2	앞뒤 문장의 내용 확인하기	계란도 깨끗하게 물에 / 생각하는 사람들	오염 물질이 계란 안으로 / 막는 역할을 한다 / 큐티클 층이 파괴되면
step 3	어울리는 문법을 떠올리기	-아/어야 하다	-지 않도록

🔒 모범 답안
㉠: 씻어야 한다고
㉡: 들어가지 않도록

📝 채점 기준 체크리스트
㉠ 내용: '깨끗하게 물에'와 의미가 어울리는 어휘 '씻다'를 사용했나요?
　　형식: 꼭 필요함을 나타내는 표현 '-아/어야 하다'를 사용했나요?
㉡ 내용: '안으로'와 어울리는 어휘 '들어가다'를 사용했나요?
　　형식: '역할을 한다'와 어울리는 표현 '-지 않도록'을 사용했나요?

09

단계	풀이 과정	㉠	㉡
step 1	접속어, 지시어 찾기	그러나, 예를 들어	왜냐하면
step 2	앞뒤 문장의 내용 확인하기	다친 승객 / 버스가 갑자기 서는 바람에	그런 상황을 대비해서 / 의무가 승객에게
step 3	어울리는 문법을 떠올리기	-다면	-기 때문이다

🔒 모범 답안
㉠: 다쳤다면
㉡: 있기 때문이다

📝 채점 기준 체크리스트
㉠ 내용: '승객', '버스가 갑자기 서다'와 의미가 어울리는 어휘 '다치다'를 사용했나요?
　　형식: 가정을 나타내는 표현 '-다면'을 사용했나요?
㉡ 내용: '의무가'와 어울리는 어휘 '있다'를 사용했나요?
　　형식: 이유를 나타내는 표현 '-기 때문이다'를 사용했나요?

10

단계	풀이 과정	㉠	㉡
step 1	접속어, 지시어 찾기	그래서	이때, 예를 들어
step 2	앞뒤 문장의 내용 확인하기	적절한 대비를 하지 못하면 / 큰 피해 / 폭염이나 한파 등의 소식을 사람들에게	기준이 되는 것 / 최고기온과 최저기온 / 폭염주의보와 폭염경보로 나뉜다
step 3	어울리는 문법을 떠올리기	-기 위해(서)	-에 따라

🔓 모범 답안

㉠: 알리기 위해

㉡: 최고기온에 따라

📝 채점 기준 체크리스트

㉠ 내용: '소식을 사람들에게'와 의미가 어울리는 어휘 '알리다'를 사용했나요?

형식: 목적을 나타내는 표현 '-기 위해(서)'를 사용했나요?

㉡ 내용: '폭염'과 어울리는 어휘 '최고기온'을 사용했나요?

형식: 기준을 나타내는 표현 '~에 따라'를 사용했나요?

11

단계	풀이 과정	㉠	㉡
step 1	접속어, 지시어 찾기	또한	그런데
step 2	앞뒤 문장의 내용 확인하기	뇌의 노화를 예방 / 연구 결과에 따르면 / 기억력과 집중이 더	뇌세포의 수가 줄어들어 / 달리기를 하면 뇌세포의 수가 / 돕는 물질이
step 3	어울리는 문법을 떠올리기	-다고 하다	-지 않도록

🔓 모범 답안

㉠: 뛰어나다고 한다 [좋다고 한다]

㉡: 줄어들지 않도록 [감소하지 않도록]

📝 채점 기준 체크리스트

㉠ 내용: '기억력과 집중력이'와 의미가 어울리는 어휘 '뛰어나다'를 사용했나요?

형식: '연구 결과에 따르면'과 어울리는 표현 '-다고 하다'를 사용했나요?

㉡ 내용: '뇌세포의 수'와 어울리는 어휘 '줄어들다'를 사용했나요?

형식: '돕는 물질'을 수식하는 표현 '-지 않도록'을 사용했나요?

12

단계	풀이 과정	㉠	㉡
step 1	접속어, 지시어 찾기	따라서	그러나, 즉
step 2	앞뒤 문장의 내용 확인하기	유통 기한 / 판매하는 것이 가능한 기한 / 소비 기한보다 짧다 / 먹을 수 없는 것은 아니다	유통 기한이 지나면 / 버리는 사람 / 소비 기한과 같은 것으로 생각한 것
step 3	어울리는 문법을 떠올리기	-다고 해서	-(으)ㄹ 수 없다

🔓 모범 답안

㉠: 지났다고 해서

㉡: 먹을 수 없다고

📝 채점 기준 체크리스트

㉠ 내용: '유통 기한이'와 의미가 어울리는 어휘 '지나다'를 사용했나요?

형식: '먹을 수 없는 것은 아니다'와 어울리는 표현 '-다고 해서'를 사용했나요?

㉡ 내용: '유통 기한이 지나면', '버리다'와 어울리는 어휘 '먹다'를 사용했나요?

형식: 불가능함을 나타내는 표현 '-(으)ㄹ 수 없다'를 사용했나요?

13

단계	풀이 과정	㉠	㉡
step 1	접속어, 지시어 찾기	그런데	그때, 그래서
step 2	앞뒤 문장의 내용 확인하기	주머니에 넣어둔 초콜릿 / 주머니에서 초콜릿을	초콜릿이 / 온도가 높은 곳이 아니었다
step 3	어울리는 문법을 떠올리기	–아/어 보니(까)	–(으)ㄹ 만큼

🔒 모범 답안

㉠: 꺼내 보니까

㉡: 녹을 만큼

📝 채점 기준 체크리스트

㉠ 내용: '주머니에서 초콜릿을'과 의미가 어울리는 어휘 '꺼내다'를 사용했나요?
　형식: 발견을 나타내는 표현 '–아/어 보니(까)'를 사용했나요?
㉡ 내용: '초콜릿이', '온도가 높은 곳'과 어울리는 어휘 '녹다'를 사용했나요?
　형식: 정도를 나타내는 표현 '–(으)ㄹ 만큼'을 사용했나요?

14

단계	풀이 과정	㉠	㉡
step 1	접속어, 지시어 찾기	그런데	따라서
step 2	앞뒤 문장의 내용 확인하기	용돈을 받은 지 며칠 만에 돈을 다 써 버리고 / 다시 / 바로 용돈을 다시 주기보다는	연구 결과에 따르면 / 어려움을 겪을 가능성이 / 자녀의 미래를 위해
step 3	어울리는 문법을 떠올리기	–라고 하다	–다고 하다

🔒 모범 답안

㉠: 달라고 하는

㉡: 낮다고 한다 [적다고 한다]

📝 채점 기준 체크리스트

㉠ 내용: '용돈을 받은 지', '다시'와 의미가 어울리는 어휘 '달라고 하다'를 사용했나요?
　형식: 요청을 나타내는 간접 화법 '–라고 하다'를 사용했나요?
㉡ 내용: '가능성이'와 어울리는 어휘 '낮다'를 사용했나요?
　형식: '연구 결과에 따르면'과 어울리는 표현 '–다고 하다'를 사용했나요?

03 자료를 설명하는 글 쓰기 (53번 유형)

유형 1 조사 결과 비교 ▶ 기본 연습

주제: 온라인 쇼핑 구입 제품 (296자)

     성인 남녀 1000명을 대상으로 온라인 쇼핑 구입 제품에 대한 설문 조사를 실시하였다. 조사 결과 여자의 경우 온라인 쇼핑으로 의류를 구입한다는 응답이 40%로 가장 높게 나타났으며 생활용품이 26%로 그 뒤를 이었다. 화장품이라는 응답은 20%로 3위를 차지하였다. 반면에 남자는 온라인 쇼핑으로 미용품을 구입한다는 응답이 전체의 절반 수준인 48%로 가장 높게 나타났으며 의류가 25%, 생활용품이 22%로 조사되었다. 이상의 설문 조사 결과를 통해 여자는 온라인 쇼핑을 하며 주로 의류를 구입하고 남자는 취미 용품을 구입한다는 것을 알 수 있다.

📝 채점 기준 체크리스트

- ✅ **내용 및 과제** 그래프를 분석하여 '온라인 쇼핑 구입 제품'에 관한 내용을 모두 썼나요?
- ✅ **글의 전개** '조사 대상과 조사 내용 – 조사 결과(남녀 비교) – 알게 된 점'으로 문단을 구성하였나요?
- ✅ **언어 사용** 조사 결과를 설명하는 어휘와 문법을 정확하게 사용하였나요?
- **TIP** 조사 결과에 차이가 있을 때는 '반면에'와 같은 말로 연결하는 것이 좋습니다.

유형 1 조사 결과 비교 ▶ 실전 연습 01

주제: 선호하는 여가 활동 (230자)

　　성인 남녀 2000명을 대상으로 선호하는 여가 활동에 대한 설문 조사를 실시하였다. 조사 결과 남자와 여자 모두 선호하는 여가 활동으로 TV 시청을 꼽았다. 남자의 경우 게임이 30%로 그 뒤를 이었으며 운동이 15%로 3위를 차지하였다. 반면에 여자는 영화와 공연 관람이 28%로 2위를 차지하였으며 쇼핑이 17%로 그 뒤를 이었다. 이상의 설문 조사 결과를 통해 남자와 여자가 선호하는 여가 활동에는 차이가 있다는 것을 알 수 있다.

📝 채점 기준 체크리스트

- ✅ **내용 및 과제** 그래프를 분석하여 '선호하는 여가 활동'에 관한 내용을 모두 썼나요?
- ✅ **글의 전개** '조사 대상과 조사 내용 – 조사 결과(남녀 비교) – 알게 된 점'으로 문단을 구성하였나요?
- ✅ **언어 사용** 조사 결과를 설명하는 어휘와 문법을 정확하게 사용하였나요?

TIP 조사 결과를 비교할 때 공통적인 결과에는 '~와/과 ~ 모두'와 같은 표현을 사용하고, 차이를 보일 때는 '반면에'와 같은 연결어를 사용해서 나타내는 것이 좋습니다.

유형 1 조사 결과 비교 ▶ 실전 연습 02

주제: 직장 선택 시 고려 사항 (272자)

	구	직	자		10	00	명	을		대	상	으	로		직	장		선	택
시		고 려		사	항	에		대 해		조	사	한		결	과		경
력	자	의		경	우		연	봉	이		45	%	로		가	장		높	게
나	타	났	으	며		근	무		시	간	이		27	%	로		그		뒤
를		이	었	다	.		안	정	성	,		발	전		가	능	성	은		15	%
와		13	%	로		각	각		3	위	와		4	위	를		차	지	하
였	다	.		반	면	에		신	입		구	직	자	는		근	무		시	간
이		38	%	로		가	장		높	게		나	타	났	으	며		연	봉
이		30	%	,		안	정	성	이		25	%	로		조	사	되	었	다	.
발	전		가	능	성	은		7	%	로		가	장		낮	은		순	위
였	다	.		이	상	의		조	사		결	과	를		통	해		경	력	자
는		연	봉	을		중	요	하	게		생	각	하	는		반	면	에
신	입		구	직	자	는		근	무		시	간	을		중	요	시	한	다
는		것	을		알		수		있	다	.

채점 기준 체크리스트

- **내용 및 과제** 그래프를 분석하여 '직장 선택 시 고려 사항'에 관한 내용을 모두 썼나요?
- **글의 전개** '조사 대상과 조사 내용 – 조사 결과(경력자와 신입 구직자 비교) – 알게 된 점'으로 문단을 구성하였나요?
- **언어 사용** 조사 결과를 설명하는 어휘와 문법을 정확하게 사용하였나요?
- **TIP** 조사 대상이 두 집단 이상일 때는 '~의 경우'와 같은 표현을 사용해서 조사 대상을 나타낼 수 있습니다.

유형 2 두 가지 조사 ▶ 기본 연습

주제: 고등학생의 수면 시간 (260자)

　　고등학생 800명을 대상으로 고등학생의 수면 시간에 대해 조사하였다. 조사 결과 '수면 시간이 충분한가'라는 질문에는 부족하다는 응답이 80%에 달했고 수면 시간이 충분하다는 응답은 20%에 그쳤다. 평균 수면 시간의 경우 5~6시간이라는 응답이 34%로 가장 높게 나타났으며 5시간 미만(30%), 6~7시간(25%)이 그 뒤를 이었다. 평균 수면 시간이 7시간 이상이라는 응답은 11%에 불과한 것으로 나타났다. 이러한 결과를 통해 고등학생의 수면 시간이 부족하다는 것을 알 수 있다.

📝 채점 기준 체크리스트

- ☑ **내용 및 과제** 그래프를 분석하여 '고등학생의 수면 시간'에 관한 내용을 모두 썼나요?
- ☑ **글의 전개** '조사 대상과 조사 내용 – 조사 결과(조사한 내용 2가지) – 알게 된 점'으로 문단을 구성하였나요?
- ☑ **언어 사용** 조사 결과를 설명하는 어휘와 문법을 정확하게 사용하였나요?
- **TIP** '~에 달하다'는 숫자가 많다는 것을, '~에 그치다'는 숫자가 적다는 것을 나타냅니다.

유형 2 ▶ 두 가지 조사 ▶ 실전 연습 01

주제: 직장인의 운동 실태 (285자)

　　　직장인 850명을 대상으로 직장인의 운동 실태에 대한 설문 조사를 실시하였다. 조사 결과 운동 횟수의 경우 운동을 전혀 하지 않는다는 응답이 40%로 가장 높게 나타났으며 일주일에 3회 이상, 1회, 2회 운동을 한다고 응답한 비율이 순서대로 그 뒤를 이었다. 운동을 안 하는 이유로는 '시간이 부족해서'가 41%로 가장 높게 나타났으며 '귀찮아서'가 33%로 그 뒤를 이었으며, '경제적 여유가 없어서'라는 응답은 19%로 3위를 차지했다. 이러한 결과를 통해 시간이 부족해서 운동을 하지 않는 직장인이 많다는 사실을 알 수 있다.

📝 채점 기준 체크리스트

- ☑ **내용 및 과제** 그래프를 분석하여 '직장인의 운동 실태'에 관한 내용을 모두 썼나요?
- ☑ **글의 전개** '조사 대상과 조사 내용 – 조사 결과(조사한 내용 2가지) – 알게 된 점'으로 문단을 구성하였나요?
- ☑ **언어 사용** 조사 결과를 설명하는 어휘와 문법을 정확하게 사용하였나요?
- **TIP** 순위를 차례대로 나열할 때는 '~, ~, ~의 순서대로 뒤를 이었다'와 같은 방식으로 나타낼 수 있습니다.

유형 2 ▸ 두 가지 조사 ▶▶ 실전 연습 02

주제: 새해 계획 (254자)

	성	인		남	녀		10	00	명	을		대	상	으	로		새	해
계	획	에		대	해		조	사	하	였	다	.	조	사		결	과		'
새	해		계	획	을		달	성	했	는	가	'	라	는		질	문	에	는
달	성	했	다	는		응	답	이		전	체	의		62	%	에		달	했
다	.		새	해	에		세	운		계	획	으	로	는		운	동	,	다	이
어	트	라	는		응	답	이		31	%	로		가	장		높	게		나
타	났	으	며		자	기		계	발	이		25	%	로		그		뒤	를
이	었	다	.		그		밖	에		여	행	과		저	축	이	라	는		응
답	이		각	각		21	%	와		15	%	로		나	타	났	다	.		이
러	한		결	과	를		통	해		10	명		중		6	명	은		새
해		계	획	을		달	성	했	으	며		운	동	이	나		다	이	어
트	를		새	해		계	획	으	로		세	우	는		사	람	이		많
다	는		사	실	을		알		수		있	다	.						

📋 채점 기준 체크리스트

- **✅ 내용 및 과제** 그래프를 분석하여 '새해 계획'에 관한 내용을 모두 썼나요?
- **✅ 글의 전개** '조사 대상과 조사 내용 – 조사 결과(조사한 내용 2가지) – 알게 된 점'으로 문단을 구성하였나요?
- **✅ 언어 사용** 조사 결과를 설명하는 어휘와 문법을 정확하게 사용하였나요?
- **TIP** 알게 된 점을 쓸 때는 그래프에 나타난 사실만을 써야 하며 개인적인 의견을 덧붙이면 안 됩니다.

유형 3 · 변화의 원인 설명 ▶ 기본 연습

주제: 1인 가구 증가 (238자)

  1인 가구의 수가 꾸준히 증가하고 있다. 2000년 조사에서 15%에 불과했던 1인 가구의 비율이 계속 증가하여 2018년에는 2배에 가까운 29%에도 달했다. 이러한 1인 가구 증가의 원인으로 우선 결혼관의 변화로 인한 독신자 증가를 들 수 있다. 또한 평균 수명의 증가로 인한 노인 인구 증가도 미친 것으로 보인다. 이러한 영향이 계속 이어진다면 2035년에는 1인 가구 비율이 전체 가구의 36%에 달할 것으로 보인다.

📋 채점 기준 체크리스트

- ☑ **내용 및 과제** 그래프를 분석하여 '1인 가구 증가'에 관한 내용을 모두 썼나요?
- ☑ **글의 전개** '경향과 연도별 변화 – 변화의 원인 – 전망'으로 문단을 구성하였나요?
- ☑ **언어 사용** 조사 결과를 설명하는 어휘와 문법을 정확하게 사용하였나요?
- **TIP** 변화를 설명할 때 '~배에 가까운'과 같은 표현을 사용하면 좋습니다.

유형 3 변화의 원인 설명 ▶ 실전 연습 01

주제: 한국의 출생아 수 (207자)

　　한국에서 출생아 수가 점차 감소하고 있다. 2000년 조사에서 64만 명이었던 출생아 수가 2020년에는 절반 이하로 감소한 30만 명이 되었다. 이러한 출생아 수 감소의 원인으로 우선 혼인율의 감소를 들 수 있다. 또한 출산 연령이 상승한 것도 출생아 수 감소에 영향을 미친 것으로 보인다. 이러한 영향이 계속 이어진다면 2030년에는 한국의 출생아 수가 20만 명 이하로 떨어질 것으로 전망된다.

📝 채점 기준 체크리스트

- **✅ 내용 및 과제** 그래프를 분석하여 '한국의 출생아 수'에 관한 내용을 모두 썼나요?
- **✅ 글의 전개** '현황과 연도별 변화 – 변화의 원인 – 전망'으로 문단을 구성하였나요?
- **✅ 언어 사용** 변화, 원인, 전망을 설명하는 어휘와 문법을 정확하게 사용하였나요?
- **TIP** '-(으)ㄹ 것으로 보인다[전망된다/예상된다]'와 같은 표현을 사용해서 앞으로의 전망을 쓸 수 있습니다.

유형 3 변화의 원인 설명 ▶ 실전 연습 02

주제: 한국인의 평균 수명 (236자)

　　한국인의 평균 수명이 꾸준히 증가하고 있다. 2000년에 남자 72.2세, 여자 79.7세였던 평균 수명이 2017년에는 각각 6.8세, 6세가 늘어나 남자 79세, 여자 85.7세가 되었다. 이러한 평균 수명 증가의 원인으로 우선 의료 기술의 발전을 들 수 있다. 생활 수준이 향상됐다는 것도 평균 수명 증가에 영향을 미친 것으로 보인다. 이러한 영향이 계속 이어진다면 2040년에는 평균 수명이 남자의 경우 83.4세, 여자의 경우 88.2세까지 높아질 것으로 보인다.

채점 기준 체크리스트

- **내용 및 과제** 그래프를 분석하여 '한국인의 평균 수명'에 관한 내용을 모두 썼나요?
- **글의 전개** '현황과 연도별 변화 – 변화의 원인 – 전망'으로 문단을 구성하였나요?
- **언어 사용** 변화, 원인, 전망을 설명하는 어휘와 문법을 정확하게 사용하였나요?
- **TIP** 연도별 변화를 설명하기 전에 그래프의 전체적인 형태를 보고 '꾸준히 증가[감소]하고 있다'와 같이 변화의 경향을 쓰는 것이 좋습니다.

유형 3 변화의 원인 설명 ▶ 실전 연습 03

주제: 한국의 농촌 인구 (216자)

　　한국의 농촌 인구가 감소하고 있다. 1980년에 전체 인구의 30%에 달했던 농촌 인구가 2020년에는 전체 인구의 5%로 줄었다. 40년 사이에 25%가 감소한 것이다. 이러한 감소의 원인은 농촌 인구의 고령화와 농업 소득의 감소 때문인 것으로 보인다. 특히 65세 이상 노인의 비율을 살펴보면 2005년 29%에서 2015년에는 38%, 2020년에는 45%로 계속 증가하고 있어 농촌 인구의 고령화가 심각한 것으로 나타났다.

📝 채점 기준 체크리스트

- **✅내용 및 과제** 그래프를 분석하여 '한국의 농촌 인구'에 관한 내용을 모두 썼나요?
- **✅글의 전개** '현황과 연도별 변화 – 변화의 원인 – 관련 조사 내용'으로 문단을 구성하였나요?
- **✅언어 사용** 변화와 원인을 설명하는 어휘와 문법을 정확하게 사용하였나요?
- **TIP** '~년 사이에 ~%이/가 감소한 것이다'와 같은 표현을 사용하면 감소한 정도를 나타낼 수 있습니다.

유형 3 ▶ 변화의 원인 설명   ▶ 실전 연습 04

주제: 공공 자전거 이용 (239자)

	최	근		한	국		사	회	에	서		공	공		자	전	거		이
용	자	가		증	가	하	고		있	다	.		20	15	년	에		60	만
명	이	었	던		공	공		자	전	거		이	용	자		수	가		20
20	년	에	는		18	7	만		명	으	로		크	게		늘	었	다	.
5	년		만	에		이	용	자		수	가		3	배		이	상		증
가	한		것	이	다	.		공	공		자	전	거	의		이	용		시 간
대	를		살	펴	보	면		출	퇴	근		시	간		이	용	이		38
%	로		출	퇴	근	할		때		공	공		자	전	거	를		이	용
하	는		사	람	이		많	은		것	으	로		조	사	되	었	다	.
출	퇴	근		시		공	공		자	전	거	를		이	용	하	는		이
유	는		자	전	거		대	여	소	의		증	가	와		저	렴	한	
이	용	요	금	의		영	향	인		것	으	로		보	인	다	.		

📋 채점 기준 체크리스트

- ☑ **내용 및 과제** 그래프를 분석하여 '공공 자전거 이용'에 관한 내용을 모두 썼나요?
- ☑ **글의 전개** '현황과 연도별 변화 – 관련 조사 내용 – 원인'으로 문단을 구성하였나요?
- ☑ **언어 사용** 변화와 원인을 설명하는 어휘와 문법을 정확하게 사용하였나요?
- **TIP** 조사한 내용을 소개할 때는 '~을/를 살펴보면'과 같은 표현을 사용할 수 있습니다.

유형 3 변화의 원인 설명 ▶ 실전 연습 05

주제: 친환경차 판매 (232자)

　　성인 남녀 500명을 대상으로 친환경차 구매 의사를 조사한 결과 92%가 친환경차를 구매할 의사가 있다고 답했다. 친환경차 판매 현황을 살펴보면 2020년에는 친환경차 판매량이 전체 자동차 판매량의 7.2%에 불과했으나 2021년에는 15%에 도달하였다. 1년 만에 2배 이상 증가한 것이다. 이러한 친환경차 판매량 증가의 원인은 환경에 대해 사람들의 관심이 높아진 것과 연료비를 절약할 수 있는 친환경차의 장점 때문인 것으로 보인다.

📝 채점 기준 체크리스트

- **내용 및 과제** 그래프를 분석하여 '친환경차 판매'에 관한 내용을 모두 썼나요?
- **글의 전개** '관련 조사 내용 – 현황과 연도별 변화 – 변화 원인'으로 문단을 구성하였나요?
- **언어 사용** 변화와 원인을 설명하는 어휘와 문법을 정확하게 사용하였나요?
- **TIP** '~에 불과했으나'와 같은 표현을 사용하면 숫자가 작다는 것을 나타낼 수 있습니다.

유형 3 변화의 원인 설명 ▶ 실전 연습 06

주제: 비만 청소년 (225자)

　　비만 청소년의 현황을 살펴보면 비만 청소년의 비율은 2015년 21%에서 2017년에는 24%, 2020년에는 25%로 계속 증가하고 있다. 이렇게 비만 청소년이 증가하는 원인으로는 고열량, 고지방 음식을 섭취하는 식습관을 들 수 있다. 또한 신체 활동량 감소도 영향을 미친 것으로 보인다. 일주일에 한 번 이상 패스트푸드를 먹는 청소년을 대상으로 조사한 결과 초등학생은 64%, 중학생은 76%, 고등학생은 78%에 달하는 것으로 나타났다.

채점 기준 체크리스트

- **내용 및 과제** 그래프를 분석하여 '비만 청소년'에 관한 내용을 모두 썼나요?
- **글의 전개** '현황과 연도별 변화 – 변화 원인 – 관련 조사 내용'으로 문단을 구성하였나요?
- **언어 사용** 변화와 원인을 설명하는 어휘와 문법을 정확하게 사용하였나요?
- **TIP** 조사 결과의 숫자가 클 때는 '~에 달하는 것으로 나타났다'와 같은 표현을 사용할 수 있습니다.

04 주제에 대해 글 쓰기 (54번 유형)

54번 문제는 고급 수준의 어휘와 문법을 다양하게 사용해야 높은 점수를 받을 수 있습니다. 기본 연습의 고급 답안과 중급 답안을 비교하여 어휘와 표현, 내용의 차이를 알아봅시다.

유형 1 ▶ N을 위해 필요한 것 ▶▶ 기본 연습

고급 답안 주제: 원만한 인간관계를 위해 필요한 것 (695자)

　　인간은 사회 안에서 다른 사람들과 함께 어울려 살아간다. 각자가 생활하는 곳에서 다른 사람들을 만나게 되고 말은 인간관계를 맺는다. 그리고 자신과 관계를 맺은 사람들과 서로 도움을 주고받기도 한다. 원만한 인간관계는 사회생활에 도움이 될 뿐만 아니라 삶의 전 영역에 긍정적인 영향을 미친다는 점에서 중요하다고 할 수 있다.
　　사람들과 원만하게 지내기 위해서는 서로의 차이를 인정하는 태도가 필요하다. 사람들의 생각에는 차이가 있기 마련이며 다양한 관점이 존재할 수 있다. 상대방의 생각이 나와 다르다고 해서 비난하거나 비판한다면 사람들과 갈등을 빚을 수밖에 없다. 따라서 자신의 생각과 판단만이 옳다는 생각을 버리고 사람들의 의견을 존중하는 태도를 가지는 것이 바람직하다.
　　또한 진실한 태도로 사람들을 대하는 것도 원만한 관계를 유지하기 위한 조건 중 하나이다. 인간관계는 서로에 대한 신뢰를 바탕으로 한다. 다시 말해 서로를 신뢰할 수 있을 때 그 관계가 오래 유지될 수 있다. 상대를 기만하거나 자신의 목적을 달성하기 위해 이용하려고만 하는 사람은 다른 사람들과 좋은 관계로 지내기 어렵다. 진심으로 사람들을 대하고 신뢰감을 줄 수 있도록 행동해야 한다.

정답 및 해설 · 27

	이	처	럼		다	른		사	람	들	과		원	만	하	게		지	내
기		위	해	서	는		그		관	계	를		유	지	하	려	는		노
력	이		필	요	하	다	.		상	대	를		존	중	하	고		진	실	하
게		대	한	다	면		다	른		사	람	들	과		좋	은		관	계
를		유	지	할		수		있	을		것	이	다	.					

중급 답안 주제: 원만한 인간관계를 위해 필요한 것

> 인간은 사회 안에서 다른 사람들과 같이 살아간다. 생활하면서 다른 사람들을 만나게 되고 많은 인간관계를 맺는다. 그리고 자신과 관계를 맺은 사람들에게 도움을 받을 때도 있고 도움을 줄 때도 있다. 인간관계는 사회생활의 성공과 개인의 삶에 좋은 영향을 주기 때문에 사람들과 원만한 관계를 유지하는 것이 중요하다.
>   사람들과 잘 지내기 위해서는 사람마다 생각이 다를 수 있다고 생각해야 한다. 사람들의 생각은 다르니까 다양한 생각을 할 수 있다. 상대방의 생각이 나와 다르다고 해서 비난하거나 비판한다면 사람들과 다투게 된다. 따라서 자신의 생각과 판단만이 맞다고 생각하지 말고 사람들의 의견을 존중하는 태도를 가지는 것이 좋다.
>   또한 진실한 태도로 사람들을 대하는 것도 원만한 관계를 유지하기 위한 조건 중 하나이다. 인간관계가 유지되려면 서로 믿을 수 있어야 한다. 상대를 속이거나 자신의 목적을 이루기 위해 이용하려고만 하는 사람은 다른 사람들과 잘 지낼 수 없다. 진심으로 사람들을 대하고 믿음을 줄 수 있도록 행동해야 한다.
>   이처럼 다른 사람들과 잘 지내기 위해서는 그 관계를 지키려고 노력해야 한다. 상대를 존중하고 진실하게 대한다면 다른 사람들과 계속 좋은 관계로 지낼 수 있을 것이다.

채점 기준 체크리스트

- **내용 및 과제** 과제로 주어진 '원만한 인간관계의 중요성'과 '원만한 인간관계를 위해 필요한 것'을 모두 빼놓지 않고 썼나요?
- **글의 전개** '주제 소개(중요성) – 필요한 것과 이유 – 태도와 방향 조언'의 세 부분으로 글을 구성하였나요?
- **언어 사용** 어휘 고급 서로의 차이를 인정하다 중급 생각이 다를 수 있다고 생각하다
  - 고급 갈등을 빚다 중급 다투다
  - 고급 신뢰를 바탕으로 하다 중급 믿을 수 있어야 하다
  - 문법 고급 -기 마련이다 중급 -(으)니까
  - 고급 -(으)ㄹ 수밖에 없다 중급 -게 되다
- **TIP** '다시 말해'와 같은 표현을 사용하면 앞에서 말한 내용을 더 상세하게 설명할 수 있습니다.

만점 답안 개요표

구조	내용
주제 소개	원만한 인간관계는 삶에 긍정적인 영향을 주기 때문에 중요함
필요한 조건	1. 서로의 차이를 인정해야 함 2. 진실한 태도로 상대를 대해야 함
태도 · 방향 조언	원만한 인간관계를 유지하려는 노력이 필요함

유형 1 ▶ N을 위해 필요한 것 ▶ 실전 연습 01

주제: 올바른 직업 선택의 방법 (679자)

　　대부분의 사람들은 자신이 가진 직업으로 돈을 벌고 그 돈으로 의식주를 유지해 결하며 살아간다. 직업은 생계를 유지하는 수단이 될 뿐만 아니라 직업을 통해 행복과 보람을 느끼고 사회 발전에 기여할 수 있다는 점에서 중요하다고 할 수 있다.

　자신에게 맞는 직업이 무엇인지 알기 위해서는 먼저 자신의 능력과 적성을 파악할 필요가 있다. 자신이 무엇을 좋아하고 어떤 일을 잘 할 수 있는지 알고 있는 것은 직업을 선택할 때 도움이 된다. 예를 들어 언어 능력이 뛰어난 사람이라면 그 능력을 발휘할 수 있는 분야의 일을 찾는 것이 유리하다. 사교성이 좋은 사람은 혼자 하는 일보다 사람들을 만나서 하는 일을 하는 것이 적합하다. 다음으로 관심이 있는 직업에 대해 자세히 알아볼 필요가 있다. 평소에 흥미를 느끼고 즐겁게 할 수 있는 일이라도 막상 그 일이 직업이 되면 생각했던 것과 다를 수 있다. 모든 일은 고충이 있기 마련이다. 때문에 한쪽 면만 보고 막연히 동경할 것이 아니라 현실적인 상황을 잘 알아봐야 한다. 그 직업을 가진 사람의 이야기를 듣거나 직접 체험을 해 본다면 더욱 좋을 것이다.

　이처럼 자신에게 적합한 일을 찾기 위해서는 먼저 자신의 능력과 적성을 파악하고 관심 있는 일에 대해 알아보는 준비가 필요하다. 그리고 그 일에 맞는 능력과 자격을 갖추도록 노력하면서 신중하게 직업을 선택해야 한다.

채점 기준 체크리스트

✓ 내용 및 과제 과제로 주어진 '직업의 중요성'과 '직업 선택을 위한 노력'을 모두 빼놓지 않고 썼나요?
✓ 글의 전개 '주제 소개(중요성) – 필요한 조건과 이유 – 태도와 방향 조언'의 세 부분으로 글을 구성하였나요?
✓ 언어 사용 고급 수준의 어휘와 문법을 선택해서 '올바른 직업 선택의 방법'에 대한 자신의 생각을 정확하게 표현하였나요?
TIP '예를 들어'와 같은 표현을 사용해서 구체적인 예를 소개하면 내용의 이해를 도울 수 있습니다.

만점 답안 개요표

	구 조	내 용
처음	주제 소개	직업의 중요성
중간	필요한 조건	1. 자신의 능력과 적성을 파악해야 함 2. 직업에 대해 자세히 알아봐야 함
끝	태도·방향 조언	직업 선택을 위한 준비를 하고 신중하게 선택해야 함

유형 1 ▶ N을 위해 필요한 것 ▶ 실전 연습 02

주제: 성공의 조건 (662자)

　　많은 사람들이 성공을 꿈꾼다. 그러나 성공의 기준에 대해서는 사람마다 생각이 다를 것이다. 흔히 성공이라고 생각하면 큰 돈과 부와 명예를 얻는 것을 벌어서 원하는 것을 가지고 사람들에게 인정받아서 높은 지위에 오르는 것을 성공으로 여기기 때문이다. 물론 경제적인 여유와 사회적 지위도 만족감을 주지만 그런 결과만을 중시하고 성공의 의미를 좁게 정의하는 것은 성공의 가치관에는 차이가 있으며 성취감이나 만족감을 느끼는 일도 다르기 마련이다. 따라서 각자가 원하는 삶을 살고 있는지가 성공의 기준이 되어야 한다.

　　자신이 원하는 일을 하면서 그 과정 속에서 성취감이나 보람을 느끼고, 목표를 달성한다면 삶에 대한 만족감은 높아질 것이다. 즐겁게 일하고 자신이 정한 목표를 향해 가는데에 성공의 의미가 있다고 생각한다. 또한 사회적인 성공 못지않게 개인적인 생활의 만족감 평도 중요하다. 사회적으로 성공했다는 가를 받는 사람 중에도 불행한 삶을 사는 사람이 있다. 일에만 몰두한 나머지 자신을 돌보지 못하고 가족이나 주변 사람들과도 멀어졌다면 성공한 삶이라고 보기 어렵다.

　　그러므로 진정한 성공을 이루기 위해서는 자신의 일을 즐기면서 원하는 목표에도 달하도록 최선을 다해야 한다. 그리고 자신과 주위 사람들을 돌아볼 수 있는 여유도 함께 가져야 할 것이다.

채점 기준 체크리스트

✅ 내용 및 과제 과제로 주어진 '성공의 기준'과 '성공을 위해 필요한 것'을 모두 빼놓지 않고 썼나요?

✅ 글의 전개 '주제 소개(일반적 견해) – 나의 견해와 필요한 조건 – 태도와 방향 조언'의 세 부분으로 글을 구성하였나요?

✅ 언어 사용 고급 수준의 어휘와 문법을 선택해서 '성공의 조건'에 대한 자신의 생각을 정확하게 표현하였나요?

TIP 일반적 견해를 소개한 후 그에 대한 반론과 자신의 견해를 구체적으로 밝히면 효과적으로 전달할 수 있습니다.

만점 답안 개요표

	구조	내용
처음	주제 소개	일반적으로 부와 명예를 얻는 것이 성공이라고 생각함
중간	필요한 조건	각자의 만족이 성공의 기준이 되어야 함 – 원하는 일에서 목표를 달성하는 것, 개인적인 생활이 만족스러운 것
끝	태도 · 방향 조언	자신의 일에 최선을 다하고 여유를 가져야 함

유형 1 N을 위해 필요한 것 ▶ 실전 연습 03

주제: 행복한 노후 생활을 위한 조건 (663자)

　　과거에 비해 평균 수명이 길어지면서 노후를 어떻게 보낼지에 대한 관심도 높아지고 있다. 누구나 행복한 노후를 원하지만 자신이 바라는 노후 생활을 갖추기 위해서는 갖추어야 하는 여러 가지 조건이 있다.

　먼저 행복한 노후를 보내기 위해서는 건강이 필수적으로 요구된다. 노년의 건강은 삶의 질과 밀접한 관계가 있다고 할 수 있다. 건강하지 않으면 이동이나 활동에 제약을 받을뿐더러 의료비 부담도 늘어나기 때문이다. 따라서 건강을 유지하기 위해 평소 꾸준한 운동으로 체력을 기르고 건강한 식습관을 가지는 것이 바람직하다. 그리고 경제력도 행복한 노후를 보내는 데 없어서는 안 될 중요한 조건 중 하나이다. 충분한 노후 자금을 마련하지 못한 채 노후를 맞는다면 경제적인 어려움을 겪을 수밖에 없다. 의식주를 포함한 기본 생활과 여가 생활 등이 가능하도록 되도록이면 젊을 때부터 조금씩이라도 저축을 해야 한다. 마지막으로 시간을 즐겁고 의미 있게 보낼 수 있는 일이 있다면 노후를 더욱 행복하게 보낼 수 있다. 자신이 좋아하고 오랫동안 즐길 수 있는 새로운 일을 찾거나 취미를 갖는 것도 좋은 방법이다.

　행복한 노후 생활의 기준과 조건은 사람마다 차이가 있지만 그에 맞는 대비가 필요한 것만은 분명하다. 그러므로 자신이 원하는 행복한 노후를 보내기 위해서는 미리 계획을 세워 준비해야 한다.

📑 채점 기준 체크리스트

- **✅ 내용 및 과제** 과제로 주어진 '노후 생활에 필요한 것'과 '준비할 것'을 모두 빼놓지 않고 썼나요?
- **✅ 글의 전개** '주제 소개(경향) – 필요한 조건과 준비 – 태도와 방향 조언'의 세 부분으로 글을 구성하였나요?
- **✅ 언어 사용** 고급 수준의 어휘와 문법을 선택해서 '행복한 노후 생활을 위한 조건'에 대한 자신의 생각을 정확하게 표현하였나요?
- **TIP** 조건을 구체적으로 나열하기 전에 '-기 위해서는 갖추어야 하는 여러 가지 조건이 있다'와 같은 표현을 사용할 수 있습니다.

📋 만점 답안 개요표

	구조	내용
처음	주제 소개	노후에 대한 관심이 높아졌음
중간	필요한 조건	1. 건강 2. 경제력 3. 좋아하는 일
끝	태도 · 방향 조언	미리 계획을 세워 노후를 준비해야 함

유형 2. N의 문제점과 해결 방법 ▶ 기본 연습

54번 문제는 고급 수준의 어휘와 문법을 다양하게 사용해야 높은 점수를 받을 수 있습니다. 기본 연습의 고급 답안과 중급 답안을 비교하여 어휘와 표현, 내용의 차이를 알아봅시다.

고급 답안 주제: 스마트폰 중독의 문제점과 해결 방법 (657자)

 최근 스마트폰의 보급률이 높아지면서 부작용도 함께 나타나고 있다. 스마트폰을 지장을 보지 않으면 불안해하고 과도하게 사용하는 일상생활에 사람이 줄었다. 이러한 스마트폰 중독 증상은 여러 가지 문제를 낳고 있다.
 먼저, 스마트폰 중독은 사고를 발생시킬 수 있다. 길을 걸을 때 스마트폰을 보느라 앞을 보지 않는 사람이 있는가 하면 심지어 운전 중에 스마트폰을 사용하는 경우가 많다. 또한 스마트폰 중독은 학업이나 업무에도 방해가 된다. 특히 청소년들의 스마트폰 중독은 심각한 수준이어서 수업에 집중하지 않고 스마트폰을 보는 학생들로 인해 곤란을 겪는 학교가 많다. 그리고 스마트폰 중독은 건강에도 악영향을 미친다. 장시간 스마트폰을 사용하면 눈이 건조해지고 목과 어깨에 통증을 느끼게 되며 수면 장애가 나타나기도 한다. 불안함과 우울함 또한 자주 느끼게 되고 사람들과 직접적인 관계에서도 어려움을 겪게 된다.
 스마트폰 중독에서 벗어나기 위해서는 스마트폰을 사용하는 시간과 공간에 제한을 둘 필요가 있다. 스마트폰을 사용할 시간을 미리 정해 놓고 집중해야 할 일이 있을 때에는 스마트폰을 다른 공간에 두는 것이 좋다. 그리고 여가 시간에 스마트폰 대신 취미 활동이나 운동을 하면서 사람들과 교류하는 기회

	를		갖	는		것	도		하	나 의		방	법	이	다	.			

중급 답안 주제: 스마트폰 중독의 문제점과 해결 방법

최근 스마트폰을 많이 사용하면서 문제점도 생기고 있다. 스마트폰을 보지 않으면 불안해하고 일상생활에 문제가 생길 정도로 계속 사용하는 사람이 많아졌다. 이러한 스마트폰 중독 증상 때문에 여러 가지 문제가 생기고 있다.

먼저, 스마트폰 중독 때문에 사고가 날 수 있다. 길을 걸을 때 스마트폰만 보고 앞을 보지 않는 사람도 있고 운전 중에 스마트폰을 사용하는 사람도 있어 사고가 나는 경우가 많다. 또한 스마트폰 중독은 공부나 일도 잘할 수 없게 한다. 특히 스마트폰 중독이 심해서 수업에 집중하지 않고 스마트폰을 보는 학생들 때문에 힘든 학교가 많다. 그리고 스마트폰 중독은 건강에도 나쁜 영향을 준다. 오랫동안 스마트폰을 사용하면 눈이 건조해지고 목과 어깨가 아프고 잠도 잘 못 잔다. 불안함과 우울함도 자주 느끼게 되고 사람들을 직접 만나 보지 않아서 사람을 만나는 것도 어려워한다.

스마트폰 중독을 고치기 위해서는 스마트폰을 사용하는 시간과 공간을 정할 필요가 있다. 스마트폰을 사용할 시간을 미리 정해 놓고 집중해야 할 일이 있을 때에는 다른 공간에 두어야 한다. 그리고 여가 시간에 스마트폰 대신 취미 활동이나 운동을 하면서 사람들을 만나는 것도 좋다.

채점 기준 체크리스트

✓ 내용 및 과제 과제로 주어진 '스마트폰의 문제점'과 '해결 방법'을 모두 빼놓지 않고 썼나요?
✓ 글의 전개 '주제 소개(현황) – 문제점 – 해결 방법'의 세 부분으로 글을 구성하였나요?
✓ 언어 사용 어휘 **고급** 스마트폰의 보급률이 높아지다 **중급** 스마트폰을 많이 사용하다
고급 악영향을 미치다 **중급** 나쁜 영향을 주다
고급 시간과 공간에 제한을 두다 **중급** 시간과 공간을 정하다
문법 **고급** ~(으)로 인해 **중급** ~ 때문에
고급 –(으)ㄴ 탓에 **중급** –아/어서

TIP 부사 '심지어'라는 말을 추가하면 내용을 더 강조할 수 있습니다.

만점 답안 개요표

	구조	내용
처음	주제 소개	스마트폰 중독이 증가하고 있음
중간	문제점	1. 사고의 위험이 있음 2. 학업과 업무에 방해가 됨 3. 건강과 대인 관계에 영향을 줌
끝	해결 방법	사용하는 시간이나 공간에 제한을 두기 취미 활동이나 운동 찾기

유형 2 ▶ N의 문제점과 해결 방법 ▶ 실전 연습 01

주제: 쓰레기 배출량 증가와 대책 (623자)

　　인구가 증가함에 따라 배출되는 쓰레기의 양도 급격히 늘고 있다. 쓰레기 배출량은 세계 곳곳에서 해마다 증가하고 있으며 쓰레기를 어떻게 처리하고 줄여야 하느냐는 이제 세계적인 문제가 되었다.

　　우선은 쓰레기 배출량 증가의 원인 중 하나로 일회용품 사용을 들 수 있다. 일회용품은 배출되는 쓰레기 중에서 큰 비중을 차지하고 있다. 편리하다는 이유로 일상생활 속에서 무분별하게 사용하는 비닐과 일회용 컵, 일회용기 등의 양은 상당하다. 이 중에서도 플라스틱 쓰레기의 증가는 환경 오염을 가속화시키는 요인이기 때문에 더욱 심각한 문제가 된다. 또한 분리배출을 제대로 하지 않는 것도 쓰레기 배출량 증가의 원인이 된다. 쓰레기 중에는 자원으로 재활용이 가능한 것이 있다. 그러나 제대로 분리해서 배출하지 않으면 자원이 되지 못하고 결국 쓰레기로 버려질 수밖에 없다.

　　쓰레기 배출량을 줄이기 위해서는 생활 속에서 쓰레기를 줄이려는 노력이 필요하다. 일회용품의 사용을 자제하고 물건을 아껴 쓰고 절약하는 습관을 길러야 한다. 이와 함께 배출된 쓰레기를 친환경적으로 처리하는 방안도 마련해야 한다. 쓰레기를 자원화하는 방법을 연구하고 환경 오염을 줄일 수 있는 쓰레기 처리 시설 개발에도 힘써야 할 것이다.

📝 채점 기준 체크리스트

- ✅ **내용 및 과제** 과제로 주어진 '쓰레기 배출량 증가 원인'과 '해결 방법'을 모두 빼놓지 않고 썼나요?
- ✅ **글의 전개** '주제 소개(현황) – 원인 – 해결 방법 제시'의 세 부분으로 글을 구성하였나요?
- ✅ **언어 사용** 고급 수준의 어휘와 문법을 선택해서 '쓰레기 배출량 증가와 대책'에 대한 자신의 생각을 정확하게 표현하였나요?
- **TIP** '~은/는 이제 세계적인 문제가 되었다' 등의 표현을 사용해서 문제의 심각성을 나타낼 수 있습니다.

📑 만점 답안 개요표

	구조	내용
처음	주제 소개	쓰레기 배출량이 증가하고 있음
중간	원인	1. 일회용품 사용량 증가 2. 잘못된 분리배출
끝	해결 방법 제시	일회용품 줄이기, 올바른 분리배출 하기, 친환경적인 쓰레기 처리 방안 마련하기

유형 2 N의 문제점과 해결 방법 ▶ 실전 연습 02

제목: 고령화 사회의 문제점과 대책 (645자)

전체 인구 중에서 65세 이상의 노인 인구가 차지하는 비율이 7% 이상인 사회를 고령화 사회라고 한다. 의료 기술의 발달로 과거에 비해 인간의 평균 수명이 늘어나고 심각한 저출산 현상도 계속되면서 전 세계가 빠르게 고령화 사회가 되고 있다. 이러한 고령화 사회에서는 여러 가지 문제가 발생한다. 먼저, 일을 할 수 있는 노동 인구가 줄어들어 노동력이 부족해진다. 경제 활동이 가능한 인구의 감소는 곧 국가 경제 성장 둔화와 국가 경쟁력 약화로 이어진다는 점에서 문제가 된다. 그리고 고령화 사회에서는 노인들에게 지급되는 연금을 비롯한 사회 복지 비용이 증가하기 때문에 국가의 경제적 부담은 더욱 커질 수밖에 없다. 또한 경제력이 없어 생계 유지가 어려운 노인의 비율이 높아지고 경제적인 어려움 외에도 질병과 외로움에 시달리며 사회에서 소외되는 등 다양한 노인 문제가 야기된다.

이러한 고령화 사회의 문제점을 해결하기 위해서는 정부 차원의 정책이 필요하다. 출산율을 높일 수 있도록 양육 시설을 늘리고 육아 휴직을 보장해서 아이를 낳고 키우기 좋은 환경을 조성해야 한다. 출산 장려금을 지급하는 등의 경제적인 지원도 필요하다. 그리고 정년 연장과 노인 일자리 창출로 노인들이 경제 활동을 지속할 수 있도록 도와야 하며 노인 복지 제도도 강화해야 한다.

📝 채점 기준 체크리스트

- **✅ 내용 및 과제** 과제로 주어진 '고령화 사회의 문제점'과 '해결 방법'을 모두 빼놓지 않고 썼나요?
- **✅ 글의 전개** '주제 소개(정의와 현황) – 문제점 – 해결 방법 제시'의 세 부분으로 글을 구성하였나요?
- **✅ 언어 사용** 고급 수준의 어휘와 문법을 선택해서 '고령화 사회의 문제점과 대책'에 대한 자신의 생각을 정확하게 표현하였나요?
- **TIP** 용어의 의미를 설명할 필요가 있을 때에는 '~을/를 –(이)라고 한다' 등의 표현을 사용해서 정의를 나타내는 것이 좋습니다.

📋 만점 답안 개요표

	구 조	내 용
처음	주제 소개	빠른 속도로 고령화 사회가 되고 있음
중간	문제점	1. 국가 경제력 약화 2. 사회 복지 비용 증가 3. 노인 문제 발생
끝	해결 방법 제시	출산 장려 정책 마련하기, 노인 일자리 창출하기, 노인 복지 제도 강화하기

유형 2 N의 문제점과 해결 방법 ▶ 실전 연습 03

제목: 학교 폭력의 원인과 대책 (643자)

　　학교에서 다른 학생들에게 괴롭힘을 당하는 학생들이 늘어나고 있다. 이러한 학교 폭력의 피해자는 점차 증가하고 있으며 학교 폭력의 피해가 우울증이나 자살로 이어지는 경우도 있어 사회적인 문제가 되고 있다.

　　학교 폭력은 학생 개인의 특성뿐만 아니라 가정과 학교 등의 환경에도 그 원인이 있다고 할 수 있다. 가정에서 부모의 사랑과 관심을 받지 못했거나 올바른 교육을 받지 못한 학생은 공격적인 성향을 가지는 경우가 많다고 한다. 그리고 대중매체의 폭력성도 학교 폭력의 원인으로 꼽힌다. 학생들이 텔레비전이나 인터넷을 통해 폭력적인 영상과 게임을 자주 접하면서 폭력의 위험성과 심각성을 제대로 인식하지 못하게 된 것이다. 또한 학교 폭력의 피해자가 도움을 받을 만한 곳이 없어서 피해를 당하고도 도움을 요청할 수 없다는 점도 학교 폭력이 심각해지는 원인 중 하나이다.

　　학교 폭력 문제를 해결하기 위해서는 가정과 학교의 역할이 중요하다. 먼저 평소 아이들에게 보다 관심을 가지고 대화를 많이 나누도록 노력해야 한다. 그리고 대중매체가 청소년들에게 부정적인 영향을 미치는 것을 방지할 수 있는 규제가 필요하다. 이와 함께 학교 폭력의 피해를 신고하고 상담을 받을 수 있는 전문 상담소를 설치해서 피해야 학생들이 도움을 받을 수 있도록 해야 한다.

채점 기준 체크리스트

☑ 내용 및 과제 과제로 주어진 '학교 폭력의 원인'과 '해결 방법'을 모두 빼놓지 않고 썼나요?

☑ 글의 전개 '주제 소개(현황) – 원인 – 해결 방법 제시'의 세 부분으로 글을 구성하였나요?

☑ 언어 사용 고급 수준의 어휘와 문법을 선택해서 '학교 폭력의 원인과 대책'에 대한 자신의 생각을 정확하게 표현하였나요?

TIP 여러 가지 원인을 나타낼 때는 중복되는 표현을 피해서 '~에 그 원인이 있다. ~이/가 원인으로 꼽힌다. ~이/가 그 원인 중 하나이다'와 같이 다양하게 표현하는 것이 좋습니다.

만점 답안 개요표

	구 조	내 용
처음	주제 소개	학교 폭력이 사회적인 문제가 되고 있음
중간	원 인	1. 가정·학교의 관심 부족 2. 대중 매체의 폭력성 3. 도움을 요청할 곳 부족
끝	해결 방법 제시	가정과 학교에서 관심 가지기, 대중 매체 규제하기, 상담소 설치하기

유형 3 N에 대한 찬성 또는 반대 ▶ 기본 연습

54번 문제는 고급 수준의 어휘와 문법을 다양하게 사용해야 높은 점수를 받을 수 있습니다. 고급 답안과 중급 답안을 비교하여 어휘와 표현, 내용의 차이를 알아봅시다.

고급 답안 제목: 자연 개발에 대한 찬성과 반대 (700자)

　　전 세계적으로 자연 개발이 활발해지면서 개발에 따른 자연 훼손을 우려하는 목소리도 높다. 이에 자연 개발을 놓고 개발이 필요하다는 의견과 자연을 그대로 보존해야 한다는 의견이 팽팽히 맞서고 있다. 자연 개발에 찬성하는 사람들은 개발을 통해 경제적 이익을 얻을 수 있기 때문에 개발을 해야 한다고 말한다. 그러나 나는 자연을 보존해야 한다고 생각한다.
　　그 이유는 첫째, 한번 훼손된 자연환경은 복구되기가 매우 어렵거나 불가능하기 때문이다. 개발로 인해 자연환경이 훼손되면 원래의 모습을 되찾는 데 오랜 시간이 걸리고 그 손상이 심한 경우 복구가 불가능해진다. 물론 모든 자연 개발이 심각한 자연 파괴를 유발하는 것은 아니다. 그러나 개발 과정에서 발생하는 자연 훼손과 환경 오염은 불가피하며 결국 자연 파괴로 이어지는 경우가 많다.
　　둘째, 자연을 보존하는 것은 인간의 생명을 지키는 일이기 때문이다. 세계 곳곳의 무분별한 자연 개발은 생태계 파괴는 물론이고 환경 오염까지 초래하였다. 그 결과 이상 기후가 나타나고 자연재해가 발생해 피해를 입는 곳이 나은 삶을 위한 인간의 생존을 위협하게 선택이 오히려 인간의 생존을 위협하게 된 것이다.
　　이처럼 눈앞의 이익만을 좇아 자연을 개발하면 소중한 자연을 잃고 결국 인

간	이		살	아	갈		터	전	마	저		잃	게		된	다	.		그	러
므	로		우	리		자	신	을		위	해	서		개	발	을		억	제
하	고		자	연	을		보	존	하	도	록		노	력	해	야		한	다	.

중급 답안 **주제**: 자연 개발에 대한 찬성과 반대

> 　세계 여러 나라에서 자연을 개발하고 있는데 많은 사람들이 자연 훼손을 걱정한다. 그래서 자연 개발이 필요하다는 사람도 있지만 개발하지 않고 자연을 보존해야 한다는 사람도 있다. 자연을 개발해야 한다는 사람들은 돈을 벌 수 있기 때문에 개발이 필요하다고 말한다. 그러나 나는 자연을 보존해야 한다고 생각한다.
> 　그 이유는 첫째, 나빠진 자연환경은 예전처럼 좋아질 수 없기 때문이다. 개발 때문에 자연환경이 한번 나빠지면 예전처럼 좋아질 때까지 시간이 오래 걸리고 많이 나빠지면 예전만큼 좋아질 수 없다. 물론 개발을 하면 반드시 자연 파괴가 되는 것은 아니다. 그러나 개발을 할 때 자연 훼손과 환경 오염이 생기고 자연환경이 심각하게 나빠지는 경우가 많다.
> 　둘째, 자연을 보존해야 인간의 생명도 지킬 수 있기 때문이다. 많은 자연 개발은 생태계를 파괴하고 환경을 오염시켰다. 그래서 이상 기후가 나타나고 자연재해가 발생해서 피해가 많아졌다. 더 잘 살기 위해서 개발을 했지만 오히려 인간이 살기 어렵게 된 것이다.
> 　이처럼 당장 이익을 얻으려고 자연을 개발하면 소중한 자연환경이 나빠지고 인간이 살아갈 곳까지 없어진다. 그러므로 우리 자신을 위해 자연을 개발하지 않고 보존해야 한다.

채점 기준 체크리스트

- **내용 및 과제** 과제로 주어진 '자연 개발 찬반에 대한 나의 입장'과 '이유 2가지 이상'을 모두 빼놓지 않고 썼나요?
- **글의 전개** '주제 소개와 나의 입장 선택 – 이유 – 요약과 입장 강조'의 세 부분으로 글을 구성하였나요?
- **언어 사용** **어휘** **고급** 우려하는 목소리가 높다　**중급** 많은 사람들이 걱정하다
  　　　　　　　　고급 원래의 모습을 되찾다　**중급** 예전처럼 좋아지다
  　　　　　　　　고급 눈앞의 이익만을 좇다　**중급** 당장 이익을 얻으려고 하다
  　　　　문법 **고급** ~(으)로 인해　**중급** ~ 때문에
  　　　　　　　　고급 ~은/는 물론이고　**중급** -고

TIP 자신의 입장을 밝히기 전에 '–다는 의견과 –다는 의견이 팽팽히 맞서고 있다'와 같은 표현을 사용해서 찬성과 반대의 입장이 대립하고 있음을 소개하는 것이 좋습니다.

만점 답안 개요표

	구조	내용
처음	주제 소개	자연 개발을 주장하는 사람들이 있음
	입장 선택	개발을 막고 자연을 보존해야 함
중간	입장에 대한 근거	[자연 개발 반대의 근거] 1. 훼손된 환경은 복구가 어려움 2. 환경 오염으로 인간의 생존도 위협받게 됨
끝	요약 입장 강조	자연을 보존하도록 노력해야 함

유형 3 · N에 대한 찬성과 반대 ▶ 실전 연습 01

주제: 동물 실험에 대한 찬성과 반대 (650자)

　　동물을 대상으로 하는 실험은 여러 분야에서 실시되고 있는데 이러한 동물 실험에 대해 찬반양론이 있다. 동물 실험에 찬성하는 사람들은 새로운 치료법이나 제품의 안정성을 확인하기 위해서 동물 실험은 불가피하다고 말한다. 그러나 나는 다음과 같은 두 가지 이유에서 동물 실험에 반대한다. 첫째, 동물에게 고통을 주고 생명을 위태롭게 만드는 것은 비윤리적인 행위이기 때문이다. 동물도 인간과 마찬가지로 소중한 생명을 가진 존재이며 고통 받지 않고 자유롭게 살아갈 권리가 있다. 그러므로 인간이 자신의 목적을 위해 동물들의 자유를 억압하고 생명을 함부로 이용해서는 안 된다. 둘째, 동물 실험을 대체할 수 있는 방법을 충분히 찾을 수 있기 때문이다. 동물 실험은 간편하고 비용이 적게 든다는 점 때문에 널리 활용되고 있다. 그러나 동물을 대상으로 한 실험이 기때문에 인간에게 적용했을 때 그 결과가 다르게 나타나는 경우도 있다. 동물 실험 대신 인간의 세포를 이용하면 더 정확한 정보를 얻을 수 있으며 컴퓨터 기술을 활용하는 방법을 통해서도 많은 정보를 얻을 수 있다. 이와 같이 동물 실험은 그 정당성과 실효성을 인정받기 어려운 측면이 있다. 그러므로 불필요한 동물 실험을 막을 수 있는 제도를 마련하고 동물 실험을 대체할 수 있는 방법의 연구와 개발에 힘써야 할 것이다.

📝 채점 기준 체크리스트

- **✅ 내용 및 과제** 과제로 주어진 '동물 실험 찬반에 대한 나의 입장'과 '이유 2가지 이상'을 모두 빼놓지 않고 썼나요?
- **✅ 글의 전개** '주제 소개와 나의 입장 선택 – 이유 – 요약과 입장 강조'의 세 부분으로 글을 구성하였나요?
- **✅ 언어 사용** 고급 수준의 어휘와 문법을 선택해서 '동물 실험'에 대한 자신의 생각을 정확하게 표현하였나요?
- **TIP** 태도와 방향을 조언할 때는 '~에 힘써야 할 것이다'와 같은 표현이 자주 쓰입니다.

📋 만점 답안 개요표

	구조	내용
처음	주제 소개	동물 실험이 필요하다는 사람들이 있음
	입장 선택	동물 실험에 반대함
중간	입장에 대한 근거	[동물 실험 반대의 근거] 1. 동물에게 고통을 주는 것은 비윤리적임 2. 대체할 방법을 찾을 수 있음
끝	요약 입장 강조	불필요한 동물 시험을 막고 대체 방법을 개발해야 함

유형 3 N에 대한 찬성 또는 반대 ▶ 실전 연습 02

주제: 안락사 허용에 대한 찬성과 반대 (645자)

　　안락사의 허용에 대해서는 찬성하는 입장과 반대하는 입장이 있으며 국가에 따라 기준과 허용 범위에 차이가 있다. 안락사를 허용하는 것에 반대하는 사람들은 생명의 가치와 존중을 이유로 같은 이유에서 안락사를 허용할 필요가 있다고 생각한다.

　　먼저, 안락사가 허용되면 환자의 고통을 덜어 줄 수 있다. 환자들은 생명을 구하고 유지하기 위해 다양한 치료를 받게 된다. 그러나 그 치료 과정이 고통스럽고 참기 어려워서 환자가 더 이상의 치료를 원하지 않는 경우도 있다. 환자가 고통을 피해 편안하게 사망하기 원한다면 자신의 죽음을 스스로 결정할 수 있는 권리를 주어야 한다.

　　또한 안락사는 환자 가족들의 경제적 부담을 줄여 줄 수도 있다. 환자가 입원과 치료를 지속하기 위해서는 의료비가 필요하다. 그런데 의료비를 부담하는 기간이 길어지고 그 비용이 증가하면 가족들이 겪는 경제적인 어려움은 커질 수밖에 없다. 만약 안락사가 허용된다면 환자 가족들이 겪는 경제적인 어려움과 고통을 조금은 덜 수 있을 것이다. 이처럼 안락사는 환자나 환자 가족들이 겪는 문제에 도움을 줄 수 있다.

　　그러나 안락사가 허용될 경우 악용될 소지도 있다. 그러므로 안락사 허용은 신중하게 결정되어야 하며 악용을 막을 수 있는 제도적 장치가 먼저 마련되어야 한다.

채점 기준 체크리스트

✓ 내용 및 과제   과제로 주어진 '안락사 허용 찬반에 대한 나의 입장'과 '이유 2가지 이상'을 모두 빼놓지 않고 썼나요?

✓ 글의 전개   '주제 소개와 나의 입장 선택 – 이유 – 요약과 입장 강조'의 세 부분으로 글을 구성하였나요?

✓ 언어 사용   고급 수준의 어휘와 문법을 선택해서 '안락사 허용'에 대한 자신의 생각을 정확하게 표현하였나요?

TIP   찬성하거나 반대하는 이유를 설명하기 전에 '다음과 같은 이유에서 –다고 생각한다'는 표현을 사용할 수 있습니다.

만점 답안 개요표

	구조	내용
처음	주제 소개	안락사 허용에 대한 찬반 양론이 있음
	입장 선택	안락사를 허용할 필요가 있음
중간	입장에 대한 근거	[안락사 허용 찬성의 근거] 1. 환자의 고통을 덜어줄 수 있음 2. 환자 가족들의 경제적 부담이 줄여줄 수 있음
끝	요약 입장 강조	악용되지 않도록 제도를 마련하고 허용해야 함

유형 3 - N에 대한 찬성 또는 반대 ▶ 실전 연습 03

주제: 금연 구역 확대에 대한 찬성과 반대 (689자)

　전 세계적으로 금연 구역이 확대되고 있지만, 흡연자와 비흡연자의 입장에는 차이가 있기 때문에 금연 구역 확대에 대한 찬반양론이 있다. 금연 구역 확대에 반대하는 사람들은 금연 구역의 부족과 흡연자들의 권리를 이유로 들며 반대한다. 그러나 나는 금연 구역 확대로 얻을 수 있는 긍정적인 효과가 많기 때문에 금연 구역 확대에 찬성한다.

　먼저 금연 구역이 늘어나면 간접흡연으로 인한 피해를 막을 수 있다. 담배를 피우지 않는 비흡연자들은 흡연자들과 같은 공간에 있는 것만으로 간접흡연의 피해를 입는다. 간접흡연은 직접 담배를 피우는 것 못지 않게 건강에 해롭다고 한다. 비흡연자들의 건강을 지키고 생명을 보호하기 위해 여러 사람이 함께 사용하는 장소는 금연 구역으로 지정해야 한다.

　또한 금연 구역을 확대함으로써 흡연율을 낮출 수 있다. 알려진 바와 같이 흡연은 건강에 악영향을 미치고 다양한 질병을 유발한다. 많은 사람들이 흡연의 유해성을 인식하고 금연을 결심하지만 흡연이 자유롭게 허용되는 환경에서는 금연에 성공하기가 어렵다. 금연 구역을 확대하고 금연을 권장하는 사회적 분위기를 조성한다면 흡연율 감소에 도움을 줄 수 있을 것이다.

　이와 같이 금연 구역 확대는 비흡연자와 흡연자 모두의 건강을 지키기 위한 것이다. 그러므로 국민 전체의 건강을 위해 금연 구역은 점차 확대해 나갈 필요가 있다.

채점 기준 체크리스트

내용 및 과제 과제로 주어진 '금연 구역 확대 찬반에 대한 나의 입장'과 '이유 2가지 이상'을 모두 빼놓지 않고 썼나요?

글의 전개 '주제 소개와 나의 입장 선택 – 이유 – 요약과 입장 강조'의 세 부분으로 글을 구성하였나요?

언어 사용 고급 수준의 어휘와 문법을 선택해서 '금연 구역 확대'에 대한 자신의 생각을 정확하게 표현하였나요?

TIP '이와 같이'나 '이처럼'과 같은 표현을 사용하면 앞에서 말한 내용을 자연스럽게 정리할 수 있습니다.

만점 답안 개요표

	구조	내용
처음	주제 소개	금연 구역 확대에 대한 찬반 양론이 있음
	입장 선택	금연 구역 확대에 찬성함
중간	입장에 대한 근거	[금연 구역 확대 찬성의 근거] 1. 간접흡연의 피해를 막을 수 있음 2. 흡연율 감소에 도움이 됨
끝	요약 입장 강조	모두의 건강을 위해 금연 구역을 확대해야 함

유형 4 N의 긍정적 측면과 부정적 측면 ▶ 기본 연습

54번 문제는 고급 수준의 어휘와 문법을 다양하게 사용해야 높은 점수를 받을 수 있습니다. 고급 답안과 중급 답안을 비교하여 어휘와 표현, 내용의 차이를 알아봅시다.

고급 답안 주제: 광고의 긍정적 측면과 부정적 측면 (686자)

　　우리는 매일 일상생활 속에서 광고를 보게 된다. 신문을 비롯해 텔레비전, 인터넷 등 다양한 매체를 통해 여러 가지 광고를 접하고 있다. 이렇게 접하는 광고는 사람들의 소비에 영향을 미친다.

　　광고는 상품을 소비자에게 널리 알릴 수 있다는 점에서 긍정적인 면이 있다. 소비자들은 광고를 통해 상품을 알게 되는 경우가 많다. 그리고 광고는 상품에 대한 정보를 제공해 준다. 따라서 소비자가 직접 상품을 찾아서 알아보지 않더라도 어떤 특징이 있는지 쉽게 파악할 수 있으며 유사한 상품들과의 비교도 가능하다. 즉, 광고는 소비자들이 필요로 하는 정보를 제공함으로써 상품을 쉽게 구매할 수 있도록 해 준다.

　　그러나 광고에 긍정적인 기능만 있는 것은 아니다. 상품을 홍보하기 위해 상품의 장점만을 부각시켜서 실제와 다른 정보를 전달하는 부정적인 사례도 있다. 이러한 과장 광고나 허위 광고는 소비자들이 정확한 판단을 하는 데 방해가 된다. 그 결과 광고에 속아서 불필요한 상품이나 기대에 못 미치는 상품을 구매하는 피해도 발생하게 된다. 또한 광고 비용으로 인해 상품의 가격이 상승하면서 품질 저하로 이어질 우려도 있다.

　　이처럼 광고는 긍정적인 면과 부정적인 면을 함께 가지고 있다. 그러므로 소비자들은 광고를 통해 얻은 정보를 다시 한번 확인하고 가격과 품질을 잘

따	져	서		현	명	한		소	비	를		할		수		있	도	록		
해	야		한	다	.															

중급 답안 **주제**: 광고의 긍정적 측면과 부정적 측면

> 우리는 매일 생활하면서 여러 가지 매체를 통해 광고를 보게 된다. 이런 광고는 사람들이 물건을 구입하는 데 영향을 미친다.
>
> 광고를 하면 많은 소비자들에게 상품을 알릴 수 있다는 장점이 있다. 광고를 보고 소비자들이 상품에 대해 알게 되는 경우가 많다. 그리고 광고는 그 상품에 대한 정보를 제공해 준다. 따라서 소비자가 직접 상품을 찾아서 알아보지 않아도 어떤 특징이 있는지 쉽게 알 수 있고 비슷한 상품들과 무엇이 다른지 알 수 있다. 광고는 소비자들에게 필요한 정보를 제공해서 상품을 쉽게 살 수 있도록 도와준다.
>
> 그러나 광고에 좋은 면만 있는 것은 아니다. 상품을 알리기 위해 상품의 좋은 점만 강조해서 사실이 아닌 정보를 전달하는 나쁜 예도 있다. 이러한 과장 광고나 허위 광고를 본 소비자들은 정확한 판단을 할 수 없다. 그래서 광고의 내용이 사실이라고 생각해서 필요 없는 상품을 사거나 자신이 생각한 것과 다른 상품을 사는 피해도 생긴다. 또한 광고 비용이 들기 때문에 상품의 가격이 오르고 품질이 나빠질 가능성도 있다.
>
> 이처럼 광고에는 좋은 면도 있고 나쁜 면도 있다. 그러므로 소비자들은 광고에서 얻은 정보를 확인하고 가격과 품질을 잘 비교해서 현명하게 물건을 구입하도록 해야 한다.

채점 기준 체크리스트

내용 및 과제 과제로 주어진 '광고의 긍정적인 측면'과 '부정적인 측면'을 모두 빼놓지 않고 썼나요?

글의 전개 '주제 소개(현황) – 긍정적 측면과 부정적 측면 – 태도와 방향 제시'의 세 부분으로 글을 구성하였나요?

언어 사용 어휘 **고급** 장점만을 부각시키다 **중급** 좋은 점만 강조하다

　　　　　　　고급 기대에 못 미치다 **중급** 자신이 생각한 것과 다르다

　　　　　　　고급 품질 저하로 이어질 우려가 있다 **중급** 품질이 나빠질 가능성이 있다

　　　　문법 **고급** –(으)ㅁ으로써 **중급** – 아/어서

　　　　　　　고급 –는 데 방해가 되다 **중급** –(으)ㄹ 수 없다

TIP '신문을 비롯해 텔레비전, 인터넷 등'과 같은 말을 추가하면 구체적인 예를 보여 줄 수 있습니다.

만점 답안 개요표

	구조	내용
처음	주제 소개	광고를 자주 접하고 있음
중간	긍정적 측면	1. 소비자에게 상품을 알림 2. 상품 정보를 제공함
	부정적 측면	1. 과장 광고, 허위 광고의 피해가 발생함 2. 가격 상승과 품질 저하의 원인이 됨
끝	태도·방향 제시	정보를 확인하고 가격과 품질을 비교해야 함

유형 4 ▶ N의 긍정적 측면과 부정적 측면　▶ 실전 연습 01

주제: 드론의 긍정적 측면과 부정적 측면 (683자)

　최근 몇 년간 드론에 관한 개발이 활발해지고 있다. 다양한 분야에서 드론이 활용되고 있다. 드론을 이용해서 드론 건물을 운반할 뿐만 아니라 드론에 카메라를 부착해서 항공 촬영을 하는 등 드론의 활용 범위는 점차 넓어지고 있다.
　드론은 사람이 직접 하기 힘들고 위험한 일을 대신해 준다는 점에서 긍정적인 면이 있다. 드론을 이용해서 시위 현장이나 자연재해가 발생한 지역의 상황을 촬영할 수 있으며 실종자 수색도 가능하다. 또한 드론을 이용하면 사람이 일할 때보다 시간과 비용을 절약할 수 있다. 예를 들어 멀리 떨어진 곳에 물건을 배달하려면 그 장소까지 이동할 사람을 구해야 하고 시간도 오래 걸리지만 드론을 이용하면 더 빠르게 배달할 수 있다.
　그러나 드론의 사용에 긍정적인 측면만 있는 것은 아니다. 본래의 목적과 다르게 드론은 범죄에 악용될 가능성이 있다. 드론이 해킹을 당하거나 테러리스트들이 위험한 물질을 사용할 수도 있다. 그리고 드론으로 인한 사생활 침해를 우려하는 사람들도 많다. 드론으로 사진이나 영상을 자유롭게 촬영할 수 있다는 점을 이용해서 함부로 타인을 촬영하는 불법 행위가 발생하고 있기 때문이다.
　이처럼 드론의 사용은 긍정적인 면과 부정적인 면을 함께 가지고 있다. 그러므로 드론이 범죄에 악용되는 것을 막고 드론의 사용이 사생활 침해 문제로 이어지지 않도록 관련 법규를 제정해야 한다.

채점 기준 체크리스트

- **☑ 내용 및 과제** 과제로 주어진 '드론 사용의 긍정적인 측면'과 '부정적인 측면'을 모두 빼놓지 않고 썼나요?
- **☑ 글의 전개** '주제 소개(현황) – 긍정적 측면과 부정적 측면 – 태도와 방향 제시'의 세 부분으로 글을 구성하였나요?
- **☑ 언어 사용** 고급 수준의 어휘와 문법을 선택해서 '드론 사용의 긍정적 측면과 부정적 측면'에 대한 자신의 생각을 정확하게 표현하였나요?
- **TIP** 긍정적인 측면을 설명한 후에 '그러나 ~이/가 이러한 긍정적인 측면만 가지고 있는 것은 아니다' 등의 표현을 사용하면 부정적인 측면의 설명을 자연스럽게 연결할 수 있습니다.

만점 답안 개요표

	구 조	내 용
처음	주제 소개	드론이 다양하게 활용되고 있음
중간	긍정적 측면	1. 사람 대신 위험한 일을 해 줌 2. 시간과 비용을 절약해서 일할 수 있음
	부정적 측면	1. 범죄에 악용될 위험이 있음 2. 사생활 침해로 이어질 수 있음
끝	태도·방향 제시	범죄를 방지할 법규 제정이 필요함

유형 4 N의 긍정적 측면과 부정적 측면 ▶ 실전 연습 02

주제: 스트레스의 부정적 측면과 긍정적 측면 (639자)

　　스트레스는 만병의 근원이라고 하지만 현대 사회에서 스트레스를 받지 않고 사는 것은 쉬운 일이 아니다. 현대인들은 각자 자신의 상황과 입장에 따라 다양한 이유로 스트레스를 받으며 살고 있다.
　　알려진 바와 같이 스트레스는 건강에 악영향을 미친다. 스트레스가 쌓이면 피로와 두통을 느끼고 불면증과 같은 수면 장애도 겪게 된다. 스트레스로 인해 신경이 예민해지고 불안, 우울, 분노 등 의 감정을 자주 느끼게 되며 이런 증상이 지속되고 정신 질환으로 발전할 경우 우울증과 같은 정신 질환으로 발전할 가능성도 있다.
　　그러나 스트레스가 꼭 해로운 것만은 아니다. 스트레스로 인해 적당한 긴장감을 가지면 오히려 활력을 얻을 수 있다. 그리고 스트레스가 없는 상태에 비해 적당한 스트레스가 있는 상태에서 집중력이 향상되고 능력이 더욱 발휘되기도 한다. 즉, 스트레스가 목표 달성과 어려움을 극복하게 하는 힘이 되는 것이다. 그 밖에도 적당한 스트레스는 면역력을 높여 주기 때문에 신체 건강에 도움이 되는 측면도 있다.
　　이처럼 스트레스는 건강을 위협하는 요인이 되기도 하고 때로는 다각도로 도움을 주기도 한다. 따라서 과도한 스트레스를 받지 않도록 긍정적인 생각을 가지고 자신만의 스트레스 해소법으로 스트레스를 잘 관리해 나가야 한다.

채점 기준 체크리스트

내용 및 과제 과제로 주어진 '스트레스의 부정적인 측면'과 '긍정적인 효과'를 모두 빼놓지 않고 썼나요?

글의 전개 '주제 소개(현황) – 부정적 측면과 긍정적 측면 – 태도와 방향 제시'의 세 부분으로 글을 구성하였나요?

언어 사용 고급 수준의 어휘와 문법을 선택해서 '스트레스의 부정적 측면과 긍정적 측면'에 대한 자신의 생각을 정확하게 표현하였나요?

TIP 긍정적인 측면을 설명한 후 부정적인 측면을 설명하는 경우가 많지만 문제에 따라서 부정적인 측면을 먼저 설명해야 할 때도 있습니다.

만점 답안 개요표

	구조	내용
처음	주제 소개	현대인은 스트레스를 받으며 살고 있음
중간	부정적 측면	1. 건강에 악영향을 줌
	긍정적 측면	1. 활력을 줌 2. 목표 달성과 어려움 극복에 도움을 줌 3. 면역력을 높여 줌
끝	태도·방향 제시	긍정적인 사고와 적절한 스트레스 해소법이 필요함

유형 4 ▶ N의 긍정적 측면과 부정적 측면 ▶ 실전 연습 03

주제: 다문화 사회의 긍정적 측면과 부정적 측면 (666자)

　세계화로 인해 국가 간 교류가 활발해지면서 외국인 근로자와 유학생의 수가 지속적으로 증가하고 국제결혼도 증가하였다. 이러한 변화로 한 사회 안에 다른 인종과 다양한 문화가 공존하는 다문화 사회 또한 늘어나게 되었다.
　다문화 사회는 다양한 문화를 접할 수 있는 사회라는 점에서 긍정적인 면이 있다. 다문화 사회에서는 여러 문화가 유입되기 때문에 다른 문화를 이해할 수 있는 기회가 증가하고 문화에 대한 이해가 넓어진다. 이러한 점은 사회 구성원들이 보다 다양한 관점에서 사회를 바라볼 수 있게 하기 때문에 사회 발전에도 도움이 된다. 또한 일자리를 찾는 외국인 노동자의 증가로 부족한 노동력을 해결하는 데에도 기여한다.
　반면 다문화 사회에서 나타나는 문제점도 있다. 다문화 사회에서는 차별과 편견 등의 문제가 발생할 수 있다. 그리고 문화적 차이로 인한 갈등과 문화 충돌로 인해 전반적인 사회 통합이 어려워질 가능성도 있다. 뿐만 아니라 외국인 노동자가 늘어남으로써 외국인 노동자와 내국인 간의 일자리 경쟁이 치열해져서 갈등이 심화될 우려도 있다. 이처럼 다문화 사회로의 변화는 문화를 더욱 다양하고 풍요롭게 만드는 동시에 문화적 차이로 인한 갈등이 나 충돌도 발생시킨다. 따라서 다양한 문화가 공존할 수 있도록 문화의 차이를 인정하고 다른 문화를 존중하는 태도를 가져야 한다.

채점 기준 체크리스트

- **내용 및 과제** 과제로 주어진 '다문화 사회의 긍정적인 측면'과 '부정적인 측면'을 모두 빼놓지 않고 썼나요?
- **글의 전개** '주제 소개(현황) – 긍정적 측면과 부정적 측면 – 태도와 방향 제시'의 세 부분으로 글을 구성하였나요?
- **언어 사용** 고급 수준의 어휘와 문법을 선택해서 '다문화 사회의 긍정적 측면과 부정적 측면'에 대한 자신의 생각을 정확하게 표현하였나요?
- **TIP** '긍정적 측면과 부정적 측면' 사이에 '반면에[그러나]' 같은 연결어를 사용하면 두 가지를 효과적으로 비교할 수 있습니다.

만점 답안 개요표

	구조	내용
처음	주제 소개	다문화 사회가 증가하고 있음
중간	긍정적 측면	1. 다양한 문화를 경험함 2. 부족한 노동력을 해결함
중간	부정적 측면	1. 차별이나 편견 등과 관련된 문제가 생김 2. 문화 충돌이 발생함 3. 일자리 경쟁이 치열해짐
끝	태도·방향 제시	다른 문화를 존중하는 태도가 필요함

03 작문 표현 사전

01 53번 필수 표현

• 그래프를 설명하는 표현

(1) 조사 대상과 조사 내용을 말할 때
  • 교사와 학생 500명을 대상으로 효과적인 작문 연습 방법에 대해 조사하였다.
(2) 조사 대상별 결과를 말할 때
  • 교사의 경우 좋은 글을 많이 읽어야 한다는 응답이 45%로 나타났다.
(3) 조사 결과를 비교할 때
  • 반면에 학생은 다양한 주제로 글을 써야 한다는 응답이 55%로 가장 높게 나타났다.
  • 학생과 직장인 모두 아침을 먹지 않는 사람이 더 많은 것으로 나타났다.
(4) 조사한 내용을 밝힐 때
  • 여가 시간에 무엇을 하는가라는 질문에는
(5) 가장 높은 순위를 말할 때
  • 여가 시간에 TV 시청을 한다는 응답이 41%로 가장 높게 나타났다.
(6) 다음 순위를 말할 때
  • 인터넷 검색이 27%로 그 뒤를 이었다.
  • 운동은 20%로 3위를 차지하였다.
(7) 순위를 순서대로 말할 때
  • 운동과 음악 감상이 각각 20%와 12%로 나타났다.
(8) 숫자가 클 때
  • 아침을 먹지 않는다는 응답이 71%에 달했다.
(9) 숫자가 작을 때
  • 매일 아침을 먹는다는 응답은 10%에 그쳤다.
(10) 대략적으로 말할 때
  • 10명 중 7명은 아침을 먹지 않는 것으로 나타났다.
(11) 분석 결과를 말할 때
  • 이러한 설문 조사 결과를 통해 아침을 먹지 않는 직장인이 많다는 사실을 알 수 있다.
(12) 변화의 추세를 말할 때
  • 자전거 이용자 수가 꾸준히 증가하고 있다.
(13) 연도별 변화를 비교할 때
  • 2000년에는 유학생이 4천 명에 불과했으나 2018년에는 12만 명에 도달하였다.
  • 1980년에 전체 인구의 30%에 달했던 농촌 인구가 2020년에는 전체 인구의 5%로 감소하였다.
  • 자전거 이용자 수는 2005년 7만 명에서 2010년에는 9만 명, 2015년에는 13만 명으로 증가하였다.
  • 2005년 조사에서 7만 명에 불과했던 자전거 이용자 수가 2015년에는 2배 가까이 증가한 13만 명에 도달했다
  • 5년 만에 출생아 수가 10만 명 이상 감소한 것이다.
(14) 변화의 원인을 말할 때
  • 자전거 이용자 수 증가의 원인으로 우선 자전거 전용 도로의 확대를 들 수 있다. 또한 건강에 대한 관심의 증가도 자전거 이용자 수 증가에 영향을 미친 것으로 보인다.
(15) 전망을 말할 때
  • 이러한 영향이 계속 이어진다면 2025년에는 자전거 이용자 수가 35만 명에 달할 것으로 보인다.

02 54번 필수 표현

1. [처음]에 쓰는 표현

(1) 일반적인 사실이나 견해를 말할 때
  • 사람들은 누구나 건강하고 행복하게 노후를 보내기 원한다.
  • 흔히 성공은 부와 명예를 얻는 것이라고 생각한다.
(2) 정의를 나타낼 때
  • 고령화 사회는 전체 인구 중에서 65세 이상의 노인 인구가 차지하는 비율이 7% 이상인 사회를 말한다.
(3) 경향·현황을 나타낼 때
  • 최근 외국인 관광객이 증가하고 있다.
  • 과거에 비해 출산율이 감소하고 있다.
  • 의료 기술이 발달하면서 평균 수명이 높아지고 있다.
  • 지구 온난화는 여러 가지 문제를 낳고 있다.
(4) 찬성·반대 의견을 소개할 때
  • 자연 개발에 대한 찬반양론이 있다.
  • 성형 수술에 찬성하는 사람들은 성형 수술을 통해 자신감을 높일 수 있다고 말한다.
  • 문화재 개방에 반대하는 사람들은 문화재가 훼손된다는 것을 이유로 들며 반대한다.
(5) 자신의 찬반 입장을 밝힐 때
  • 동물 실험이 필요하다고 생각한다.
  • 금연 구역을 확대해서는 안 된다고 생각한다.
  • 다음과 같은 두 가지 이유에서 사형 제도에 반대한다.

2. [중간]에 쓰는 표현

(1) 반론을 제기할 때
- 물론 과학 기술의 발전으로 인간의 생활이 편리해진 것은 사실이다.
- 사형 제도가 범죄율을 낮추는 것은 아니다.

(2) 필요한 조건을 말할 때
- 현대 사회에 필요한 인재의 조건으로 창의성을 들 수 있다.
- 좋은 부모가 되기 위해서는 자녀와의 대화가 필수적으로 요구된다.

(3) 원인을 말할 때
- 대기 오염의 원인으로 자동차 배기가스를 들 수 있다.
- 자동차 배기가스가 대기 오염의 원인으로 꼽힌다.

(4) 문제점을 말할 때
- 출산율 감소는 국가 경제력에 악영향을 미친다.
- 스마트폰 중독은 각종 사고를 발생시키기 때문에 더욱 문제가 된다.

(5) 긍정적 측면을 설명할 때
- 광고는 소비자들에게 정보를 제공한다는 점에서 긍정적인 면이 있다.
- 적당한 스트레스는 집중력을 향상시키는 데 도움이 된다.

(6) 부정적 측면을 설명할 때
- 대중문화에 긍정적인 면만 있는 것은 아니다.
- 조기 교육으로 인해 아이가 학습에 흥미를 잃을 우려가 있다.

(7) 전제나 가정을 나타낼 때
- 의사소통이 제대로 이루어지지 않는다면 오해와 불신이 생길 것이다.

(8) 상반되는 내용을 제시할 때
- 그러나 과학 기술이 발전해도
- 오히려 부담감을 느끼는

(9) 예를 들 때
- 예를 들어, 폭력적인 영상을 자주 접한

(10) 내용을 나열할 때
- 첫째, 조기 교육은 아이의 재능을 일찍 발견하게 도와준다. 둘째, 학습 효과를 높여 준다. 마지막으로, 아이에게 더 많은 기회와 경험을 제공해 준다.
- 환경 보호를 위해서 가까운 거리는 걸어서 다니고 일회용품 사용을 줄여야 한다.

(11) 내용을 추가할 때
- 그리고 범죄 사건을 해결하는 데 도움이 된다.
- 무분별한 개발로 자연이 훼손될 뿐만 아니라 인간의 생명까지 위협받게 된다.

(12) 당연함을 나타낼 때
- 칭찬을 들으면 자신감이 생기기 마련이다.

(13) 이유를 밝힐 때
- 문화재 개방에 찬성한다. 왜냐하면 문화재 개방은 지역 발전에 도움이 되기 때문이다.

(14) 비교·대조를 할 때
- 실패가 두려워서 도전하지 않는 것보다는 실패의 경험을 얻는 것이 낫다.
- 노인 인구는 증가하고 있는 반면 출산율은 감소하고 있다.

(15) 언급한 것을 다시 이야기할 때
- 즉, 칭찬은 최선을 다하게 하는 힘이 된다.

(16) 가능성을 이야기할 때
- CCTV를 설치하면 개인의 사생활이 침해될 수 있다.

3. [끝]에 쓰는 표현

(1) 앞에서 말한 내용을 요약할 때
- 이처럼 스트레스는 건강을 위협하는 요인이 되기도 하고

(2) 결론을 말할 때
- 따라서 환경 보호의 중요성을 깨닫고 환경 보호를 실천해야 한다.

(3) 가져야 할 태도를 조언할 때
- 상대방의 입장을 배려하는 태도를 가져야 한다.
- 부모와 자녀가 평소 대화를 많이 나누도록 노력해야 한다.

(4) 해결 방법·대책을 제안할 때
- 물 부족 현상을 해결하기 위해서는 생활 속에서 물을 절약해야 한다.
- 고령화 사회의 문제를 해결하기 위해서는 정부의 역할이 중요하다.
- 인간 복제 기술의 악용을 막기 위한 제도를 강화해야 한다.
- 물 부족 현상을 해결할 수 있는 대책을 마련해야 한다.

(5) 동시적 상황에 대한 설명을 할 때
- 경쟁은 긍정적인 측면과 부정적인 측면을 함께 가지고 있다.

04 주제 이해하기

01 사형 제도

1. 생각하기
- 유지해야 한다: ①, ④
- 폐지해야 한다: ②, ③

2. 의견 쓰기
(1) 유지해야 한다는 / 폐지해야 한다는
(2) 사형 제도를 유지해야 한다고
  [사형 제도를 폐지해야 한다고]
(3) 사형 제도는 범죄를 예방하는 효과가 있기 / 사회 질서를 유지하고 흉악 범죄로부터 국민의 생명을 보호할 수도 있다 / 유지해야 한다고 생각한다
  [국가가 인간의 생명을 함부로 빼앗을 수 없기 / 잘못된 재판의 결과로 억울한 사람이 생길 수도 있다 / 폐지해야 한다고 생각한다]

02 장애인

1. 생각하기
①-㈏ / ②-㈎ / ③-㈐

2. 의견 쓰기
(1) 자유롭게 이동할 수 없는 / 일자리를 구하기 어렵다 / 편견과 차별
(2) 경사로 등의 이동 편의 시설을 확충해야 / 고용 기회를 확대하기 / 장애인 인식 개선 교육을 실시할

03 노키즈존

1. 생각하기
- 찬성한다: ①, ④
- 반대한다: ②, ③

2. 의견 쓰기
(1) 찬성한다는 / 반대한다는
(2) 노키즈 존으로 지정하는 것에 찬성한다
  [노키즈 존으로 지정하는 것에 반대한다]
(3) 찬성하는 / 다른 손님들이 불편을 겪을 수 있기 / 아이들의 안전사고가 발생할 위험도 있다 / 찬성한다
  [반대하는 / 모든 아이들이 소란을 피우는 것은 아니기 / 특정 손님을 차별하는 문화가 확산될 수도 있다 / 반대한다]

04 직업

1. 생각하기
①-㈐ / ②-㈏ / ③-㈎

2. 의견 쓰기
(1) 전망, 적성, 급여
(2) 적성이라고
  [전망이라고, 급여라고]
(3) 적성이 / 자신에게 잘 맞는 일을 선택해야 즐기면서 일할 수 있기 / 자신의 적성에 맞는
  [전망이 / 발전 가능성이 높아야 어려움을 극복하고 미래를 꿈꿀 수 있기 / 전망이 있는]
  [급여가 / 경제적으로 안정되어야 일하는 보람도 느낄 수 있기 / 급여가 안정적인]

05 성형 수술

1. 생각하기
- 해도 된다: ②, ④
- 하면 안 된다: ①, ③

2. 의견 쓰기
(1) 해도 된다는 / 하면 안 된다는
(2) 성형 수술을 해도 된다고
  [성형 수술을 하면 안 된다고]
(3) 자신감과 만족감을 높일 수 있기 / 외모가 경쟁력이 되어 기회를 얻을 수도 있다 / 성형 수술을 해

도 된다고 생각한다
[개성이 사라지고 외모 지상주의를 부추기기 / 부작용이나 성형 중독의 가능성도 있다 / 성형 수술을 하면 안 된다고 생각한다]

06 토론

1. 생각하기
① 갈등 ② 통합 ③ 문제 상황 ④ 경청 ⑤ 파악

2. 의견 쓰기
(1) 갈등을 해결하는 / 의견을 통합하는
(2) 문제 상황을 이해해야 / 상대방의 말을 경청하고 논점을 파악하는 것이 중요하다

07 초등학생의 휴대폰 사용

1. 생각하기
• 필요하다: ①, ④
• 필요 없다: ②, ③

2. 의견 쓰기
(1) 필요하다는 / 필요 없다는
(2) 초등학생에게 휴대폰이 필요하다고
 [초등학생에게 휴대폰이 필요 없다고]
(3) 긴급한 상황에서 보호자에게 연락을 취할 수 있다 / 휴대폰으로 학업에 필요한 정보를 손쉽게 찾을 수도 있다 / 초등학생에게 휴대폰이 필요하다고 생각한다
 [수업에 집중하는 데 방해가 된다 / 유해한 영상에 노출될 우려도 있다 / 초등학생에게 휴대폰이 필요 없다고 생각한다]

08 선의의 거짓말

1. 생각하기
• 긍정적인 면: ①, ④
• 부정적인 면: ②, ③

2. 의견 쓰기
(1) 진실을 전하지 않아서 더 나은 결과를 얻는 경우가 있다는 / 상대를 배려하기 위한 거짓말은 원만한 인간관계를 만들기도 한다
(2) 불편한 진실이라고 해서 전하지 않으면 깊은 관계를 맺을 수 없다 / 진실을 알기 원하는 상대에게 거짓말을 하는 것은 상대방을 속이는 것이다

09 CCTV 설치

1. 생각하기
• 확대해야 한다: ②, ③
• 확대하면 안 된다: ①, ④

2. 의견 쓰기
(1) 확대해야 한다는 / 확대하면 안 된다는
(2) CCTV 설치를 확대해야 한다고
 [CCTV 설치를 확대하면 안 된다고]
(3) 확대해야 하는 / 범죄를 예방하는 데 효과가 있기 / 범죄가 발생했을 때 범인 검거에 도움이 된다고 한다 / 확대해야 한다고 생각한다
 [확대하면 안 되는 / 사생활 침해의 우려가 있기 / 설치 비용에 비해 범죄 예방 효과가 크지 않다고 한다 / 확대하면 안 된다고 생각한다]

10 대학

1. 생각하기
①-㉰ / ②-㉮ / ③-㉯

2. 의견 쓰기
(1) 학문을 깊이 있게 연구하고 지식을 창출한다
(2) 연구 활동으로 쌓인 업적을 가르치는
(3) 사회에 필요한 지식과 인재를 공급해서 발전시켜야

11 연예인의 사생활 보호

1. 생각하기
- 보호되어야 한다: ②, ③
- 노출될 수밖에 없다: ①, ④

2. 의견 쓰기
(1) 보호되어야 한다는 / 노출될 수밖에 없다는
(2) 연예인의 사생활이 보호되어야 한다고
[연예인의 사생활이 노출될 수밖에 없다고]
(3) 누구나 사적인 영역을 보호받을 권리가 있기 / 연예 활동과 사생활은 별개의 문제이다 / 연예인의 사생활은 보호되어야 한다고 생각한다
[연예인은 대중 앞에 서는 직업을 택한 사람이기 / 연예인은 대중의 관심이 없으면 존재할 수 없다 / 연예인의 사생활이 노출될 수밖에 없다고 생각한다]

12 저출산

1. 생각하기
①-④ / ②-㉓ / ③-㉮

2. 의견 쓰기
(1) 자녀 양육에 따른 경제적 부담이 크다는 / 출산과 양육으로 여성의 경력이 단절된다는 / 아이들을 믿고 맡길 만한 시설이 부족하다는
(2) 양육비 및 교육비를 지원해야 / 재취업을 지원하고 육아 휴직 제도를 강화해야 / 보육 시설의 설치를 확대할

13 인간 복제

1. 생각하기
- 허용해야 한다: ②, ④
- 허용하면 안 된다: ①, ③

2. 의견 쓰기
(1) 허용해야 한다는 / 허용하면 안 된다는
(2) 인간 복제를 허용해야 한다고
[인간 복제를 허용하면 안 된다고]
(3) 질병이나 장애를 가진 사람에게 도움이 되기 / 불임 부부가 아이를 가질 수도 있게 해 준다 / 허용해야 한다고 생각한다
[인간 고유의 가치와 존엄성을 훼손하기 / 복제 기술이 범죄에 악용될 소지도 있다 / 허용하면 안 된다고 생각한다]

14 의사소통

1. 생각하기
① 소통 ② 인간관계 ③ 존중 ④ 입장 ⑤ 배려

2. 의견 쓰기
(1) 의사소통 능력이 필요하다 / 인간관계에서 중요한 능력이다
(2) 상대의 말을 존중해야 / 상대의 입장에서 현상을 바라볼 / 배려하면서 말하는

15 대가족

1. 생각하기
- 긍정적인 면: ②, ④
- 부정적인 면: ①, ③

2. 의견 쓰기
(1) 가족 구성원이 많아서 자녀의 사회성이 발달한다는 / 가족들과 함께 아이를 돌볼 수 있어 육아 부담도 준다
(2) 개인의 행동과 생활에 제약이 많을 / 세대 차이로 인한 의견 충돌과 갈등이 발생할 수 있다

16 지도자

1. 생각하기
①-㉯ / ②-㉯ / ③-㉮

2. 의견 쓰기
(1) 위기에 직면해도 회피하지 않고 결과에 책임져야
(2) 능력을 발휘할 수 있는 공정한 기회를 줘야
(3) 구성원들의 의견에 귀를 기울여야

17 인공 지능

1. 생각하기
- 긍정적인 면: ②, ③
- 부정적인 면: ①, ④

2. 의견 쓰기
(1) 노동 시간과 비용을 절감할 수 있다는 / 인간을 대신해서 힘들고 위험한 일을 해 주기도 한다
(2) 인간의 일자리가 사라질 수도 있다 / 인간이 오히려 인공 지능에 지배당할 수도 있다

18 인터넷 실명제

1. 생각하기
(1) 찬성한다: ③, ④
(2) 반대한다: ①, ②

2. 의견 쓰기
(1) 찬성한다는 / 반대한다는
(2) 인터넷 실명제에 찬성한다
 [인터넷 실명제에 반대한다]
(3) 사이버 범죄의 수사와 예방에 도움이 되기 / 자신의 글에 대한 책임 의식을 가지게 된다 / 인터넷 실명제에 찬성한다
 [표현의 자유를 침해할 수 있기 / 개인 정보가 범죄에 악용될 수 있다 / 인터넷 실명제에 반대한다]

19 경쟁

1. 생각하기
- 긍정적인 면: ①, ④
- 부정적인 면: ②, ③

2. 의견 쓰기
(1) 더욱 분발해서 발전하는 동기가 된다는 / 경쟁 상대가 있을 때 더 좋은 성과를 내게 된다
(2) 결과만 중시하는 태도를 가질 우려가 있다 / 수단과 방법을 가리지 않고 이기려고 할 수도 있다

20 유기견 안락사

1. 생각하기
(1) 찬성한다: ③, ④
(2) 반대한다: ①, ②

2. 의견 쓰기
(1) 찬성한다는 / 반대한다는
(2) 유기견 안락사에 찬성한다
 [유기견 안락사에 반대한다]
(3) 찬성하는 / 해마다 급증하는 유기견 수를 감당할 수 없기 / 유기견의 보호와 관리에도 많은 비용이 든다 / 찬성한다
 [반대하는 / 동물의 생명도 소중하게 여겨야 하기 / 안락사는 편의를 위한 것일 뿐 근본적인 해결책이 아니다 / 반대한다]

05 실전 모의고사

1회 쓰기 모의고사

51

단 계	풀이 과정	㉠	㉡
step 1	글의 대상과 목적 파악하기	친구에게 정보를 알려 주는 이메일	
step 2	앞뒤 문장의 내용 확인하기	독서 모임 / 관심이 있다고 해서 / 외국인도	지금 회원을
step 3	어울리는 문법을 떠올리기	-(으)ㄹ 수 있다 + -다고 하다	-고 있다 + -(으)니까

🔓 모범 답안

㉠: 가입할 수 있다고 합니다
㉡: 모집하고 있으니까 [모집 중이니까]

📝 채점 기준 체크리스트

㉠ 내용: '독서 모임에'와 어울리는 어휘 '가입하다'를 사용했나요?
　형식: 가능함을 나타내는 표현 '-(으)ㄹ 수 있다'와 간접 화법 '-다고 하다'를 사용했나요?
㉡ 내용: '회원을'과 어울리는 어휘 '모집하다'를 사용했나요?
　형식: 현재의 일을 나타내는 표현 '-고 있다'와 이유를 나타내는 표현 '-(으)니까'를 사용했나요?

52

단 계	풀이 과정	㉠	㉡
step 1	접속어, 지시어 찾기	그중	따라서
step 2	앞뒤 문장의 내용 확인하기	구토와 설사를 하는 원인 / 심장 건강에도 악영향	몰래 먹지 못하도록 / 높은 곳 / 눈에 안 띄는 곳
step 3	어울리는 문법을 떠올리기	(으)면 안 되다	-는 것이 좋다

🔓 모범 답안

㉠: 먹으면 안 되는
㉡: 보관하는 것이 좋다 [보관해야 한다]

📝 채점 기준 체크리스트

㉠ 내용: '음식 중에는', '강아지가'와 어울리는 어휘 '먹다'를 사용했나요?
　형식: 금지를 나타내는 표현 '-(으)면 안 되다'를 사용했나요?
㉡ 내용: '음식을'과 어울리는 어휘 '보관하다'를 사용했나요?
　형식: '몰래 먹지 못하도록'과 어울리는 표현 '-는 것이 좋다'를 사용했나요?

53

주제: 부모님께 드리고 싶은 선물 (263자)

　　성인 남녀 500명을 대상으로 부모님께 드리고 싶은 선물에 대해 조사하였다. 어머니께 드리고 싶은 선물의 경우 여행 티켓이라는 응답이 36%로 가장 높게 나타났으며 화장품이 27%로 그 뒤를 이었다. 다음으로 건강식품, 옷이나 가방이 각각 20%, 17%로 나타났다. 반면에 아버지께 드리고 싶은 선물의 경우 건강식품이 40%로 가장 높았으며 여행 티켓(25%), 옷이나 가방(19%), 화장품(16%) 순으로 뒤를 이었다. 이를 통해 어머니와 아버지께 드리고 싶은 선물에 차이가 있다는 것을 알 수 있다.

📝 채점 기준 체크리스트

- ☑ **내용 및 과제** 그래프를 분석하여 '부모님께 드리고 싶은 선물'에 관한 내용을 모두 썼나요?
- ☑ **글의 전개** '조사 대상과 조사 내용 – 조사 결과(어머니 선물과 아버지 선물 비교) – 알게 된 점'으로 문단을 구성하였나요?
- ☑ **언어 사용** 조사 결과를 설명하는 어휘와 문법을 정확하게 사용하였나요?
- **TIP** '～의 경우', '～이/가 무엇인가라는 질문에는' 등의 표현을 사용해서 무엇을 질문했는지 나타낼 수 있습니다.

54
주제: 대화의 중요성과 방법 (623자)

　　대화는 소통의 도구이며 사람들을 알아가는 과정이다. 대화를 통해 나의 생각을 상대방에게 전할 수 있고 상대방의 생각을 알 수 있기 때문이다. 나아가 대화는 서로를 이해할 수 있는 기회가 되기 때문에 인간관계를 유지하고 발전시키는 데도 도움을 준다.

　　좋은 대화를 나누기 위한 시작은 먼저 상대방의 말을 집중해서 듣는 것이다. 상대방의 말을 잘 들어야 내용에 맞는 이야기를 할 수 있기 때문이다. 사람들은 누구나 자신의 말을 잘 들어주는 사람과 대화하기를 원한다. 따라서 상대방과 눈을 맞추고 이야기를 집중해서 들어주면 상대방도 자유롭고 편안하게 말할 수 있을 것이다. 또한 대화를 할 때에는 듣는 사람이 이해하기 쉽도록 명확하게 말해야 한다. 끝으로 좋은 대화를 나누려면 열린 마음을 가져야 한다. 상대방의 생각이 자신의 생각과 다르더라도 상대방의 이야기에 귀를 기울여야 하며, 상대방의 말을 끊거나 자신의 생각을 강요해서는 안 된다. 자신의 말만 옳다고 주장하고 상대방의 말을 들으려고 하지 않는 사람과는 좋은 대화를 나누기 어렵다.

　　이처럼 대화를 할 때는 상대방을 배려하고 이해하려는 태도를 가져야 한다. 또한 상황과 대상에 맞게 언어 예절을 갖추고 존중하는 태도와 열린 마음을 바탕으로 해야 원활한 대화를 할 수 있다.

채점 기준 체크리스트

내용 및 과제 과제로 주어진 '대화의 중요성 및 방법'과 '태도'를 모두 빼놓지 않고 썼나요?

글의 전개 '주제 소개(중요성) – 필요한 방법과 이유 – 태도와 방향 조언'의 세 부분으로 글을 구성하였나요?

언어 사용 고급 수준의 어휘와 문법을 선택해서 '대화의 중요성과 방법'에 대한 자신의 생각을 정확하게 표현하였나요?

TIP 여러 가지 내용을 나열할 때는 '먼저, 또한, 끝으로' 등과 같이 나열하는 표현을 사용하는 것이 좋습니다.

만점 답안 개요표

	구조	내용
처음	주제 소개	대화는 소통의 도구이며 인간관계에 도움을 줌
중간	필요한 조건 (방법)	1. 상대방의 말을 잘 들어야 함 2. 이해하기 쉽게 말해야 함 3. 열린 마음으로 대화해야 함
끝	태도·방향 조언	상대방을 배려하고 존중하는 태도를 가져야 함

2회 쓰기 모의고사

51

단계	풀이 과정	㉠	㉡
step 1	글의 대상과 목적 파악하기	언어 교환 친구를 찾는 글	
step 2	앞뒤 문장의 내용 확인하기	한국어 공부에 관심이 있는 / 저와 함께	중국어를 배우고 있는 / 아직 / 서투르지만
step 3	어울리는 문법을 떠올리기	-아/어 드리다 + -겠-	-(으)ㄴ 지

🔒 모범 답안
㉠: 가르쳐 드리겠습니다
㉡: 중국어를 배운 지

📝 채점 기준 체크리스트
㉠ 내용: '한국어를'과 어울리는 어휘 '가르치다'를 사용했나요?
   형식: 높임 표현 '-아/어 드리다'를 사용했나요?
㉡ 내용: '3개월이 되었습니다'와 어울리는 어휘 '배우다'를 사용했나요?
   형식: 기간을 나타내는 표현 '-(으)ㄴ 지'를 사용했나요?

52

단계	풀이 과정	㉠	㉡
step 1	접속어, 지시어 찾기	그러나	즉
step 2	앞뒤 문장의 내용 확인하기	피해 / 우리에게	가뭄 해소를 돕기도 한다 / 지구의 온도를 적절하게 유지
step 3	어울리는 문법을 떠올리기	~만 -는 것은 아니다	-기도 하고 -기도 하다

🔒 모범 답안
㉠: 피해만 주는 것은 아니다
㉡: 도움을 주기도 한다

📝 채점 기준 체크리스트
㉠ 내용: '우리에게'와 어울리는 어휘 '피해를 주다'를 사용했나요?
   형식: 다른 측면도 있음을 나타내는 표현 '~만 -는 것은 아니다'를 사용했나요?
㉡ 내용: '돕기도 한다', '도와준다'와 어울리는 어휘 '도움을 주다'를 사용했나요?
   형식: '피해를 주기도 하고'와 어울리는 표현 '-기도 하다'를 사용했나요?

53

주제: 한국의 1인당 쌀 소비량 (209자)

　한국의 쌀 소비량이 감소하고 있다. 쌀 소비량을 조사한 결과 2000년에 120kg였던 1인당 쌀 소비량이 2020년에는 57kg으로 20년 사이 절반 이하로 감소했다. 이러한 감소의 원인으로는 우선 식습관의 서구화를 들 수 있다. 또한 식사량의 감소도 쌀 소비량 감소에 영향을 미친 것으로 보인다. 이러한 현상이 계속 이어진다면 2030년에는 1인당 쌀 소비량이 40kg 이하로 떨어질 것으로 전망된다.

채점 기준 체크리스트

- **내용 및 과제** 그래프를 분석하여 '1인당 쌀 소비량'에 관한 내용을 모두 썼나요?
- **글의 전개** 현황과 연도별 변화 – 변화의 원인 – 전망으로 문단을 구성하였나요?
- **언어 사용** 변화, 원인, 전망을 설명하는 어휘와 문법을 정확하게 사용하였나요?
- **TIP** '–(으)ㄹ 것으로 보인다[전망된다/예상된다]'와 같은 표현을 사용해서 앞으로의 전망을 쓸 수 있습니다.

54
주제: 맞춤형 아기에 대한 찬성과 반대 (663자)

　　생명 과학 분야에서 연구 중인 맞춤형 아기는 허용 여부와 존재의 타당성을 놓고 논란이 되고 있다. 맞춤형 아기를 찬성하는 사람들은 유전자 편집으로 건강한 아이가 태어날 수 있고 다른 형제들의 질병 치료에도 도움을 줄 수 있다고 말한다. 그러나 나는 맞춤형 아기를 허용하면 안 된다고 생각한다.

　　그 이유는 첫째, 안정성이 증명되지 않았기 때문이다. 유전자는 우리 몸에서 다양한 역할을 하며 여러 기관에 영향을 미친다. 따라서 유전자를 인위적으로 편집할 경우 예상하지 못한 부작용이 발생할 가능성이 있다. 특정 질병을 예방하기 위해 유전자를 편집한 것이 오히려 다른 질병을 유발하는 원인이 되어 일찍 사망하거나 장애를 유발할 수도 있다.

　　둘째, 인간의 존엄성이 훼손되는 문제가 발생할 수도 있기 때문이다. 인간의 생명은 소중하며 그 가치는 존중받아야 한다. 그러므로 인간의 생명을 임의로 조작하는 행위는 인간의 가치를 무시하는 것이라 할 수 있다. 그런데 만약 맞춤형 아기를 허용하게 되면 상업적으로 악용하거나 개인의 욕망을 충족하기 위한 수단으로 사용하여 인간의 존엄성이 훼손될 수도 있을 것이다.

　　따라서 우리는 이러한 위험을 방지하기 위해 먼저 유전자 연구를 통해 안전성을 확보하고 무분별한 사용은 제한할 수 있는 제도적 장치를 마련해야 한다.

채점 기준 체크리스트

✓ 내용 및 과제 과제로 주어진 '맞춤형 아기 찬반에 대한 나의 입장'과 '이유 2가지 이상'을 모두 빼놓지 않고 썼나요?

✓ 글의 전개 '주제 소개와 나의 입장 선택 – 이유 – 태도와 방향 제시'의 세 부분으로 글을 구성하였나요?

✓ 언어 사용 고급 수준의 어휘와 문법을 선택해서 '맞춤형 아기'에 대한 자신의 생각을 정확하게 표현하였나요?

TIP 반대편의 입장을 소개한 후 자신의 입장을 밝힐 때는 '그러나'와 같은 연결어를 사용하는 것이 자연스럽습니다.

만점 답안 개요표

	구조	내용
처음	주제 소개	맞춤형 아기가 논란이 되고 있음
	입장 선택	맞춤형 아기를 허용하면 안 된다고 생각함
중간	입장에 대한 근거	[맞춤형 아기 반대의 근거] 1. 안전성이 증명되지 않았음 2. 인간의 존엄성이 훼손됨
끝	태도·방향 제시	유전자 연구와 함께 악용을 막는 제도적 장치가 필요함

3회 쓰기 모의고사

51

단계	풀이 과정	㉠	㉡
step 1	글의 대상과 목적 파악하기	엘리베이터 수리를 알리는 안내문	
step 2	앞뒤 문장의 내용 확인하기	불편을 드려서 / 수리 / 계단	빠른 시간 안에 / 최선을 다하겠습니다
step 3	어울리는 문법을 떠올리기	-(으)시- + -(으)ㄹ 수 없다 + -(으)므로	-(으)ㄹ 수 있다 + -도록

🔒 모범 답안
㉠: 이용하실 수 없으므로
㉡: 수리를 끝낼 수 있도록 [수리할 수 있도록]

📝 채점 기준 체크리스트
㉠ 내용: '엘리베이터를'과 어울리는 어휘 '이용하다'를 사용했나요?
　형식: 불가능을 나타내는 표현 '-(으)ㄹ 수 없다'와 이유를 나타내는 표현 '-(으)므로'를 사용했나요?
㉡ 내용: '빠른 시간 안에'와 어울리는 어휘 '수리를 끝내다'를 사용했나요?
　형식: 목적을 나타내는 표현 '-도록'을 사용했나요?

52

단계	풀이 과정	㉠	㉡
step 1	접속어, 지시어 찾기	그런 사람들은	그러나
step 2	앞뒤 문장의 내용 확인하기	부탁을 받으면 거절하지 못한다	상대방과의 관계가 멀어진다
step 3	어울리는 문법을 떠올리기	-는 사람들이 있다	-다고 해서 -는 것은 아니다

🔒 모범 답안
㉠: 거절하지 못하는 사람들이 있다
㉡: 관계가 멀어지는 것은 아니다

📝 채점 기준 체크리스트
㉠ 내용: '부탁을'과 어울리는 어휘 '거절하다'를 사용했나요?
　형식: '그런 사람들은'과 어울리는 표현 '-는 사람들이 있다'를 사용했나요?
㉡ 내용: '거절을 하다'와 어울리는 어휘 '멀어지다'를 사용했나요?
　형식: '거절을 한다고 해서'와 어울리는 표현 '-는 것은 아니다'를 사용했나요?

53
주제: 남성 흡연율 (222자)

　　성인 남성 1200명을 대상으로 금연에 대해 조사한 결과 금연을 결심한 적이 있는가라는 질문에 있다는 응답이 80%에 달했다. 실제 남성 흡연율 현황을 살펴보면 2010년 조사에서 48%였던 흡연율이 2015년에는 39%, 2020년에는 35%로 계속 감소하고 있는 것으로 나타났다. 이와 같이 흡연율이 감소한 것은 건강에 대한 관심이 증가했기 때문인 것으로 보이며, 담배 가격 인상도 흡연율 감소에 영향을 미친 것으로 판단된다.

채점 기준 체크리스트

- **내용 및 과제** 그래프를 분석하여 '남성 흡연율'에 관한 내용을 모두 썼나요?
- **글의 전개** '관련 조사 내용 – 현황과 연도별 변화 – 변화 원인'으로 문단을 구성하였나요?
- **언어 사용** 변화와 원인을 설명하는 어휘와 문법을 정확하게 사용하였나요?
- **TIP** 변화를 소개한 후 그 변화의 원인을 설명할 때는 '이와 같이'와 같은 표현으로 연결하면 자연스럽습니다.

54

주제: 대중문화의 긍정적 측면과 부정적 측면 (665자)

　기술이 발전하면서 대중매체의 종류가 다양해지고 이를 통해 전달되는 대중문화도 발달하게 되었다. 현대 사회에서 대중문화는 그 범위가 확대되고 있으며 영향력 또한 점차 커지고 있다.
　대중문화의 발달은 누구나 부담 없이 문화를 즐길 수 있도록 하고 삶의 질을 향상시킨다는 점에서 긍정적인 면이 있다. 여가 시간에 원하는 드라마나 영화를 쉽게 볼 수 있으며 마음에 드는 노래를 골라서 듣는 것도 어렵지 않은 일이 된 것이다. 또한 대중문화는 다양한 정보나 소식을 많은 사람들에게 빠르게 전달해 주는 역할을 하기 때문에 사회에 대한 관심을 높이고 사회 문제를 개선하는 데도 기여한다.
　그렇지만 대중문화가 이러한 긍정적인 측면만 가지고 있는 것은 아니다. 대중문화는 대중의 관심과 흥미를 끌기 위해서 폭력적이고 자극적인 내용을 다루는 경향이 있다. 그리고 많은 사람들이 동일한 정보와 소식을 전달받음으로써 사라질 우려가 있다. 또한 의도를 가지고 조작한 거짓 정보가 대중들에게 전달되어 사실로 믿게 될 위험성도 있다.
　이처럼 대중문화는 긍정적인 측면과 부정적인 측면을 함께 가지고 있다. 따라서 대중문화를 현명하게 즐기기 위해서는 대중문화가 갖는 이점을 잘 활용하고 대중문화를 통해 얻게 된 정보나 소식을 확인하고 비판하는 태도를 가져야 한다.

📝 채점 기준 체크리스트

- **✅ 내용 및 과제** 과제로 주어진 '대중문화의 긍정적인 측면'과 '부정적인 측면'을 모두 빼놓지 않고 썼나요?
- **✅ 글의 전개** '주제 소개(현황) – 긍정적 측면과 부정적 측면 – 태도와 방향 제시'의 세 부분으로 글을 구성하였나요?
- **✅ 언어 사용** 고급 수준의 어휘와 문법을 선택해서 '대중문화의 긍정적 측면과 부정적 측면'에 대한 자신의 생각을 정확하게 표현하였나요?
- **TIP** '또한, 그리고, 그렇지만, 따라서' 등의 연결어를 적절히 사용하면 내용을 명확하게 나타낼 수 있습니다.

📋 만점 답안 개요표

	구조	내용
처음	주제 소개	대중문화가 발달하게 되었음
중간	긍정적 측면	1. 문화의 대중화 2. 정보 전달
중간	부정적 측면	1. 폭력성 2. 사고의 획일화 3. 정보 조작의 위험성
끝	태도·방향 제시	정보를 확인하고 비판하는 태도가 필요함

4회 쓰기 모의고사

51

단계	풀이 과정	㉠	㉡
step 1	글의 대상과 목적 파악하기	사장님께 부탁하는 메일	
step 2	앞뒤 문장의 내용 확인하기	아르바이트가 / 가면 / 늦지 않을 거라고	시간을 / 확인하지 않고 약속을 해 버려서
step 3	어울리는 문법을 떠올리기	–자마자	–았/었어야 했는데

🔒 모범 답안

㉠: 끝나자마자 [끝나고]

㉡: 확인했어야 했는데

📝 채점 기준 체크리스트

㉠ 내용: '아르바이트가'와 어울리는 어휘 '끝나다'를 사용했나요?
　　형식: '늦지 않을 거라고'와 어울리는 표현 '–자마자'를 사용했나요?
㉡ 내용: '시간을'과 어울리는 어휘 '확인하다'를 사용했나요?
　　형식: 후회를 나타내는 표현 '–았/었어야 했는데'를 사용했나요?

52

단계	풀이 과정	㉠	㉡
step 1	접속어, 지시어 찾기	왜냐하면	특히
step 2	앞뒤 문장의 내용 확인하기	식탁에서 사라질지도 모른다 / 점점	식량 생산량의 감소 / 연구 결과에 따르면 / 옥수수의 생산량이
step 3	어울리는 문법을 떠올리기	왜냐하면 – 기 때문이다	～에 따르면 – 다고 하다

🔒 모범 답안

㉠: 늘어나고 있기 때문이다

㉡: 줄어든다고 한다 [줄어들 것이라 한다]

📝 채점 기준 체크리스트

㉠ 내용: '점점'과 어울리는 어휘 '늘어나다'를 사용했나요?
　　형식: '왜냐하면'과 어울리는 이유를 나타내는 표현 '–기 때문이다'를 사용했나요?
㉡ 내용: '옥수수의 생산량이'와 어울리는 어휘 '줄어들다'를 사용했나요?
　　형식: 전해 들은 내용을 나타내는 표현 '～에 따르면 – 다고 하다'를 사용했나요?

53

주제: 가정간편식 판매 현황 (253자)

　가정간편식의 판매 현황을 살펴보면 가정간편식의 매출액은 2018년 3조 원에서 2020년에는 4조 3천억 원, 2022년에는 5조 원으로 계속 증가하고 있다. 이렇게 가정간편식의 매출이 증가하는 원인은 먼저 1인 가구의 증가를 들 수 있다. 다음으로 가정간편식 제품의 다양화도 매출액 증가에 영향을 미친 것으로 보인다. 제품을 선택하는 기준을 조사한 결과는 음식 맛이 선택의 기준이 된다는 응답이 62%로 가장 많았으며 그 다음으로 가격 41%, 품질 25%의 순으로 나타났다.

📝 채점 기준 체크리스트

- ✅ **내용 및 과제** 그래프를 분석하여 '가정간편식 판매 현황'에 관한 내용을 모두 썼나요?
- ✅ **글의 전개** '현황과 연도별 변화 – 변화 원인 – 관련 조사 내용'으로 문단을 구성하였나요?
- ✅ **언어 사용** 변화와 원인을 설명하는 어휘와 문법을 정확하게 사용하였나요?
- **TIP** 변화의 원인을 나열할 때는 '먼저', '다음으로'와 같은 표현을 사용해서 내용을 구분하는 것이 좋습니다.

54
주제: 소년법 폐지에 대한 찬성과 반대 (699자)

　　최근　청소년　범죄　발생　건수가　늘어나고　범죄를　저지르는　연령이　낮아짐에　따라　처벌의　기준이　되는　소년법　폐지를　주장하는　목소리가　커지고　있다.　소년법　폐지에　반대하는　사람들은　아직　미성숙한　청소년에게는　처벌보다　반성하고　개선할　기회를　주어야　한다고　말한다.　그러나　나는　다음과　같은　두　가지　이유에서　소년법　폐지에　찬성한다.

　첫째,　청소년　범죄가　갈수록　잔혹해지고　재범률도　높아지고　있기　때문이다.　특히　청소년　범죄　중　강력　범죄의　비율은　해마다　늘고　있어　이제　청소년　범죄는　단순한　일탈이　아닌,　심각한　수준에　이르렀음을　알　수　있다.　그러므로　소년법의　적용을　받으면　처벌　수위가　낮아지는　점을　알고　악용하는　범법　청소년들의　행위를　막을　필요가　있다.

　둘째,　소년법의　내용이　변화된　사회와　청소년들의　모습을　반영하지　못하고　있기　때문이다.　현대의　청소년들은　인터넷이나　SNS　등을　통해　범죄와　관련된　정보에　쉽게　노출되고　각종　대중　매체에서　폭력적이고　잔인한　영상을　접하는　경우도　많다.　또　소년법이　제정된　당시의　청소년들에　비해　조숙한　청소년들이　많아졌고　범죄의　양상도　성인　범죄와　다를　바가　없어서　과거에　만든　법률을　지금　기준으로　삼기에는　어려움이　있다.

　이처럼　소년법은　원래의　취지와　달리　법을　악용하는　사례가　많고　현실과도　맞지　않는다는　문제가　있다.　그러므로　청소년을　보호할　수　있는　방안을　모색하여　현재의　소년법을　대체할　수　있는　실효성　있는　기준을　마련해야　한다.

채점 기준 체크리스트

✓ 내용 및 과제 과제로 주어진 '소년법 폐지에 대한 나의 입장'과 '이유 2가지 이상'을 모두 빼놓지 않고 썼나요?

✓ 글의 전개 '주제 소개와 나의 입장 선택 – 이유 – 태도와 방향 제시'의 세 부분으로 글을 구성하였나요?

✓ 언어 사용 고급 수준의 어휘와 문법을 선택해서 '소년법 폐지'에 대한 자신의 생각을 정확하게 표현하였나요?

TIP 원인으로 작용한 배경과 그 결과로 나타난 현상을 말할 때 '-(으)ㅁ에 따라 -고 있다'와 같은 표현이 자주 쓰입니다.

만점 답안 개요표

	구조	내용
처음	주제 소개	소년법을 유지해야 한다는 사람들이 있음
	입장 선택	소년법 폐지에 찬성함
중간	입장에 대한 근거	[소년법 폐지 찬성의 근거] 1. 청소년 범죄가 잔혹해지고 재범률이 증가함 2. 청소년들의 실정에 맞지 않는 기준임
끝	태도 · 방향 제시	실효성 있는 기준을 마련할 필요가 있음

5회 쓰기 모의고사

51

단계	풀이 과정	㉠	㉡
step 1	글의 대상과 목적 파악하기	인터넷 게시판에 문의하는 글	
step 2	앞뒤 문장의 내용 확인하기	금요일에 / 토요일에 이사를 하게 되었습니다	친구들한테 물어보니 / 같이 신청하면 / 할인 가격
step 3	어울리는 문법을 떠올리기	–(으)려다가	–다고 하다 + –던데

🔒 모범 답안

㉠: 하려다가 [하려고 했는데]
㉡: 할인된다고 하던데 [할인을 받을 수 있다고 하던데]

📝 채점 기준 체크리스트

㉠ 내용: '이사를'과 어울리는 어휘 '하다'를 사용했나요?
　　형식: 계획이 바뀐 것을 나타내는 표현 '–(으)려다가'를 사용했나요?
㉡ 내용: '같이 신청하면', '얼마나 할인됩니까'와 어울리는 어휘 '할인되다'를 사용했나요?
　　형식: '친구한테 물어보니'와 어울리는 간접 화법 '–다고 하다'와 과거의 경험을 나타내는 표현 '–던데'를 사용했나요?

52

단계	풀이 과정	㉠	㉡
step 1	접속어, 지시어 찾기	그러나	이처럼
step 2	앞뒤 문장의 내용 확인하기	바다에 들어가기를 두려워한다 / 살아갈 수 있다	상품을 보고 / 망설이던
step 3	어울리는 문법을 떠올리기	–아/어야	–(으)ㄹ까 말까 하다

🔒 모범 답안

㉠: 바다에 들어가야
㉡: 구매할까 말까 [살까 말까]

📝 채점 기준 체크리스트

㉠ 내용: '바다에 들어가기를 두려워한다', '그러나'와 어울리는 어휘 '바다에 들어가다'를 사용했나요?
　　형식: '살아갈 수 있다'와 어울리면서 필수 조건을 나타내는 표현 '–아/어야'를 사용했나요?
㉡ 내용: '상품을 보고'와 어울리는 어휘 '구매하다'를 사용했나요?
　　형식: 선택을 나타내는 표현 '–(으)ㄹ까 말까 하다'를 사용했나요?

53

주제: 성인 독서 현황 (263자)

　　최근 성인 독서율이 감소하고 있다. 2020년에 56%였던 독서 인구 비율이 2022년에는 47%로 2년 사이 10%가 까이 줄어들었다. 책을 읽지 않는 이유를 묻는 질문에는 일이나 공부 때문에 시간이 없어서라는 대답이 가장 많았고 책 이외의 다른 매체 이용이 많아서라는 대답이 그 뒤를 이었다. 한편 주로 이용하는 독서 매체를 살펴보면 종이책은 2020년 51%에서 2022년 40%로 줄어든 반면 전자책은 2020년 16%에서 2022년 19%로 증가해 전자책으로 독서를 하는 사람이 늘고 있음을 알 수 있다.

📝 채점 기준 체크리스트

- ☑ **내용 및 과제** 그래프를 분석하여 '성인 독서 현황'에 관한 내용을 모두 썼나요?
- ☑ **글의 전개** '현황과 연도별 변화 – 원인 – 관련 조사 내용'으로 문단을 구성하였나요?
- ☑ **언어 사용** 변화와 원인을 설명하는 어휘와 문법을 정확하게 사용하였나요?
- **TIP** 서로 반대되는 조사 결과를 소개할 때는 '-(으)ㄴ 반면'과 같은 표현을 사용할 수 있습니다.

54

주제: 아이들의 어휘력 저하 현상과 해결 방법 (692자)

　　최근 들어 아이들의 문해력 저하가 심각해지고 있다. 따라 어휘력에 대한 언급도 늘고 있다. 어휘력은 문해력과 학습 능력의 기초가 되기 때문이다. 어휘력이 부족한 아이는 글을 읽을 줄 알아도 의미를 이해하지 못해 학습에 어려움을 겪게 된다. 자연히 수업에 집중하지 못하고 학습 효과도 떨어질 수밖에 없다. 또한 어휘력은 아이가 타인과 소통하는 데에도 영향을 미친다. 어휘력이 부족하면 상대방의 말을 오해할 수도 있고, 반대로 말을 할 때 적절한 어휘를 사용하지 못해 오해를 받는 경우가 생길 수도 있기 때문이다.

　　이처럼 아이들의 어휘력이 저하된 원인은 인터넷과 디지털 미디어의 발달에서 찾을 수 있다. 특히 영상 매체의 사용량이 대폭 늘면서 책보다 컴퓨터나 스마트폰으로 필요한 정보를 골라서 보는 것에 익숙하다. 심지어 글을 읽어도 긴 글보다는 짧게 요약된 글을 선호한다. 이렇게 평소 글을 읽는 경험이 적어져서 다 보니 접하는 어휘의 양도 적어져서 어휘력이 점점 부족해지는 것이다.

　　이러한 아이들의 어휘력 저하 문제를 해결하기 위해서는 먼저 아이들이 독서에 관심을 가지도록 환경을 조성해 주어야 한다. 특히 어릴 때부터 꾸준한 독서를 통해 많은 어휘를 접하게 하여 어휘의 의미와 사용법을 자연스럽게 알게 하는 것이 좋다. 나아가 다양한 분야의 책을 권해 익숙하지 않은 주제의 어휘까지 폭넓게 학습할 수 있는 기회를 제공한다면 아이들의 어휘력 향상에 큰 도움이 될 것이다.

채점 기준 체크리스트

- **내용 및 과제** 과제로 주어진 '아이들의 어휘력 저하 현상의 원인'과 '해결 방법'을 모두 빼놓지 않고 썼나요?
- **글의 전개** '주제 소개(문제점) – 원인 – 해결 방법 제시'의 세 부분으로 글을 구성하였나요?
- **언어 사용** 고급 수준의 어휘와 문법을 선택해서 '아이들의 어휘력 저하 현상과 해결 방법'에 대한 자신의 생각을 정확하게 표현하였나요?
- **TIP** 해결 방법을 제시할 때는 '–아/어야 한다, –는 것이 좋다' 등의 표현을 자주 씁니다.

만점 답안 개요표

	구조	내용
처음	주제 소개	어휘력이 부족한 아이들은 학습과 소통에 어려움을 겪음
중간	원인	1. 인터넷과 디지털 미디어의 발달로 인한 영상 매체의 확산 2. 긴 글보다 짧게 요약된 글 선호
끝	해결 방법 제시	독서 습관 만들어 주기, 다양한 분야의 책 권하기

06 실제 기출문제

91회 쓰기 기출문제

51

단계	풀이 과정	㉠	㉡
step 1	글의 대상과 목적 파악하기	병원에 예약 일시 변경에 대해 문의하는 문자 메시지	
step 2	앞뒤 문장의 내용 확인하기	일이 생겨서 / 예약을	만약에 / 예약이
step 3	어울리는 문법을 떠올리기	-고 싶다	-(으)면

🔒 **모범 답안**

㉠: 변경하고 싶습니다 [바꾸고 싶습니다]
㉡: 불가능하면 [어려우면]

📝 **채점 기준**

㉠ 내용: '예약을'과 어울리는 어휘 '변경하다(바꾸다)'를 사용해야 함
　형식: 희망을 나타내는 표현 '-고 싶다'를 사용해야 함
㉡ 내용: '예약이'와 어울리는 어휘 '불가능하다(어렵다)'를 사용해야 함
　형식: 조건을 나타내는 표현 '-(으)면'을 사용해야 함

52

단계	풀이 과정	㉠	㉡
step 1	접속어, 지시어 찾기	그런데	따라서
step 2	앞뒤 문장의 내용 확인하기	술이나 담배에 중독되는 것처럼	지나치게 많이 / 주의할 필요가 있다
step 3	어울리는 문법을 떠올리기	-다고 하다	-도록

🔒 **모범 답안**

㉠: 중독된다고 한다
㉡: 먹지 않도록

📝 **채점 기준**

㉠ 내용: '술이나 담배에 중독되는 것처럼', '단맛에도'와 어울리는 어휘 '중독되다'를 사용해야 함
　형식: '전문가들은'과 어울리는 표현 '-다고 하다'를 사용해야 함
㉡ 내용: '단 음식을 지나치게 많이', '주의할'과 어울리는 어휘 '먹지 않다'를 사용해야 함
　형식: '주의할 필요가 있다'와 어울리는 표현 '-도록'을 사용해야 함

53

주제: 편의점 매출액 변화

산업경제연구소의 조사에 따르면 대형 마트의 매출액은 2015년에 24조 2천억 원이었던 것이 2022년에 24조 3천억 원으로 큰 변화가 없었다. 그에 비해 편의점 매출액은 2015년에 17조 2천억 원이었던 것이 2022년에 22조 3천억 원으로 크게 증가한 것을 알 수 있다. 이렇게 편의점 매출액이 크게 증가한 원인은 첫째, 편의점 수가 증가하여 고객 접근성이 향상되고, 둘째, 소포장 상품의 수요가 증가했기 때문이다. 이런 추세로 볼 때 2023년에는 편의점의 매출액이 대형 마트를 넘어설 것으로 전망된다.

채점 기준

- **내용 및 과제** 자료를 분석하여 '편의점의 매출액 변화'에 대해 써야 함. 자료에 나타난 모든 정보를 제시해야 하므로 '편의점과 대형 마트의 매출액 변화(2015년, 2022년)', '편의점 매출액 증가의 원인', '편의점 매출액 전망(2023년)'을 모두 써야 함
- **글의 전개** '조사 기관과 조사 결과(산업경제연구소, 편의점과 대형 마트 매출액 변화 비교) – 변화 원인 – 전망'의 순서로 한 단락의 글을 완성해야 함
- **언어 사용** 조사 결과를 나타낼 수 있는 문법과 어휘를 정확하게 사용해야 함

54
주제: 가짜 뉴스의 등장이 사회에 미치는 영향

　　정보통신 기술의 발달과 소셜 미디어의 대중화로 인해 이 시대에는 불특정 다수가 나쉽게 공유할 수 있게 되었다. 이는 정보나 와를 생산하고 유통하는 매체가 신문이나 방송과 같은 전통적 미디어에서 디지털 미디어 플랫폼으로 확장되면서 가능해진 것이다. 나아가 그 과정에서 경제적 가치를 창출하는 것 역시 가능해지면서 사람들의 다양한 문제가 양산되고 있다. 사람들의 이목을 끌기 위한 가짜 뉴스의 등장도 그 문제 중 하나이다.
　　가짜 뉴스는 정보 수용자로 하여금 잘못된 지식과 선입견, 편협한 사고를 형성하게 한다. 가짜 뉴스의 소재가 되는 개인이나 기업, 단체의 경우 이미지 타격과 경제적 피해는 물론이고 사회적 회복으로 재기가 어려울 정도로 명예가 훼손되기도 한다. 또한 가짜 뉴스는 혐오를 확산하고 사회적 불안을 야기하며 사회 구성원들의 통합을 방해한다. 나아가 정치 및 외교적 문제로 심화될 가능성도 있기 때문에 심각한 사회 문제라 말할 수 있다.
　　가짜 뉴스를 근절하기 위해서는 우선 제도적으로 가짜 뉴스의 생산과 유통이 불법적 행위임을 규정하고, 가짜 뉴스 단속을 위한 기구를 만들어 가짜 뉴스가 확산되지 않도록 규제를 강화해야 한다. 또한 각종 캠페인이나 교육을 통해 가짜 뉴스의 위험성과 위법성을 알리는 것 역시 필요하다. 나아가 정보의 진위를 판단하는 기술을 개발해 가짜 뉴스가 정보 수용자에게 전달되는 것을 방지하는 것도 좋은 방법일 것이다.

채점 기준

- **내용 및 과제** 과제로 주어진 '가짜 뉴스의 등장 배경, 문제점, 해결 방안'이 모두 포함되어야 함
- **글의 전개** '가짜 뉴스가 생겨나는 사회적 배경 – 가짜 뉴스로 인한 문제 – 해결 방안'의 순서로 세 부분으로 나누어서 글을 완성해야 함
- **언어 사용** 정확한 문법과 어휘를 선택해서 자신의 의견을 나타내야 함. 해결 방법을 제시할 때는 '-아/어야 한다, -는 것이 좋은 방법이다' 등의 표현을 사용하는 것이 좋으며, '또한'이나 '나아가'를 사용하면 앞에서 말한 내용에 보다 심도 있는 추가 정보를 자연스럽게 더할 수 있음

모범 답안 개요표

	구조	내용
처음	주제 소개	[가짜 뉴스가 생겨나는 사회적 배경] 1. 기술의 발전과 미디어의 대중화로 개인의 정보 생산과 공유가 쉬워짐 2. 경제적 가치 창출이 가능해지면서 사람들의 이목을 끄는 가짜 뉴스가 등장함
중간	문제점	[가짜 뉴스로 인한 문제] 1. 잘못된 지식, 선입견, 편협한 사고를 형성하게 함 2. 혐오 확산, 사회적 불안 야기, 사회 구성원의 통합을 방해함 3. 정치 및 외교적 문제로 심화될 가능성이 있음
끝	해결 방법	[해결 방안] 1. 가짜 뉴스의 단속 기구를 마련하고 규제를 강화해야 함 2. 캠페인이나 교육으로 가짜 뉴스의 위험성과 위법성을 알려야 함 3. 정보의 진위를 판단하는 기술을 개발해야 함

83회 쓰기 기출문제

51

단계	풀이 과정	㉠	㉡
step 1	글의 대상과 목적 파악하기	축제에서의 경험과 이후 일정에 대한 게시판 문의글	
step 2	앞뒤 문장의 내용 확인하기	이렇게 많은 별을 / 한 번도 없었습니다	이런 멋진 경험을 다시
step 3	어울리는 문법을 떠올리기	–(으)ㄴ 적이 없다	–고 싶다

모범 답안

㉠: 본 적이
㉡: 하고 싶습니다

채점 기준

㉠ 내용: '많은 별을'과 어울리는 어휘 '보다'를 사용해야 함
  형식: '지금까지 살면서', '한 번도 없었습니다'와 어울리는 표현 '–(으)ㄴ 적이 없다'를 사용해야 함
㉡ 내용: '경험을'과 어울리는 어휘 '하다'를 사용해야 함
  형식: 원하는 것을 나타내는 표현 '–고 싶다'를 사용해야 함

52

단계	풀이 과정	㉠	㉡
step 1	접속어, 지시어 찾기	이 소리는	이것이
step 2	앞뒤 문장의 내용 확인하기	소리가 생긴다 / 동물을	식물은 다양한 방법으로 자신을 보호한다 / 이 나무가 자신을 보호하는
step 3	어울리는 문법을 떠올리기	–게 하다	–(이)라고 하다

모범 답안

㉠: 놀라게 한다
㉡: 방법이라고 한다

채점 기준

㉠ 내용: '깜짝'과 어울리는 어휘 '놀라다'를 사용해야 함
  형식: '이 소리는 동물을'과 어울리는 사동 표현 '–게 하다'를 사용해야 함
㉡ 내용: '다양한 방법으로 자신을 보호한다', '보호하는'과 어울리는 어휘 '방법'을 사용해야 함
  형식: '식물학자들은'과 어울리는 간접 화법 표현 '–(이)라고 하다'를 사용해야 함

53

주제: 인주시의 가구 수 변화

　　인주시 사회연구소에서는 인주시의 가구 수 변화를 조사하였다. 조사 결과 인주시의 가구 수는 2001년에 15만 가구에서 2021년에는 21만 가구로 1.4배 증가하였다. 이는 인원수별 가구의 비율이 1인 가구는 2001년에 15%에서 2021년에는 30%로 크게 증가하였고 2~3인 가구는 45%에서 50%로 증가한 반면, 4인 이상 가구는 40%에서 20%로 큰 폭으로 감소하였기 때문이다. 이러한 변화는 독립한 20대와 노인 가구 증가의 결과로 보인다. 2040년에는 1인 가구가 43% 이상이 될 전망이다.

📝 채점 기준

- **✅ 내용 및 과제**　자료를 분석하여 '인주시의 가구 수 변화'에 대해 써야 함. 자료에 나타난 모든 정보를 제시해야 하므로 2001년과 2021년의 '인주시의 가구 수 변화', '인원수별 가구의 비율 변화', '변화의 원인', '전망'을 모두 써야 함

- **✅ 글의 전개**　'조사 기관과 조사한 내용(인주시 사회연구소, 인주시의 가구 수 변화) – 조사 결과(인주시의 가구 수 증가, 인원수별 가구의 비율 중 1인 가구 비율 증가) – 변화 원인 – 전망'의 순서로 한 단락의 글을 완성해야 함

- **✅ 언어 사용**　조사 결과를 나타낼 수 있는 문법과 어휘를 정확하게 사용해야 함

54

주제: 창의력의 필요성과 이를 기르기 위한 노력

변화와 발전을 끊임없이 요구하는 현대 사회에서 창의력은 꼭 필요하다. 먼저 창의력은 새로운 관점을 가져온다. 정보가 넘쳐나는 오늘날 새로운 관점이 있으면 차별화된 시각으로 정보를 통합하고 활용할 수 있다. 또한 우리 사회는 새로운 시도 없이는 발전하기 어려운데 창의력은 기존 사고에 머무르지 않고 변화를 시도할 수 있게 돕는다. 나아가 창의력은 기존의 사고만으로는 해결하기 어려운 문제를 해결하는 데에 중요한 역할을 한다.

이와 같이 창의력은 새로운 사고를 할 수 있게 하므로 창의력을 발휘할 때 우리는 다양한 성과를 얻을 수 있다. 창의력을 발휘하면 자신의 업무 분야에서 뛰어난 업무 성과를 보일 수 있다. 또한 예술과 문화의 영역에서 음악이나 영화 등 새로운 콘텐츠를 만들어 냄으로써 사람들에게 신선한 감동을 줄 수도 있다. 뿐만 아니라 획기적인 사고를 바탕으로 삶의 질을 높여 주는 새로운 상품이나 기술을 발명하여 사회에 기여할 수 있다.

창의력을 기르기 위해서는 먼저 독서 및 다양한 경험을 통해 사고의 폭을 넓혀야 한다. 또한 눈에 보이는 현상에만 집중하는 것이 아니라 현상 뒤에 숨겨진 원인을 탐색하고 새로운 관점으로 문제에 접근하는 태도를 가져야 한다. 마지막으로 기존의 정답에만 머무르는 것이 아니라 비판적 사고를 바탕으로 새로운 해결 방안이 없는지 모색하는 노력을 기울여야 한다.

채점 기준

- **내용 및 과제** 과제로 주어진 '창의력의 필요성, 성과, 필요한 노력'이 모두 포함되어야 함
- **글의 전개** '창의력이 필요한 이유 – 창의력 발휘로 얻을 수 있는 성과 – 창의력을 기르기 위해 필요한 노력'의 순서로 세 부분으로 나누어서 글을 완성해야 함
- **언어 사용** 정확한 문법과 어휘를 선택해서 자신의 의견을 나타내야 함. 여러 가지 내용을 나열할 때는 '먼저, 또한' 등의 표현을 사용하는 것이 좋으며, '이와 같이'나 '이처럼'을 사용하면 앞에서 말한 내용을 자연스럽게 정리할 수 있음

모범 답안 개요표

	구조	내용
처음	주제 소개 1	[창의력이 필요한 이유] 1. 새로운 관점을 가져옴 2. 변화를 시도하게 함 3. 문제를 해결하는 데에 중요한 역할을 함
중간	주제 소개 2	[창의력 발휘로 얻을 수 있는 성과] 1. 자신의 분야에서 뛰어난 업무 성과를 보일 수 있음 2. 예술과 문화 영역에서 새로운 콘텐츠를 만들 수 있음 3. 새로운 상품이나 기술의 발명으로 사회에 기여할 수 있음
끝	필요한 조건	[창의력을 기르기 위해 필요한 노력] 1. 독서와 다양한 경험으로 사고의 폭을 넓혀야 함 2. 현상의 원인을 탐색하고 새로운 관점으로 문제에 접근하는 태도를 가져야 함 3. 비판적 사고로 새로운 해결 방안을 모색해야 함

64회 쓰기 기출문제

51

단계	풀이 과정	㉠	㉡
step 1	글의 대상과 목적 파악하기	작별 인사와 감사의 마음을 전하는 편지글	
step 2	앞뒤 문장의 내용 확인하기	다음 달이면 홍콩으로 일을	아쉽습니다 / 선물을 준비했는데 / 마음에
step 3	어울리는 문법을 떠올리기	-(으)러 가다	-(으)면/-았/었으면 좋겠다

🔒 모범 답안

㉠: 하러 갑니다
㉡: 들면 좋겠습니다 [들었으면 좋겠습니다]

📝 채점 기준

㉠ 내용: '홍콩으로 일을'과 어울리는 어휘 '가다'와 '하다'를 사용해야 함
  형식: 목적을 나타내는 표현 '-(으)러 가다'를 사용해야 함
㉡ 내용: '마음에'와 어울리는 어휘 '들다'를 사용해야 함
  형식: 소망을 나타내는 표현 '-(으)면/-았/었으면 좋겠다'를 사용해야 함

52

단계	풀이 과정	㉠	㉡
step 1	접속어, 지시어 찾기	만약	이처럼 / 그래서
step 2	앞뒤 문장의 내용 확인하기	4억 년이 걸린다 / 현재의 모습이 아니라 / 4억 년 전의	별빛은 오랜 시간이 지나야 / 도달한다
step 3	어울리는 문법을 떠올리기	-는 것이다	-아/어야 -(으)ㄹ 수 있다

🔒 모범 답안

㉠: 모습을 보는 것이다
㉡: 지나야 알 수 있다 [지난 후에야 알 수 있다]

📝 채점 기준

㉠ 내용: '별을 본다면', '현재 모습'과 어울리는 어휘 '(별의) 모습을 보다'를 사용해야 함
  형식: '~이/가 아니라'와 어울리는 표현 '-는 것이다'를 사용해야 함
㉡ 내용: '바로 알지 못하고'와 어울리는 어휘 '오랜 시간이 지나다'를 사용해야 함
  형식: '-아/어도 -지 못하고'와 어울리는 표현 '-아/어야 -(으)ㄹ 수 있다'를 사용해야 함

53

주제: 온라인 쇼핑 시장의 변화

온라인 쇼핑 시장의 변화에 대해 조사한 결과, 온라인 쇼핑 시장의 전체 매출액은 2014년에 46조 원, 2018년에 크게 증가한 92조 원으로 나타났다. 사용 기기에 따른 매출액은 컴퓨터의 경우 2014년에 32조 원, 2018년에 39조 원으로 소폭 증가한 반면 스마트폰은 2014년에 14조 원, 2018년에 53조 원으로 매출액이 큰 폭으로 증가하였다. 이와 같이 온라인 쇼핑 시장이 변화한 원인은 온라인으로 다양한 상품 구매가 가능해졌고 스마트폰이 컴퓨터에 비해 쇼핑 접근성이 높아졌기 때문이다.

채점 기준

- **내용 및 과제**: 자료를 분석하여 '온라인 쇼핑 시장의 변화'에 대해 써야 함. 자료에 나타난 모든 정보를 제시해야 하므로 '전체 매출액', '사용 기기에 따른 매출액', '변화 원인'을 모두 써야 함
- **글의 전개**: '조사한 내용(온라인 쇼핑 시장의 변화) – 조사 결과(온라인 쇼핑 시장 전체 매출액의 증가, 컴퓨터 사용 매출액과 스마트 폰 사용 매출액의 변화 비교) – 변화 원인'의 순서로 한 단락의 글을 완성해야 함
- **언어 사용**: 조사 결과를 나타낼 수 있는 문법과 어휘를 정확하게 사용해야 함

54
주제: 청소년기의 중요성과 청소년의 성장을 돕기 위한 노력

　　청소년기는 자아 정체성을 찾아가는 과도기라는 점에서 사람의 생애 중 중요한 시기이다. 청소년기에 형성된 자아 정체성은 진로나 인간관계뿐만 아니라 삶의 전 영역에 지속적인 영향을 미친다. 또한 이 시기는 청소년이 올바른 사회 구성원이 되기 위해 준비하는 시기이기도 하다.

　　그러나 청소년은 아직 자아가 형성되지 않았기 때문에 심리적으로 불안정해지기 쉽다. 특히 가치관의 혼란, 타인의 평가, 또래 집단 내의 압박감 등은 청소년들이 불안정함을 느끼게 되는 주된 요인이다. 또한 청소년은 기존의 제도에 저항하거나 자신을 억압하는 어른에 대해 강한 반발심을 보이기도 한다. 뿐만 아니라 청소년은 아직 옳고 그름의 기준이 정립되지 않았기 때문에 주변 환경의 영향을 받기 쉽다. 이러한 특성으로 인하여 어떤 청소년은 일탈이나 돌발적인 행동을 하며 극단적인 경우 자신과 사회에 해를 끼치는 행동을 하기도 한다.

　　청소년이 건강하게 청소년기를 보내고 미래의 인재로 성장하도록 돕기 위해서는 가정과 사회의 다각적인 노력이 필요하다. 가정에서는 청소년의 특성을 이해하고 성장을 위한 하나의 과정으로 청소년이 건강한 자아 정체성을 형성할 수 있도록 정서적으로 지원할 필요가 있다. 사회에서는 청소년 심리 상담 센터나 방황하는 청소년을 위한 위탁 시설을 운영하는 등의 제도적 지원을 통해 청소년의 올바른 성장을 도울 수 있을 것이다.

📝 채점 기준

- **✅ 내용 및 과제** 과제로 주어진 '청소년기의 중요성, 특징, 필요한 노력'이 모두 포함되어야 함
- **✅ 글의 전개** '청소년기의 중요성과 그 이유 – 청소년기에 나타나는 특징 – 청소년의 올바른 성장을 위해 가정과 사회에서 해야 할 노력'의 순서로 세 부분으로 나누어서 글을 완성해야 함
- **✅ 언어 사용** 정확한 문법과 어휘를 선택해서 자신의 의견을 나타내야 함. 여러 가지 내용을 나열할 때는 '또한, 뿐만 아니라' 등의 표현을 사용하는 것이 좋음

📋 모범 답안 개요표

	구조	내용
처음	주제 소개 1	[청소년기의 중요성] 1. 청소년기에 형성된 자아 정체성이 삶에 큰 영향을 미침 2. 청소년기는 올바른 사회 구성원이 되기 위한 준비 기간임
중간	주제 소개 2	[청소년기의 특징] 1. 자아가 형성되지 않아 심리적으로 불안함 2. 기존 제도와 어른들에게 저항하고 반항심을 보임
끝	필요한 조건	[청소년의 올바른 성장을 위한 노력] 1. 가정에서 정서적으로 지원할 필요가 있음 2. 사회의 제도적 지원으로 청소년을 도울 수 있음

제91회 쓰기 기출문제 분석

1 **51번**: 빈칸에 알맞은 말 쓰기 1
- 글의 종류: 문자 메시지
- 문장 형식: 변경하고 싶습니다 [바꾸고 싶습니다] / 불가능하면 [어려우면]

2 **52번**: 빈칸에 알맞은 말 쓰기 2
- 글의 종류: 설명문
- 문법 유형: -다고 하다 / -도록

3 **53번**: 자료를 설명하는 글 쓰기
- 문제 유형: 조사 결과 비교
- 중심 과제: 편의점 매출액 변화 (선그래프, 표)
- 세부 과제
  - 대형 마트와 편의점의 매출액 **변화 (조사 결과 비교)**
  - 편의점 매출액 증가의 **원인**
  - 편의점 매출액의 **전망**

4 **54번**: 주제에 대해 글 쓰기
- 문제 유형: N의 문제점과 해결 방안
- 중심 과제: 가짜 뉴스의 등장이 사회에 미치는 영향
- 세부 과제
  - 가짜 뉴스가 등장한 **사회적 배경**
  - 가짜 뉴스로 인해 생기는 **문제**
  - 문제의 **해결 방안**

제83회 쓰기 기출문제 분석

1 **51번**: 빈칸에 알맞은 말 쓰기 1
- 글의 종류: 게시판 문의글
- 문장 형식: 본 적이 / 하고 싶습니다

2 **52번**: 빈칸에 알맞은 말 쓰기 2
- 글의 종류: 설명문
- 문법 유형: -게 하다 / -(이)라고 하다

3 **53번**: 자료를 설명하는 글 쓰기
- 문제 유형: 조사 결과 비교
- 중심 과제: 인주시의 가구 수 변화 (선그래프, 막대그래프, 표)
- 세부 과제
  - 인주시의 가구 수 변화 (연도별 변화)
  - 인원수별 가구의 비율 변화 (조사 결과 비교-1인 가구, 2~3인 가구, 4인 이상 가구)
  - 가구 수 변화의 원인과 전망

4 **54번**: 주제에 대해 글 쓰기
- 문제 유형: N을 위해 필요한 것
- 중심 과제: 창의력의 필요성과 이를 기르기 위한 노력
- 세부 과제
  - 창의력이 필요한 이유
  - 창의력 발휘로 얻을 수 있는 성과
  - 창의력을 기르기 위한 노력

제64회 쓰기 기출문제 분석

1 **51번**: 빈칸에 알맞은 말 쓰기 1
- 글의 종류: 편지글
- 문장 형식: 하러 갑니다 / 들(었으)면 좋겠습니다

2 **52번**: 빈칸에 알맞은 말 쓰기 2
- 글의 종류: 설명문
- 문법 유형: -는 것이다 / -아/어야 -(으)ㄹ 수 있다

3 **53번**: 자료를 설명하는 글 쓰기
- 문제 유형: 조사 결과 비교
- 중심 과제: 온라인 쇼핑 시장의 변화 (막대그래프, 선그래프, 표)
- 세부 과제
  - 온라인 쇼핑 전체 매출액 변화 (연도별 변화)
  - 사용 기기별 매출액 변화 (조사 결과 비교-컴퓨터와 스마트폰)
  - 온라인 쇼핑 변화 원인

4 **54번**: 주제에 대해 글 쓰기
- 문제 유형: N을 위해 필요한 것
- 중심 과제: 청소년기의 중요성과 청소년의 성장을 돕기 위한 노력
- 세부 과제
  - 청소년기가 중요한 이유
  - 청소년기의 특징
  - 청소년의 올바른 성장을 돕기 위한 노력

죽는 날까지 하늘을 우러러 한 점 부끄럼이 없기를

– 윤동주의 '서시' 중 –

제64회 쓰기 기출문제 분석

1 **51번**: 빈칸에 알맞은 말 쓰기 1
- 글의 종류: 편지글
- 문장 형식: 하러 갑니다 / 들(었으)면 좋겠습니다

2 **52번**: 빈칸에 알맞은 말 쓰기 2
- 글의 종류: 설명문
- 문법 유형: –는 것이다 / –아/어야 –(으)ㄹ 수 있다

3 **53번**: 자료를 설명하는 글 쓰기
- 문제 유형: 조사 결과 비교
- 중심 과제: 온라인 쇼핑 시장의 변화 (막대그래프, 선그래프, 표)
- 세부 과제
  - 온라인 쇼핑 전체 매출액 변화 (연도별 변화)
  - 사용 기기별 매출액 변화 (조사 결과 비교–컴퓨터와 스마트폰)
  - 온라인 쇼핑 변화 원인

4 **54번**: 주제에 대해 글 쓰기
- 문제 유형: N을 위해 필요한 것
- 중심 과제: 청소년기의 중요성과 청소년의 성장을 돕기 위한 노력
- 세부 과제
  - 청소년기가 중요한 이유
  - 청소년기의 특징
  - 청소년의 올바른 성장을 돕기 위한 노력

죽는 날까지 하늘을 우러러 한 점 부끄럼이 없기를

– 윤동주의 '서시' 중 –

제64회 쓰기 기출문제 분석

1 **51번**: 빈칸에 알맞은 말 쓰기 1
- 글의 종류: 편지글
- 문장 형식: 하러 갑니다 / 들(었으)면 좋겠습니다

2 **52번**: 빈칸에 알맞은 말 쓰기 2
- 글의 종류: 설명문
- 문법 유형: -는 것이다 / -아/어야 -(으)ㄹ 수 있다

3 **53번**: 자료를 설명하는 글 쓰기
- 문제 유형: 조사 결과 비교
- 중심 과제: 온라인 쇼핑 시장의 변화 (막대그래프, 선그래프, 표)
- 세부 과제
  - 온라인 쇼핑 전체 매출액 변화 (연도별 변화)
  - 사용 기기별 매출액 변화 (조사 결과 비교-컴퓨터와 스마트폰)
  - 온라인 쇼핑 변화 원인

4 **54번**: 주제에 대해 글 쓰기
- 문제 유형: N을 위해 필요한 것
- 중심 과제: 청소년기의 중요성과 청소년의 성장을 돕기 위한 노력
- 세부 과제
  - 청소년기가 중요한 이유
  - 청소년기의 특징
  - 청소년의 올바른 성장을 돕기 위한 노력

죽는 날까지 하늘을 우러러 한 점 부끄럼이 없기를

– 윤동주의 '서시' 중 –

좋은 책을 만드는 길, 독자님과 함께하겠습니다.

한국어능력시험 TOPIK II 쓰기 유형 마스터

개정6판2쇄 발행	2025년 06월 20일(인쇄 2025년 03월 24일)
초 판 발 행	2019년 07월 05일(인쇄 2019년 04월 30일)
발 행 인	박영일
책 임 편 집	이해욱
편 저	김지민
편 집 진 행	구설희
표지디자인	조혜령
편집디자인	홍영란 · 김휘주
발 행 처	(주)시대고시기획
출 판 등 록	제10-1521호
주 소	서울시 마포구 큰우물로 75 [도화동 538 성지 B/D] 9F
전 화	1600-3600
팩 스	02-701-8823
홈 페 이 지	www.sdedu.co.kr
I S B N	979-11-383-8306-6(14710)
	979-11-383-8304-2(세트)
정 가	19,000원

※ 이 책은 저작권법의 보호를 받는 저작물이므로 동영상 제작 및 무단전재와 배포를 금합니다.
※ 잘못된 책은 구입하신 서점에서 바꾸어 드립니다.
※ 한국어능력시험(TOPIK)의 저작권과 상표권은 대한민국 국립국제교육원에 있습니다.
  TOPIK, Trademark®& Copyright© by NIIED(National Institute for International Education), Republic of Korea.

BEST 5

예비 한국어 선생님과 초보 한국어 선생님께 추천하는
한국어교육능력검정시험 추천 도서

한국어교육능력검정시험 30일 안에 다잡기

한국어교육능력의
기본기를 쌓자!

- 시험 출제 경향에 맞춘 문제 구성
- 영역별로 실제 기출 복원 문제 수록
- 전문, 학술용어에 대한 자세한 설명 제공

한국어교육능력검정시험 5년간 기출문제해설

기출문제분석으로
총정리하자!

- 자세한 문제 해설 수록
- 개별 회차 e-book 출시
- 문제와 관련된 참고문헌 수록

한국어교육능력검정시험 교안작성연습

교안작성연습도
철저히 하자!

- 교안작성의 기본 개념과 예상 문제 수록
- 한국어 교육 과정을 바탕으로 한 모범 교안
- 출제 가능성이 높은 46개의 목표 문법 선별

한국어교육능력검정시험 2차 면접시험

면접시험도
완벽하게 준비하자!

- 합격생들의 생생한 면접 후기 수록
- 면접 기출문제 전 회차 복원 수록
- 기출 중심의 예시 문제와 답변 TIP 수록

한국어교육능력검정시험 용어해설

모르는 용어도
확실하게 알고 넘어가자!

- 편리한 사전식 구성
- 영역별 핵심 용어 완벽 정리
- 이해도를 높이는 그림과 도표 수록

※ 도서의 이미지 및 구성은 변경될 수 있습니다.

● 한국어능력시험
TOPIK II
쓰기 유형 MASTER
Writing　写作

검색창에 **시대에듀** 를 검색해 보세요.

당신이 진정한 한국인이 되기까지 항상 함께하겠습니다.

POINT 3 　빠른 국적 취득을 위한 남다른 전략

　실전 모의고사　＋　최신 기출 유형 반영

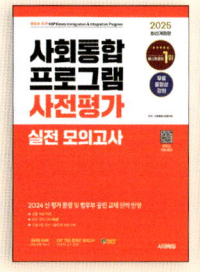 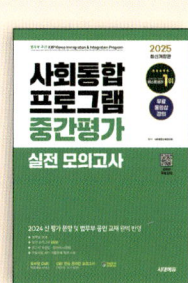 　　

- 법무부 공인 교재를 완벽 반영한
  사회통합프로그램 사전평가 · 중간평가 · 종합평가 실전 모의고사

- 1단계부터 3단계까지 빠르게 합격하는
  사회통합프로그램 단계평가 1 · 2 · 3 단계별 실전 모의고사

POINT 4 　목적에 따라 공부하는 특별한 학습법

　핵심 이론　＋　실전 모의고사　＋　최신 기출 유형 반영

- 법무부 공인 교재를 완벽 반영한
  사회통합프로그램 사전평가 단기완성, 종합평가 한 권으로 끝내기

- 어려운 면접심사 · 구술시험 · 작문시험의 완벽 대비를 위한
  귀화 면접심사&사회통합프로그램 구술시험 기출분석,
  사회통합프로그램 중간평가 · 종합평가 작문시험 완전 정복

※ 도서의 이미지 및 구성은 변경될 수 있습니다.

사회통합프로그램 시리즈의 새로운 소식!

1·2·3 단계평가와 중간평가·종합평가 작문시험 출간!

**사회통합프로그램
단계평가 1·2·3 단계별 실전 모의고사**

1단계부터 3단계까지 최신 평가 유형을 반영한 단계평가 실전 모의고사 수록

**사회통합프로그램
중간평가·종합평가 작문시험 완전 정복**

기본적인 원고지 작성 방법부터 최신 기출 유형을 반영한 중간평가와 종합평가 실전 모의고사까지 수록

※ 도서의 이미지 및 구성은 변경될 수 있습니다.